DK 儿童STEM创新思维培养
图解计算机科学

DK 儿童STEM创新思维培养
图解计算机科学

[英]英国DK公司 编著   赵昊翔 译

清华大学出版社
北京

DK | Penguin Random House

Copyright©2018 Dorling Kindersley Limited
A Penguin Random House Company

北京市版权局著作权合同登记号　图字：01-2018-8810
本书封面贴有清华大学出版社防伪标签，无标签者不得销售。
版权所有，侵权必究。
侵权举报电话：010-62782989　13701121933

图书在版编目（CIP）数据

DK儿童STEM创新思维培养. 图解计算机科学 / 英国DK公司编著；赵昊翔译. — 北京：清华大学出版社，2019（2023.5重印）
　书名原文：Help Your Kids with Computer Science
　ISBN 978-7-302-53579-9

Ⅰ. ①D… Ⅱ. ①英… ②赵… Ⅲ. ①科学知识－儿童读物②计算机科学－儿童读物 Ⅳ. ①Z228.1②TP3-49

中国版本图书馆CIP数据核字(2019)第181963号

责任编辑：刘翰鹏
封面设计：邹鑫蓓
责任校对：袁　芳
责任印制：杨　艳
出版发行：清华大学出版社
网　　址：http://www.tup.com.cn
　　　　　http://www.wqbook.com
地　　址：北京清华大学学研大厦A座
邮　　编：100084
社 总 机：010-83470000
邮　　购：010-62786544
投稿与读者服务：010-62776969
　　　　　　　　c-service@tup.tsinghua.edu.cn
质量反馈：010-62772015
　　　　　zhiliang@tup.tsinghua.edu.cn
印 装 者：佛山市南海兴发印务实业有限公司
经　　销：全国新华书店
开　　本：195mm×233mm
印　　张：16
字　　数：527千字
版　　次：2019年10月第1版
印　　次：2023年5月第3次印刷
定　　价：128.00元

产品编号：082290-01

混合产品
纸张 ｜
支持负责任林业
FSC® C018179

For the curious
www.dk.com

顾问

海伦·考德维尔（Helen Caldwell）

海伦·考德维尔是北安普顿大学的高级讲师、初级计算机课程负责人以及初级计算机研究生证书课程负责人，ITT专家组中负责计算机运作的成员之一，教师教育信息技术协会（ITTE）国家执行委员会的成员之一，大量在线开放课程（MOOC）的领头作者，曾在美国世哲出版公司出版《计算机教学课程》和《拔插式计算机教学》。

塔米·普里曼（Tammy Pirmann）

塔米·普里曼博士是宾夕法尼亚州费城天普大学的计算机科学教授。她是一位屡获殊荣的教育家，美国计算机科学教师协会标准委员会的联合主席，同时也是计算机科学基础教育机构的顾问。

撰稿人

克莱尔·奎格利（Claire Quigley）

克莱尔·奎格利博士在格拉斯哥大学学习计算科学，并取得了理学学士学位和博士学位。她曾在剑桥大学的计算机实验室以及格拉斯哥科学中心工作，现在是格拉斯哥实验室的主要统筹成员。苏格兰皇家音乐学院兼职教师，与BEd Music的学生一起工作。除此之外，她还参与了2012年创办于爱尔兰的CoderDojo编程组织的初始阶段的运营，担任编程组织顾问。

帕特丽夏·福斯特（Patricia Foster）

帕特丽夏·福斯特是一位专业的软件开发人员。她在卡尔顿大学获得学士学位，在加拿大政府从事计算机安全工作。*beanz*（一本获过奖的关于儿童、代码和计算机科学的杂志）的撰稿人。

前言

数字技术无处不在，它给我们提供了获取信息、通信和娱乐的新渠道，而这大概是100年前的人们无法想象的。从位于设备核心的微小芯片到控制设备的代码，计算机涉及的技术复杂多样，而计算机科学就是研究这些技术工作原理的学科。学习计算机科学能够让我们了解当今的技术，拥有构建未来的机器、应用程序、网站和服务的能力。计算机科学可以培养学生将自己的想法变为现实的能力，而不是让自己受到他人创造的限制。

未来的技术将被各种各样的人共同开发和塑造，而这些技术的创造者需要同他人有效地沟通与合作，当然，创造者还需要有伟大的想法。

学习计算机科学的技能对那些不打算专门从事计算机领域工作的人也同样有用。计算机科学的一些主要课程特别是计算思维越来越受到社会认可，比如把复杂的问题分解成几个部分并观察其中的模式方法，这是在任何职业中都有用的技能。理解计算机如何工作正迅速成为许多职业所必需的技能，即使这些概念与创造技术没有直接关系。

随着计算机在现代社会中扮演的角色越来越重要，我们也必须考虑使用它们的方式。社交网络已经彻底改变了我们相互交流的方式，但值得注意的是，我们可能正面临着潜在的问题——过多的屏幕时间、社交媒体泡沫，我们甚至有可能成为网络欺凌的受害者。这本书也提到了互联网带来的问题，比如数字鸿沟、平等问题，以及数字世界的多样性和包容性。

对于许多家长来说，计算机科学可能是令人望而却步的，尤其当他们的孩子是一个"数字星人"，能够很自如地使用互联网和数字设备时。这本书旨在揭开计算机科学的神秘面纱，让父母陪他们的孩子一起踏上数字世界的旅程，让所有计算机初学者放下胆怯，张开双臂拥抱新奇的计算机科学世界。

　　科幻作家、未来主义者亚瑟·克拉克曾经说过："任何足够先进的技术看起来与魔法无异。"希望这本书能帮助父母和孩子认识到计算机科学是一种每个人都可以学习的"魔法"。

目录

怎样使用这本书

计算机科学的世界是令人兴奋的，其硬件和软件以惊人的速度发展着。因此，人们一般赶不上它的步伐。这本书旨在清晰地解释计算机科学中的关键概念，以及因使用计算机而引起的问题。

这本书的读者是谁?

父母和孩子可以各自阅读这本书，当然也可以亲子共读。这本书面向所有对计算机感兴趣的读者：从对计算机科学知之甚少的群体，到计算机专业的学生都可以阅读。"入门指南"一章是专门用来帮助那些没有计算机知识的读者明白计算机的基本功能的。例如，怎么找文件、发邮件，或者如何使用网络浏览器。"数字行为""社交媒体"和"数字问题"章节着重于人们使用计算机的方式，以及他们面临的一些潜在危险和机会。一些担心社交媒体或网络欺凌的父母和教师可能会对此格外感兴趣。

这本书的作用是什么?

这本书分成不同的部分，指导读者了解计算机科学的起源和历史，了解计算机硬件和软件是如何工作的，又是什么构成了良好的数字行为，以及计算机科学的未来会怎样。本书定义了计算机科学的概念，并将这个概念逐步建立起来。图表和插图有助于读者对概念的理解，标签和注释有助于满足读者特定的兴趣点。

小贴士

这本书的彩色方框里会提供额外的信息以及实用的建议和提示。

紫色框是深层知识, 会将主题进行深入拓展, 给出一些提示以及值得注意的信息。

顶级技术

趋势工具

微博目前的活跃用户有4.3亿, 通过分析这些活跃用户新发布的内容, 微博能够识别且突出正在讨论的趋势, 也就是微博热点。当某一事件在网络上传播开来后, 人们通常会对其非常关注。同样地, 百度指数能够告诉用户: 某个关键词在百度的搜索规模有多大, 一段时间内的涨跌态势以及相关的新闻舆论变化, 网民对此的反应, 网民所处的地区, 还搜了哪些相关的词, 以此帮助用户优化数字营销活动方案。这两个工具都能够让用户了解人们对事件的反应。

橙色框里是一些顶级技术, 它们解释了计算机领域的一些最新的发展。

深层知识

隐写术

隐写术通过隐藏真实消息来传达秘密信息, 这就像是用隐形墨水写的信息。通过使用只改变表示像素颜色的每个二进制数的程序, 将信息隐藏在数字图像中; 同样地, 程序也可以提取隐藏的信息。

术语

通信协议

当两个设备进行通信时, 协议规定轮到谁发送数据, 发送什么类型的数据, 以及如何格式化这些数据。协议: 管理设备间数据传输的一组规则。

HTTP (超文本传输协议): 用于访问网页。

HTTPS (安全超文本传输协议): 具有安全性的超文本传输协议。

DHCP (动态主机配置协议): 所有的计算机都用它从路由器获取IP地址。

黄色框里解释了术语, 即大多数读者都不太了解的专有名词。

绿色框里是人物简介, 展示计算机科学重要人物的生活和思想背景。

人物简介

阿达·洛芙莱斯

1844年, 英国数学家阿达·洛芙莱斯 (1815—1852) 在英国科学家查尔斯·巴贝奇 (1791—1871) 的分析引擎机器上编写了最早的处理算法, 这套算法被认为是世界上第一个计算机程序。她是第一个发现计算机的计算能力比基本数字计算要强得多的人。

真实的世界

第一个集成电路

第一个集成电路是由美国电气工程师杰克·基尔比 (1923—2005) 于1958年发明的。在基尔比发明集成电路之前, 机器使用的真空管体积庞大, 且不可靠。基尔比的集成电路是基于微型晶体管的, 其所有的部件都是由一块材料制成: 集成芯片诞生了。

蓝色框里解释的是计算机科学世界中的想法是如何在现实世界中起作用的。

代码框

虽然这本书中没有练习, 但有些页面却有计算机代码的片段, 这些在灰色和蓝色的方框里清晰地标出来了。在"编程语言"章节的每个入口都设置了一个简单的"Hello, World!"程序。"Hello, World!"程序是演示编程语言语法的最简单方法, 并且通常是学习一门新编程语言的人尝试的第一个工作程序。

```c
#include <stdio.h>
int main()
{
    int i;
    for (i = 0; i < 5; i++){
        printf("Hello, World!");
    }
    return 0;
}
```

入门指南

计算机无处不在

有些人觉得没有专业的技能与知识，计算机使用起来就会很复杂。然而，这些人其实一直都在与计算机打交道，只是他们没有意识到这一点。

仔细观察

计算机几乎无处不在，它们不仅应用在如显示器、键盘和鼠标的传统设备中，也应用于如手机、电梯、电视和汽车等日常设备中。从看电影、玩游戏，甚至到做饭，计算机几乎可以用来做任何事情。

家用设备

许多家用设备都装有计算机。例如，在微波炉上选择一个程序，实际上运行的就是一个嵌入微波炉中的计算机程序。

按下微波炉控制面板上的按钮，其内部微处理器就会运行代码。

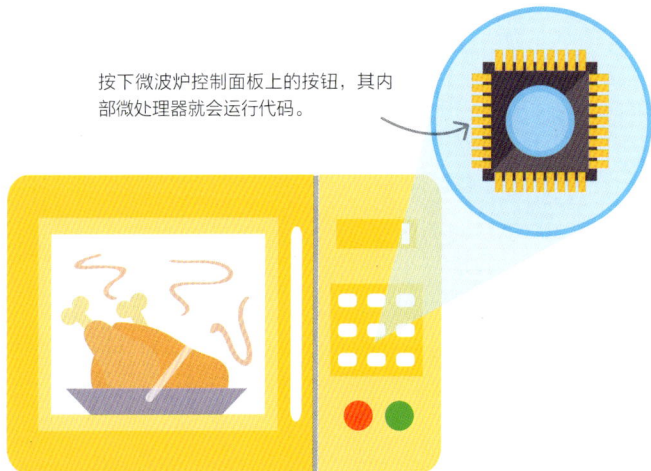

硬件和软件

计算机的实体部分被称为硬件。这些硬件包括我们可以看到的东西，例如显示器和计算机机箱，以及我们看不到的东西，比如计算机机箱内的主板和微处理器等。诸如程序、操作系统和固件（嵌入到微处理器中的一种程序）之类的东西则被称为软件。它们允许用户访问硬件的功能。

输入设备

有许多方法可以输入信息，并与计算机上运行的软件进行交互。最常用的输入信息的方法是使用键盘、鼠标或触摸屏。

查找文件

在计算机上搜索文件与现实世界中在文件柜中找文件差不多。计算机上的文件系统一般通过包含文件夹或文档小图标的窗口进行访问。你可以用手指点击触摸屏，或者双击鼠标或触控板来打开文件夹，从而找到文件夹中的文件。

查找

寻找文件的最佳方法是找到放大镜图标，然后单击它，再在搜索栏中输入文件名或关键字。

.jpg

.docx

图像浏览

文本阅读

打开文件

文件名之后通常会跟着一些用".""隔开的字母，这表示的是文件扩展名，它标识文件的类型，告诉计算机应该使用什么样的程序来打开它。

回收站

错误地删除文件是很常见的。删除的文件通常是进入回收站的，你可以打开回收站，然后移出文件来恢复它。

数据传输

计算机之间传输数据的方法有很多。电子邮件可以将图片、文档和其他文件附加到消息中。也有一些如谷歌驱动器和多宝箱（Dropbox）的系统，能够让人们向云端上传大文件。这些文件可以通过上传文件的链接与其他人共享，然后供他人在线下载，甚至编辑。

安全数字（SD）存储卡

USB驱动器

可移动存储

你还可以通过诸如USB驱动器和移动硬盘之类的存储设备在计算机之间移动文件。数据可以存储在存储卡上，存储卡可以插入计算机进行读取。

移动硬盘

真实的世界

存储与备份

计算机和应用程序可能在没有任何警告提示的情况下崩溃。为了避免丢失重要的工作内容，最好在处理文件时经常保存文件。你可以使用单独的硬盘保存文件，也可以通过在线备份服务来备份文件。这些服务是云计算的一部分，人们使用由专业人士提供的存储设施来保存数据。

⚠ 系统崩溃

幸好我的数据存储在云端了！

自己使用计算机

软件是允许人们使用计算机硬件的程序。大多数计算机都带有预先安装的软件，但也可以安装许多其他的软件。

请参阅

‹ 2-3　计算机无处不在

操作系统　　　　　　　　32-33 ›

台式计算机和笔记本电脑　38-39 ›

系统软件

系统软件允许用户的应用程序在计算机的硬件上运行。操作系统（OS）是控制计算机基本功能的系统，也是最常见的系统软件。它通过屏幕上显示的信息，结合用户通过键盘、触摸屏或鼠标输入的信息来使计算机工作。就计算机安全方面来说，安装可用于操作系统的所有更新都很重要。

不同的操作系统

可用的操作系统有很多。微软的Windows和Linux是最常用的。苹果计算机使用一个特定的操作系统——macOS。

Windows　　**Linux**　　**macOS**

应用软件

应用软件是一种在计算机上完成特定任务的软件。其中一些软件是需要付费才能下载的，它们有的可以一次性付清，有的则需每月订阅。还有些软件可以免费下载使用。许多免费软件是开源的，它允许用户查看和修改其应用代码。

邮件

银行业务

不同的设备

应用软件可用于不同类型的设备。用于手机和平板电脑的软件通常被称为手机软件。手机软件可以执行各种任务，比如发送电子邮件、进行网络社交，甚至是开展银行业务等。

深层知识

图标

在计算机上表示应用程序或计算机功能的小符号称为图标。它们使人们更容易地使用他们的计算机。不同的计算机操作系统上的许多功能都用类似的图标来表示。例如，表示保存选项的软盘。

保存

音量

设置

回收站

应用软件的类型

现代应用软件的类型有很多。比如一些使用比较广泛的电子邮件、文字处理、电子表格、数据库、演示文稿、桌面排版、媒体编辑和图形创建的软件。应用有时会组合成套件，或者绑定一些与它相关的应用。许多应用软件允许用户对自己或同事的文档进行跟踪更改。

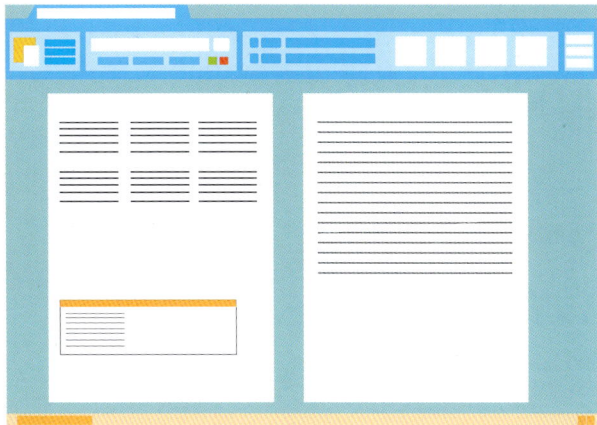

文字

文字处理软件是使用最广泛的应用之一。它们可用于创建多种类型的文档，比如简单的信函、商业合同、复杂的报告，甚至是整本书。有一种非常简单的文字处理软件叫文本编辑器，但它只能编辑文本，而不能处理图像。

数字

电子表格应用允许用户使用数字和其他数据，也允许人们应用数学公式和统计公式。它们可以用于简单的任务（如基本计算），也可以用于复杂的数据分析。

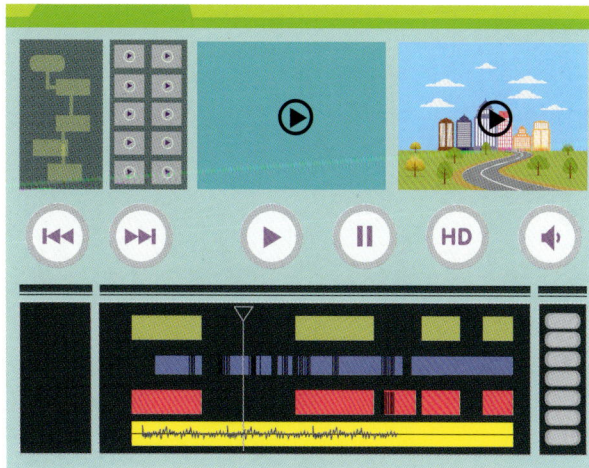

图像

随着数码相机的普及，许多人开始使用计算机来存储和编辑图片。图片编辑应用允许用户修改他们自己的图片，比如通过改变图片的亮度和颜色来重新编辑图片。

视频

视频应用允许用户调整和改善视频的亮度和颜色，为视频添加效果，还可以进行视频剪辑，将剪辑好的视频片段组合成较长的视频，并在片段之间添加标题和过渡（比如交叉淡入）。

和别人一起使用计算机

计算机并不是孤立使用的。它们能够让人与同事合作，与朋友和家人保持联系，并与整个世界联系起来。

视频通话

有些应用能让用户进行视频通话。这些视频通话除了能让用户听到呼叫者的声音外，还能让用户看到对方的视频图像。这些应用大多数都不对用户收费，而且使用起来很简单。同时，这些应用也能够让处于不同地方的人们进行群组通话。当然，对于那些不想自己被看到，或者觉得视频服务慢、不稳定的人来说，也可以选择语音通话。

虚拟旅程

视频通话可以让不同地点的人进行商务会议，从而节省时间和金钱。

在线日历

在线日历，比如微软提供的日历，对于工作来说是非常有用的。它们可以展示其他人日程安排的细节，从而更容易安排会议。这种日历也可以被家庭用来计划活动，或者让朋友们用来安排约会的时间。

可以设置一份共享日历来标记用户忙碌的时间。

时间管理

每一个要安排会议的人都可以通过简单查看每个人的日程安排，来选出最佳的会议日期和时间。

幻灯片

演示软件能够让用户制作数字幻灯片（包括制作幻灯片的切换效果和背景主题）以配合他们的工作展示。连接用户的笔记本电脑可以将幻灯片投放到屏幕或投影仪上。当然，你也可以将文件通过USB驱动器传输到专用计算机上，或从云存储服务在线访问。

视觉教具

数字幻灯片在演示过程中可以展示出重点，并有助于显示可视信息，例如图形。

制作网站

我们没有必要知道如何开发一个网站。因为有许多专业网站允许用户使用类似于文字处理器的图形编辑器制作网站。一些付费网站里也有这些图形编辑器。这些网站能够让用户创建更多具有额外功能的网站，比如在线商店。

博客

博客是人们写在网络上的关于自己感兴趣的事件或话题的文章。网络上的其他人可以阅读和评论这些文章。

社交网络

近年来，社交网站和应用软件变得越来越流行。微信通常被人们用来联系朋友和家人。同时，微信还有朋友圈，可以在里面发布动态，这些动态只有你的微信好友能看到。微博就更为大众化了，人们经常会关注他们不认识的人。

> 信息技术和社交媒体让权利重新回到人们手中。
>
> ——美国政治顾问和改革倡导者，马克·麦金农（1995）

手机软件

我们习惯把手机软件叫作App，App是Application（应用程序）的缩写。它通常是指智能手机上运行的程序。手机软件可以用来做各种各样的事情，比如查看地图、计算步数，以及使用特殊的效果拍照等。

健身跟踪器上的关于跑步者的心脏频率信息，可以在一款基于健康设计的App上看到。

用图像编辑App可以为照片添加滤镜。

用于打车的App可以让用户在当前位置就能打到车。

文件压缩

压缩程序是一种通过可逆的方式减少文件大小的程序。压缩后的文件可以通过电子邮件发送，然后再由接收方解压缩。压缩程序还可以用于压缩文件夹，这在用电子邮件发送多张照片时特别有用。

文件解压缩

用来压缩文件的程序也可以用来解压缩。许多计算机都配有压缩软件，也可以在线使用压缩软件。

压缩文件夹　　　　邮件发送　　　　解压文件夹

搜索引擎

搜索引擎是在线体验的一部分。它能帮助人们高效地过滤掉互联网上所有不必要的信息，从而找到想要的东西。

请参阅	
互联网和万维网	138–139 ›
社交媒体平台	184–185 ›

什么是搜索引擎？

搜索引擎是一种通过特定单词或短句在全球网络查找网页的程序。在早期的互联网中，网站很少，所以搜索引擎并不是必要的。随着网站数量的增加，人们就需要有效地搜索网站。20世纪90年代末，搜索引擎的数量达到顶峰。

早期的搜索引擎

1990年推出的Archie是第一个用于网络内容搜索的搜索引擎。随后出现了包括Excite、Infoseek、Inktomi、AltaVista和Yahoo! 在内的其他搜索引擎。Baidu在2000年才出现，但是很快成为全球最大的中文搜索引擎、最大的中文网站。

Infoseek

Excite　AltaVista

Baidu　Yahoo!　SAPO

Ask Jeeves　Inktomi　Bing　Archie

设置默认搜索引擎

搜索引擎并不完全一样，有些用户可能会偏爱某一种搜索引擎。设置默认搜索引擎的方法对于每个浏览器都稍有不同，并且随着浏览器更新，这种方法也会随之改变。要设置默认搜索引擎，只需进入浏览器偏好设置找到"设置默认搜索引擎"。下面以两种最常见的浏览器为例，介绍设置默认搜索引擎的方法。

Google浏览器

打开浏览器，单击地址栏旁边的三个垂直点，然后向下找到"设置"。

↓

找到"管理搜索引擎"，并从列表中选择所需的搜索引擎。

Safari浏览器

打开浏览器，单击计算机菜单栏中的Safari（通常在左上角），然后找到"偏好设置"。

↓

找到对话框顶部的"搜索"图标，然后找到"搜索引擎"选项，并从提供的选项中选择所需的搜索引擎。

有效的搜索

因为现在有超过十亿的网站，所以要找到合适的网站可能非常困难。为了搜索更有效，考虑用于搜索的词是很有用的。输入搜索引擎的词被称为搜索术语。搜索术语越具体，搜索引擎就越可能找到正确的网站。

"平底鞋""靴子""鞋类"
"时尚""风格""价格"

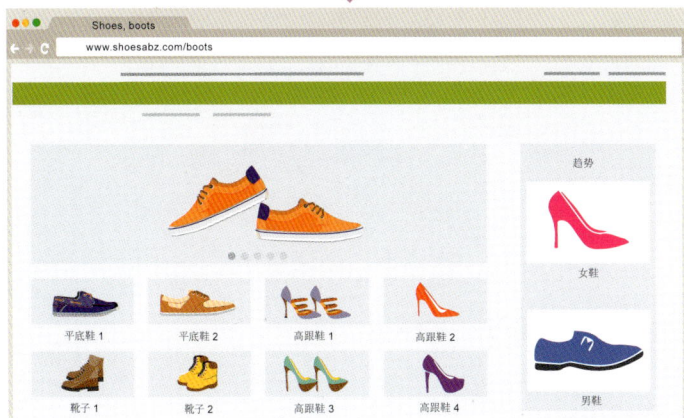

更好的搜索

引号（""）：将一个短语放在引号中，搜索结果返回的页面只会出现特定的短语。

加号(+)：两个搜索词之间的加号表示搜索结果返回的页面中，两个词都会出现。比如搜索"cats+ships"，返回的页面将提及cats和ships。

减号(−)：两个搜索项之间的减号表示搜索返回的页面仅出现第一项而排除第二项。比如搜索"岛屿−热带"，返回的就是非热带岛屿的网页。

星号（*）：星号是一个通配符，可以匹配各种词。在短语中插入星号搜索，返回的搜索页面就会是任何包含该单词的短语。比如搜索computer*，返回的页面就会是computer、computation等结果。

关键字

创建网站的人经常在他们的网站中添加关键字。关键字能够让搜索引擎更容易找到网站。举个例子，一个鞋类网站可能将"鞋子"和"长靴"作为关键词添加到其网页中。

比较网站

这些网站承担多个相关搜索，它以一种易于比较的格式收集结果。用户可以只使用一个比较网站，而不必浏览多个网站并填写各种在线表格。网站所有者通常采取收费的方式允许比较网站访问他们的数据。网站也可以通过一种爬取系统来获取数据，这种系统中的网络机器人或爬虫就可以从不同的网站收集信息。

什么是保密的？

搜索引擎把搜索结果中哪些网站放在顶部的方法是保密的。对于许多搜索引擎优化（SEO）公司来说，让网站在搜索结果排名上靠前是一项大生意。

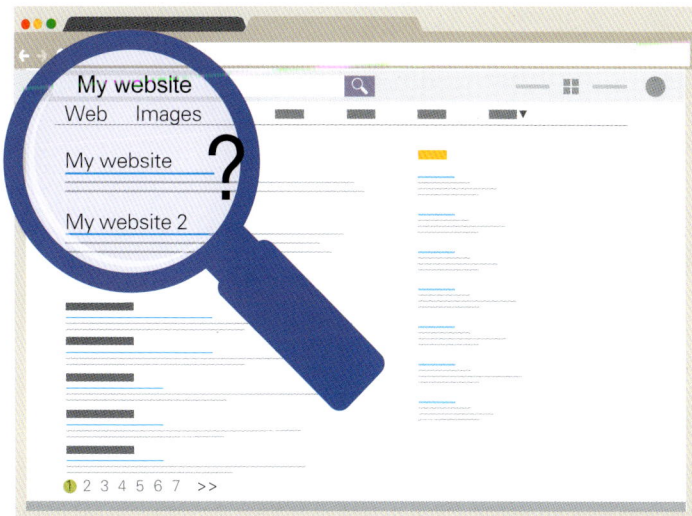

网络安全

网络安全问题经常出现在新闻中。那么网络安全到底是什么？计算机用户又该如何保护自己以及他们使用的数据呢？

什么是网络安全？

网络安全就是要保护计算机和计算机数据免受网上恶意个体的攻击。其攻击可能是盗取数据，比如盗取一个人的银行账户的详细资料；也可能是用病毒感染计算机，从而锁定用户的计算机。在一些物理系统由计算机控制的组织中，网络攻击甚至有可能对设备造成物理损坏。

如果黑客能获得访问计算机的权限，他们就可以窃取任何数据。

用户行为

计算机是不是真正安全，取决于用户行为和技术保障。社会工程学是黑客使用的一种非常成功的技术，黑客利用心理技巧和洞察力来欺骗人们，从而得到访问计算机系统的权限。

入侵计算机

一旦黑客获得对计算机的访问权限，就有许多方法可以伤害到其用户，以及用户的家人或同事。计算机包含了大量用户不希望被泄露的信息。诸如密码、文件、电子邮件和照片之类的数据都可以被复制并用于犯罪。

白帽黑客
这些黑客利用他们的技能来帮助人们。他们通过获得权限黑进系统以识别用户计算机的弱点，从而对其弱点进行维护。

灰帽黑客
这些黑客未经许可擅自闯入系统，随后会告诉系统的用户他们发现的计算机的所有薄弱点。

黑帽黑客
黑帽黑客未经许可擅自入侵系统以窃取数据，或对系统的操作和用户造成干扰。

计算机术语
黑客入侵方法

暴力攻击：尝试所有可能的密码值来找到一个有效的密码。

分布式拒绝服务（DDoS）：用假流量超载网站，使其变得不可用。

键盘记录器：一种秘密记录用户按下的每个键的程序。

网络钓鱼：通过电子邮件模拟网站，让用户显示登录细节。

社会工程：操纵某人来获取数据。

病毒：可以通过复制传播到其他计算机的恶意程序。

黑客类型
黑客通常通过帽子颜色来进行分类。这来自牛仔电影，其中英雄戴白色帽子，反派戴黑色帽子。

窃取数据

数据是有价值的，特别是个人的信息数据和财务数据。黑客可以使用许多方法来损害设备以窃取数据。其中许多方法可以远程完成，或者在某个用户使用设备之前的某个时间完成。

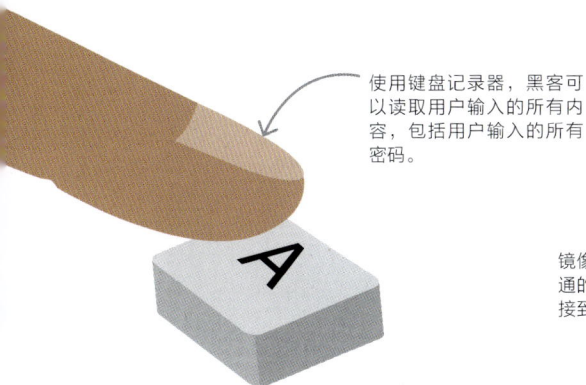

用户通常会直接连接到互联网。

Wi-Fi 热点

设备连接到Wi-Fi

使用键盘记录器，黑客可以读取用户输入的所有内容，包括用户输入的所有密码。

镜像设备的外观和作用就像普通的热点，但黑客可以看到连接到它的人在线做的一切。

Wi-Fi镜像

键盘记录器

键盘记录器是一种程序，它会默默地存储记录计算机上的每个被按下的键。它们经常被用来窃取用户的密码和银行账户的详细资料。键盘记录器既有软件，也有硬件。

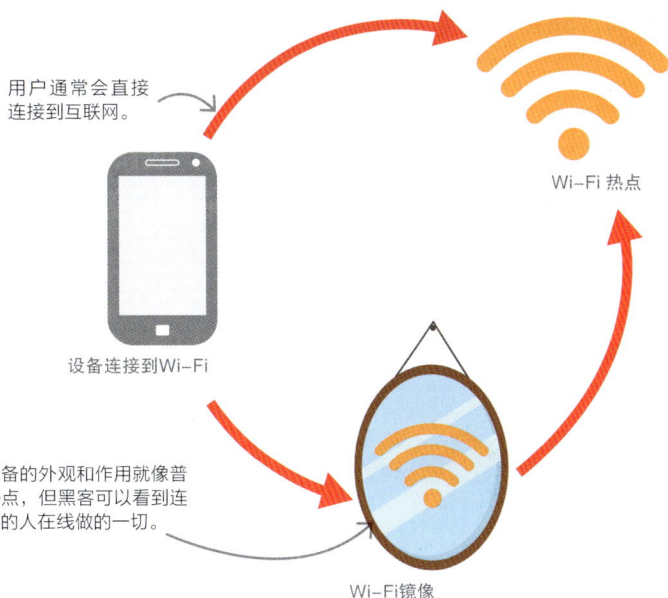

Wi-Fi 镜像

黑客可以使用模仿公共Wi-Fi热点的Wi-Fi镜像设备。这样毫无戒心的用户就会连接到镜像设备，而不是真正的热点，当用户在线浏览时，黑客可以看到用户在做什么。

远离骗子

骗子试图通过电子邮件骗取人们的金钱。明智的做法是不要点击任何链接，也不要打开任何陌生人的邮件附件。在钓鱼攻击中，骗子试图模仿来自银行或其他组织的电子邮件，以便让人们给出诸如PIN或密码之类的信息。银行和其他合法组织永远不会通过电子邮件询问安全细节。

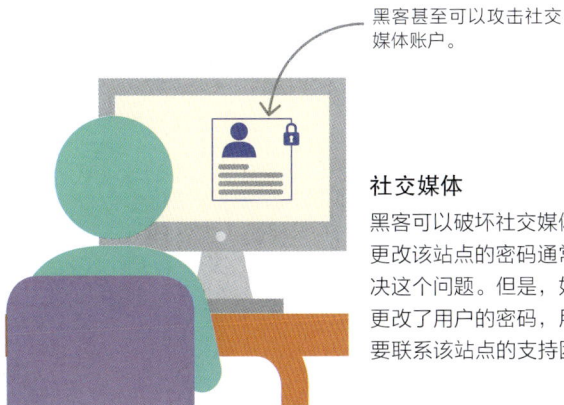

黑客甚至可以攻击社交媒体账户。

社交媒体

黑客可以破坏社交媒体账户，更改该站点的密码通常可以解决这个问题。但是，如果黑客更改了用户的密码，用户则需要联系该站点的支持团队。

危害和良好的使用习惯

虽然恶意软件的存在可能使互联网看起来非常危险，但是有一些简单的方法可以使你的信息更安全。安装或激活防火墙软件和反病毒软件来扫描网络流量，以查找可疑数据包是一个很好的方法。下载和安装密码管理器意味着多个站点的密码可以只使用一个主密码存储和操作。

1. 使用安全站点进行线上支付
2. 清除浏览器缓存
3. 更新计算机软件
4. 使用可信的Wi-Fi连接
5. 从可靠来源下载文件
6. 完成会话后退出

常见问题的解决方法

计算机故障是很常见的，大多数可以简单快速地修复，这就是所谓的故障排除。故障排除的建议可以在网上找到，也可以从当地的计算机商店或技术人员那里得到。

请参阅	
外围设备	24-25 ›
网络的连接	136-137 ›
安全上网	174-175 ›

登录困难

计算机登录出现问题可能是由于按下了CapsLock键，或者意外地尝试登录到另一个账户。忘记登录信息可以通过使用管理员账户来重置登录，或者使用密码重置来修复。

密码被锁定
忘记密码可能很棘手。如果上面的解决方法不起作用，最好向当地的计算机技术人员寻求建议。

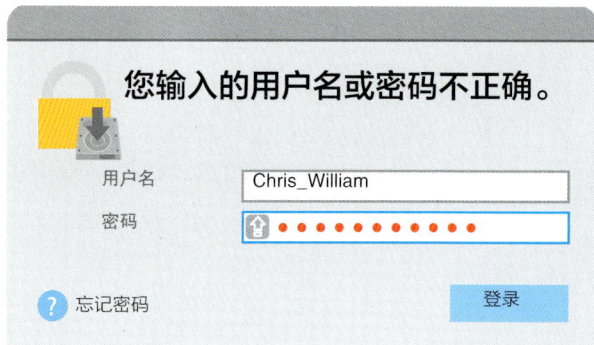

简单的问题

一个非常常见的问题是计算机冻结或无法响应鼠标或键盘输入。在这种情况下，通常可以通过按住电源按钮几秒钟关闭计算机，然后再重新启动。不要直接切断电源，因为这会使事情变得更糟。

> 每个问题都有解决办法。这可能要花费一段时间，但最终你会找到它的。
>
> ——美国政治家，托尼·卡德纳斯（1953）

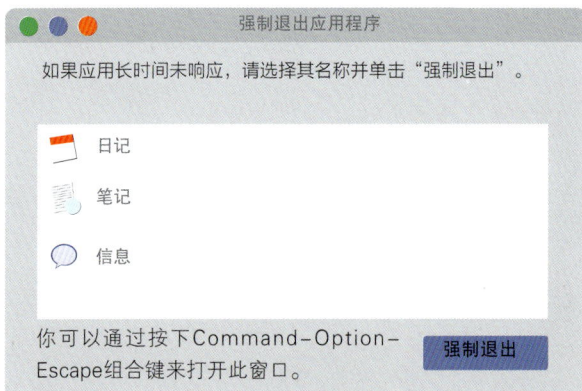

任务管理器
当某个特定的程序长时间没有响应时，如果是Windows系统，则按Ctrl、Alt和Delete键强制退出；如果是Mac系统，则按Command、Option和Escape键强制退出。

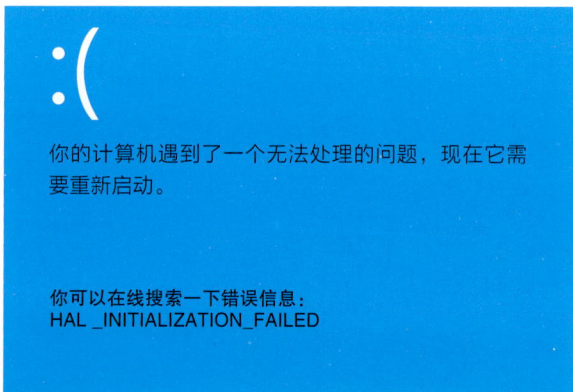

死亡蓝屏
当出现严重故障时，Windows显示"死亡蓝屏"。重新启动后，计算机能够引导用户去解决问题。

打印机

打印机的问题常常是由缺少纸张或纸张堵塞造成的。大多数打印机都通过警告灯和显示器来提示这些问题。另一个可能的问题是油墨或调色剂含量低。在Windows的"控制面板"或Mac上的"系统首选项"中打开打印机设置，可以显示更具体的错误消息。

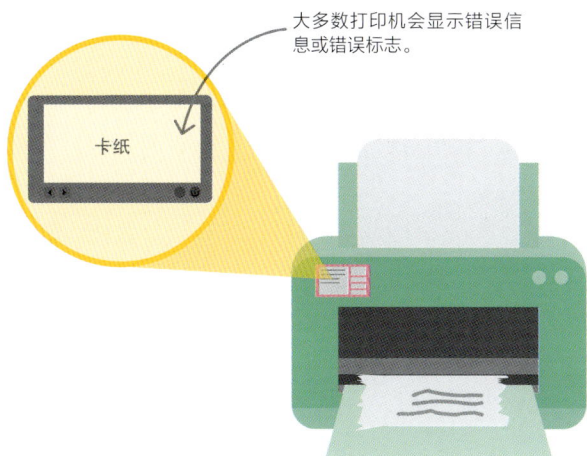

大多数打印机会显示错误信息或错误标志。

卡纸

质量问题

打印质量差可能是由打印头没对准或打印头堵塞造成的。打印机通常自身带有软件，允许用户诊断和修复这类问题。

声音和摄像头

声音和摄像头的问题可能会令人沮丧，特别是对于那些想要参加在线会议的用户来说。检查计算机的声音输出和输入设置也许能帮助解决这个问题。忘记插入耳机也可能是没有声音的原因。一些计算机和耳机有内置麦克风，但是计算机可能仍然需要插入一个外部麦克风。

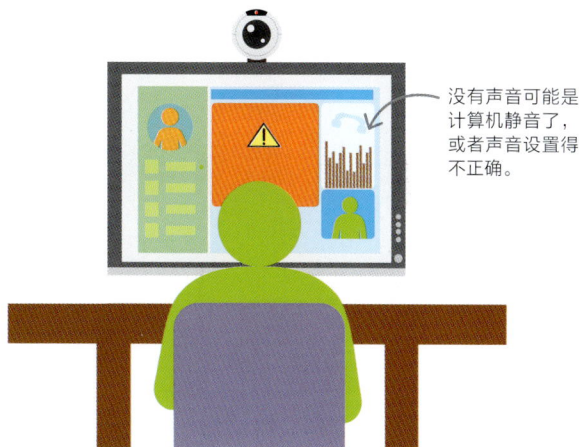

没有声音可能是计算机静音了，或者声音设置得不正确。

摄像头连接

人们不使用计算机时通常不会开摄像头，以免受黑客攻击。如果是这样，记住在使用前打开它。

Wi-Fi 与数据连接

Wi-Fi连接可能是变化无常的。确保计算机连接到正确的Wi-Fi，而不是一个信号较弱的相邻Wi-Fi。如果觉得根本没有信号，试着把路由器断开几秒钟，然后再打开。如果Wi-Fi连接有点慢，那么在线速度测试网站可以测试当前的网速。慢速连接通常是短暂的，并且主要是互联网服务提供商的问题，可能导致本地区域的许多用户访问被拦截。

数据使用

一些互联网服务供应商和许多移动电话的合同限制了用户每月可以使用的数据量。因此，了解已经在线使用了多少数据是有用的。

1MB

查看带有附件的电子邮件

25MB

浏览1小时

150MB

下载音乐1小时

2GB

播放高清视频1小时

什么是
计算机科学

计算机科学

从智能手机到智能冰箱，计算机无处不在。技术看起来很神奇，但是计算机科学探索了它背后的秘密。

我们被计算机包围

今天大多数年轻人都觉得使用计算机技术很容易，所以很容易认为学习计算机科学没有意义。然而，计算机科学不仅仅是使用数字工具，它还涉及探索这些技术的工作原理。学习计算机科学可以提升年轻人解决问题的能力，同时可以帮他们发明新事物，并为未来创造新技术。

没有限制

没有计算机操作技能的人在操作网站、手机软件和游戏的时候会受到限制。具有计算机操作技能的人却能够将他们的想法变为现实，并能够用计算机塑造未来。

这个世界是数字化的

世界正变得越来越数字化。从买东西到开车，从医院到卫星，计算机控制着现代生活的方方面面。以下是由计算机控制的一些日常生活场景。

连接到因特网的电视机能给用户实时地发送节目。

全球定位系统（GPS）利用卫星向你展示你在地球上的位置。

大多数零售商给顾客提供网上购物的选择。

思维技能

编程在计算机科学中占很大一部分，但编程不只是将命令列表串在一起。在编写任何代码之前，我们必须一步步地考虑编写这些代码的目的是什么，以便发现并解决问题。我们把这称为计算思维，对于根本不涉及计算机的问题处理也是有用的。

计算机语言

有些人为了获得一份工作而想知道要学习哪种编程语言。然而，最重要的技能是学习如何应用计算机思维解决问题，然后产生可以用代码表达的解决方案。一旦计算机科学家习惯于用一种编程语言解决问题，学习其他编程语言就变得不那么可怕了。这里是一些最常用的编程语言。

C	Ruby
C#	Python
Java	JavaScript

信号通过卫星发送和接收。

计算机帮助音乐家和制片人创造艺术。

金融服务，如证券交易所和银行，越来越多地使用互联网。

医院依靠计算机使医生、护士治疗疾病更容易。

现代空中交通管制系统是完全计算机化的。

社交媒体应用程序依赖因特网。

从买一杯咖啡到买房子，各种各样的在线支付越来越多。

计算机之前的计算

大多数人认为计算机只是一个带有屏幕和键盘的电子设备。人类几千年来一直都在使用计算设备。

早期的计算机

最早的计算是用10个手指进行的，这就是为什么大多数数字系统是基于10的倍数。罗马人有一种用手指解决复杂计算的方法。这个实践给了我们一个词，digit（数字）这个词来自拉丁语Digista，意思是手指，它现在用来表示0~9之间的任一数字。

二进制

计算机只使用数字0和1来表示数字的二进制系统，其基数是2。正如我们今天所知，零的概念起源于5世纪的印度。

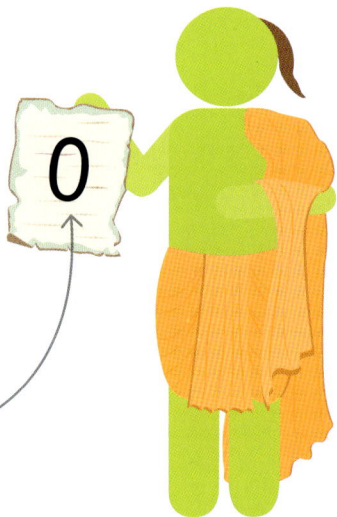

古印度巴克沙利手稿包含了已知的第一个零。

石盘和计数板

早期的计算设备是用于确定时间的。比如方尖塔——古埃及的建筑，其中有大量石柱投射的阴影随太阳移动。而阴影的方向帮助人们粗略地确定时间。最早的计数板由金属或石盘制成（但没有电线），出现在大约公元前2400年的巴比伦（今伊拉克）。以下是早期计算工具的另外两个例子。

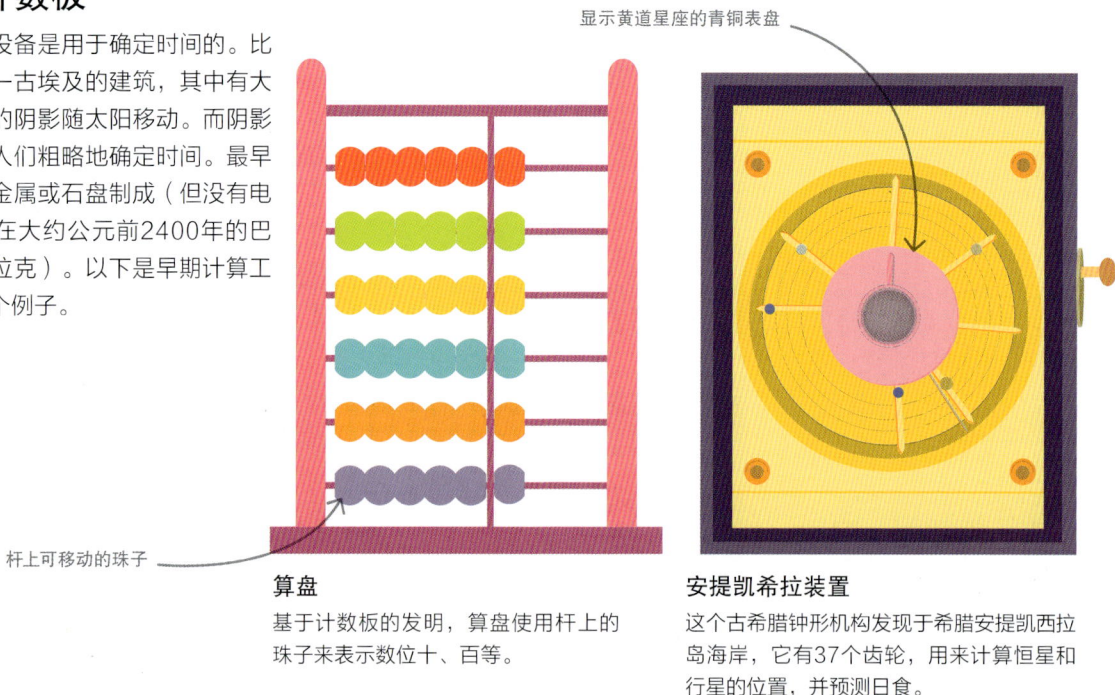

显示黄道星座的青铜表盘

杆上可移动的珠子

算盘
基于计数板的发明，算盘使用杆上的珠子来表示数位十、百等。

安提凯希拉装置
这个古希腊钟形机构发现于希腊安提凯西拉岛海岸，它有37个齿轮，用来计算恒星和行星的位置，并预测日食。

从数学到机器

从8世纪到14世纪，伊斯兰国家的人们完成了许多数学工作，这些工作对计算至关重要。学者们把古希腊和印度数学家的数学文本翻译成阿拉伯文，并利用它们所包含的知识发展新的计算方法。其中两位特别著名的数学家是阿尔·花剌子模（780—850）和肯迪（801—873）。花剌子模被誉为"代数之父"，而肯迪开发的技术依然应用于今天的密码学。

显示黄道带的饰件

猎鹰机器人把球丢进花瓶里。

机器音乐家

加扎利的水力驱动城堡时钟

12世纪的工程师加扎利（1135—1206）发明了许多巧妙的机械装置。他的城堡时钟特别复杂，可以通过编程来计量全年的昼夜长度。

奈皮尔和契克卡德

苏格兰数学家约翰·奈皮尔（1550—1617）发明了一套手动运算装置——奈皮尔算筹。这是一套用数字刻画的木条，可以使乘法、除法、求平方根运算变得容易得多。奈皮尔的装置是基于由意大利数学家斐波那契（1175—1250）传入欧洲的阿拉伯计算方法发明的。

契克卡德的计算时钟

德国天文学家威廉·契克卡德通过改造奈皮尔算筹发明了一个计算机器。他的计算机器可以加减六位数。

通过窗口读取木条得出计算结果。

20世纪40年代以来的计算

自20世纪40年代以来，计算已经取得了巨大的进步。从学术界对抽象数学的追求开始，计算已经成为很多人生活的一部分。

第二次世界大战与计算机

第二次世界大战是电子计算发展的催化剂。德国军队使用了名为"谜"的密码机来加密他们的信息。英国计算机科学家艾伦·图灵领导了一个研究小组，发明了一台名为"炸弹"的计算机来破译"谜"。这台计算机包含数百个移动部件，距离成为当今计算机的先驱仅有一步之遥。

第二次世界大战时期的破译者

英国的布莱切利园聚集了10000名顶尖的数学家和工程师努力破译德国的密码。

布莱切利园大约有75%的员工是女性。

真实的世界

人类计算员

computer一词以前是用来指用铅笔和纸计算数学结果的人。从19世纪末到20世纪中期，人类计算员经常是女性，其中就包括美国数学家凯瑟琳·约翰逊。人类计算员的工作在很多领域都是必不可少的，例如，为NASA的早期太空飞行计算数据。

存储程序计算机

发明于1943年的"巨人"是一台具有固定功能的计算机，它通常用来破译编码信息。ENIAC（电子数字积分计算机）也是如此，它大约是在同一时间开发的，为美国陆军计算导弹路径。要改变这些计算机的任一程序都需要重新布线并自己拉动开关。第一台实用的通用存储程序电子计算机是EDSAC（延迟存储电子自动计算器），它在1949年运行了第一个程序。它可以很容易地重新编程，通常一周工作35个小时，进行人类觉得复杂和耗时的计算。

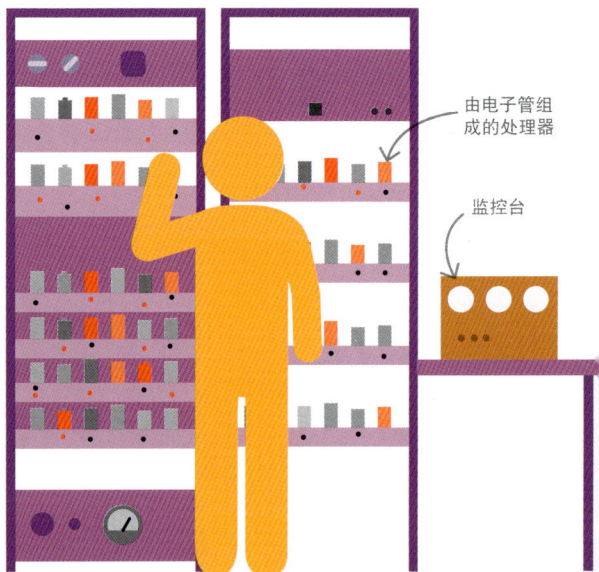

由电子管组成的处理器

监控台

EDSAC

EDSAC是第一台可以同时存储程序和数据的计算机。

个人计算机

20世纪70年代末，当一些基本机型上市时，个人计算机开始出现。其中一台是由史蒂夫·乔布斯、史蒂夫·沃兹尼亚克和罗纳德·韦恩于1976年创办的苹果计算机公司制造的。1975年，比尔·盖茨和保罗·艾伦创建了微软，开发了允许用户与各种类型的个人计算机交互的操作系统软件。

苹果二代
苹果二代的个人计算机主要瞄准小企业和业余电子爱好者。

微软磁盘操作系统（MS-DOS）
MS-DOS是微软为个人计算机开发的基本操作系统。

MS-DOS
Starting MS-DOS... C:\>_

MS-DOS的命令行接口

真实的世界
计算机游戏

PONG

3 4

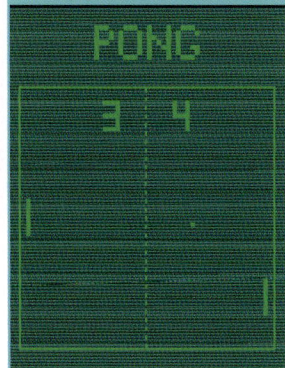

家用计算机和编程的普及很大程度上得益于计算机游戏的出现。第一款商业化的计算机游戏是1972年推出的简单乒乓球游戏。这款游戏最初是在街机上玩的，美国公司雅达利在1975年发布了用于家庭计算机的版本。

超级计算机

大多数计算机一开始解决问题时只用一个处理器完成计算。第一台真正强大的超级计算机出现于20世纪90年代。这台计算机有许多单独的处理器，可以同时处理一个大问题中的许多微小问题。这些计算机用于诸如天气预报、设计飞机发动机和破译加密信息等任务。

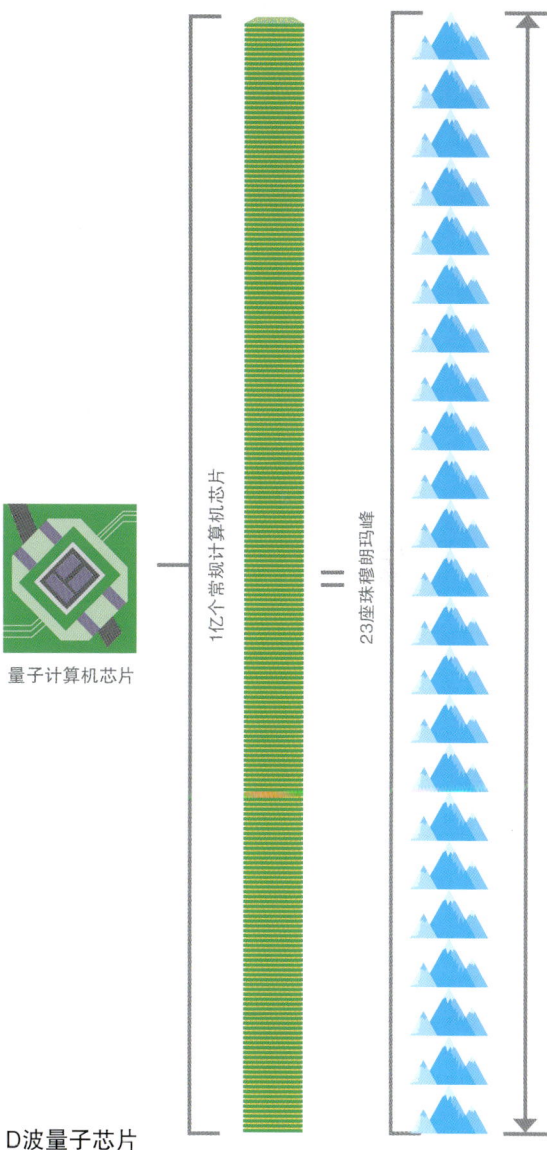

量子计算机芯片

1亿个常规计算机芯片

23座珠穆朗玛峰

D波量子芯片
D波量子超级计算机具有与1亿台常规计算机相等的处理能力。如果把1亿个计算机芯片叠加在一起，它们会和23座珠穆朗玛峰一样高。

计算机内部

计算机的外壳里面是计算机的硬件，它是由电子电路、组件和连接线路组成的。随着它们的能力越来越强，其组件也越来越小，同时其使用的功率和散发的热量也越来越少。

计算机组件

不管是什么类型的计算机，计算机内部的组件都是非常相似的。这些部件看起来可能有点不同，但它们的功能是一样的。了解各个部分的功能和工作方式可以帮助用户解决问题，或者决定是否应该升级硬件。

中央处理器

中央处理器（CPU）也称为微处理器，是计算机的大脑，它控制机器的大部分操作以及命令的执行。按下键盘、单击鼠标、启动应用或打开文件，指令都会被发送到CPU。

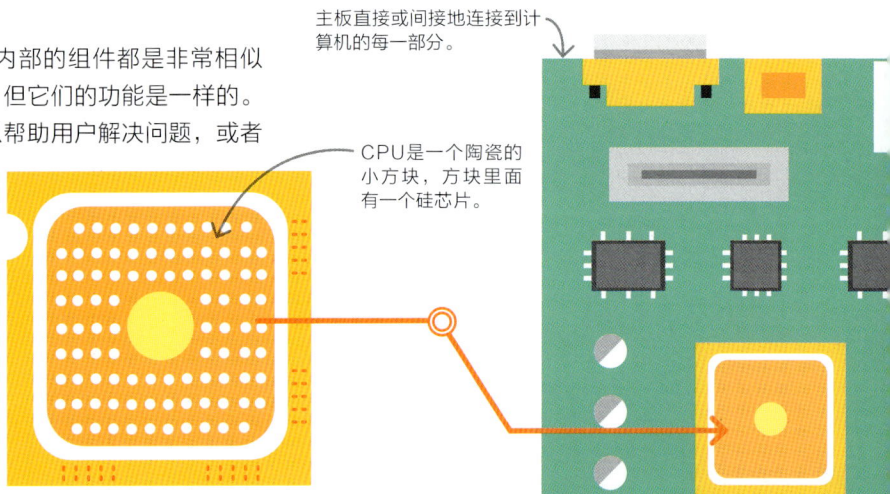

随机存取存储器

随机存取存储器是系统的短期记忆。每当计算机执行计算时，它都会将数据临时存储在随机存取存储器（RAM）中，直到需要时派上用场。当计算机被关闭后，随机存取存储器上的数据就会被清除。

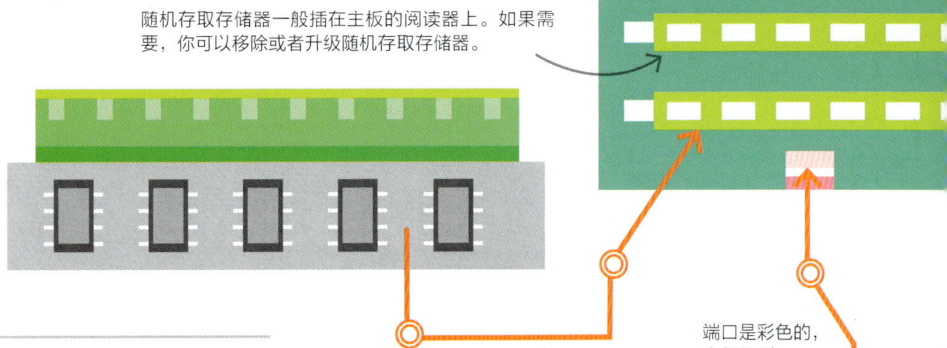

主板直接或间接地连接到计算机的每一部分。

CPU是一个陶瓷的小方块，方块里面有一个硅芯片。

随机存取存储器一般插在主板的阅读器上。如果需要，你可以移除或者升级随机存取存储器。

……计算机已经成为我们创造的最具影响力的工具。它们是创造力的工具，也是沟通的工具，它们还可以被用户塑造。

——美国微软联合创始人，比尔·盖茨

端口是彩色的，方便识别。

端口

计算机有一系列端口，允许用户将外部设备连接到主板。其中，通用端口包括通用串行总线（USB）、以太网（用于将计算机连接在一起以形成网络）、视频图形阵列（VGA）、高清多媒体接口（HDMI）以及耳机和麦克风的端口。

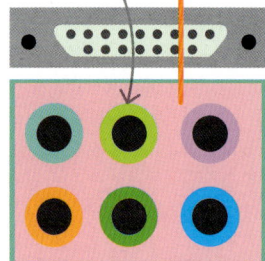

主板

计算机的主电路板称为主板。它允许其他组件相互通信。主板是包含CPU、存储器、用于硬盘驱动器和光驱的连接器、用于控制视频和音频的扩展卡以及计算机间连接端口的薄板。它还包含所有将计算机组件的功能联系在一起的电路。

硬盘

计算机的软件、文档和其他文件作为二进制代码存储在硬盘上。即使计算机的开关被切断或被拔出，硬盘也会存储数据。硬盘的转速越快，计算机启动和加载程序的速度就越快。

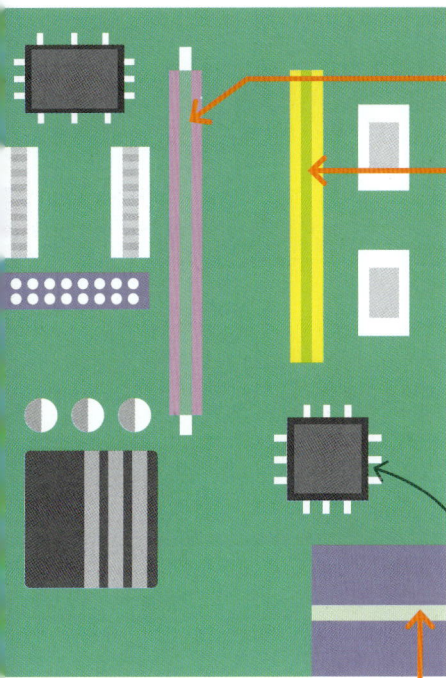

计算机主板一般有 1 ~ 7 个扩展槽。

芯片为计算机的特定部分提供额外的处理能力。

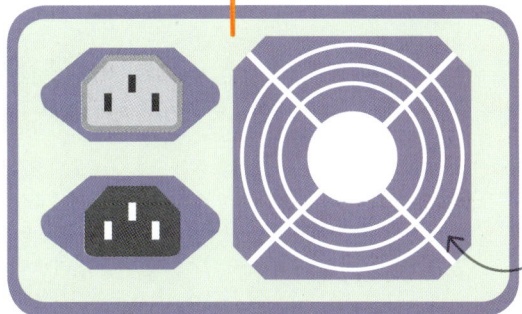

扩展槽

这些插槽允许用户添加各种类型的扩展卡，这有助于提高并更新计算机的性能。扩展卡可以提高声音和视频处理或网络连接、蓝牙连接的性能。

供电装置

供电装置把电从墙上插座里提供的交流电转换成计算机所需的直流电。电通过电缆传送到主板和其他组件。供电装置还通过控制电压来调节过热问题。当然，它可以自动调节，也可以手动控制。

供电装置通常有风扇，防止计算机组件过热。

外围设备

任何让用户与计算机交互的硬件都称为外围设备。没有它们，就没有办法解锁计算机的潜在能力。

外围设备

外围设备是连接到计算机主板的设备。它们通常分为三类：输入设备、输出设备和存储设备。一些设备，如触摸屏和扫描打印机，既可以是输入设备，也可以是输出设备。人们可以为各种类型的应用软件开发外围设备。

摄像头

摄像头是一种捕捉视频和音频信号的输入设备。虽然大多数网络摄像头都集成在计算机的外壳中，但它们仍属于外围设备。

插孔上的这三个部分向左、右音频传递电信号，并对设备进行接地。

耳机和麦克风

耳机和麦克风通常通过3.5mm的插孔连接到计算机，它们允许用户听到来自计算机的音频，并发送音频到计算机。一些公司设计出了无须耳机线连接，而支持蓝牙无线连接的耳机。

大多数现代打印机都通过USB线连接到计算机上。

打印机

打印机是从计算机文件创建实体文档的输出设备。许多打印机允许用户扫描文档，以便在计算机上操作它们。

键盘将敲击键盘的动作信号转换成显示器上可以接收的电信号。

移动硬盘

如果计算机的存储空间不足，或者用户需要在不同位置的不同计算机上工作，移动硬盘通常是最有效的解决方案。移动硬盘就像一个内部硬盘，但它是便携式的。

USB连接器

深层知识

控制计算机

外围设备对于残疾人士来说至关重要，因为这可以帮助他们使用计算机。英国理论物理学家斯蒂芬·霍金（1942—2018）因为患有运动神经元疾病而不能说话，甚至无法活动。工程师和软件开发人员通过将一个传感器连接到他仍然可以活动的脸颊的肌肉上，使他能够进行交流。这个传感器连接的就是语音生成机。

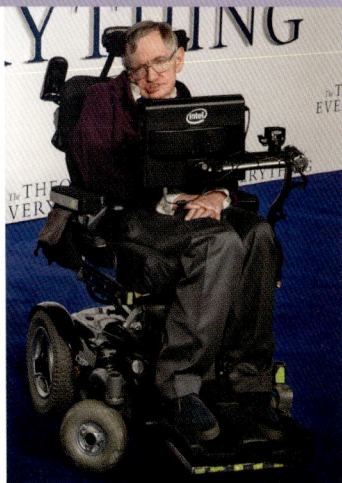

以太网电缆控制计算机之间的信息传递。

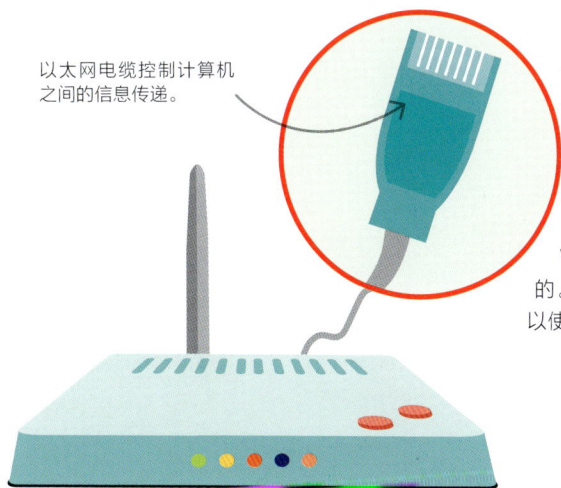

路由器

路由器能发送和接收计算机之间的数据包，因此它们既是输入设备又是输出设备。路由器可以将家庭内的设备连接在一起，并可以将家庭网络连接到互联网。大多数家庭的设备通过Wi-Fi连接到家庭的路由器是很常见的。但如果Wi-Fi信号存在问题，通常可以使用以太网电缆联网。

键盘和鼠标通过USB线连接到计算机上。

显示器、键盘和鼠标

这三种可能是最常见的外围设备。显示器直观地显示由计算机处理的信息；键盘和鼠标是输入设备，允许用户与计算机进行交互。有时候触敏控制板（即触控板）也可以代替鼠标使用。

计算机芯片

计算机芯片是所有现代计算机的核心。电话、汽车甚至洗衣机中都有它们的存在。但是它们究竟是什么？它们又是如何制造的呢？

计算机芯片

计算机芯片是集成电路（IC）。芯片上刻有数百万个，甚至数十亿个微小元件。它们比由单个元件构成的电路快得多，也小得多，而且大量生产更便宜。芯片被密封在陶瓷外壳中，金属引脚将它们连接到计算机的其他部分。集成电路可以被用来执行许多任务。

微型晶体管嵌在计算机芯片上。

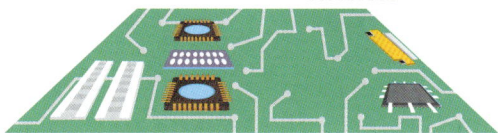

晶体管计数

计算机芯片的构建模块是晶体管（用来放大或开关电流的微小器件）。晶体管的数量越多，芯片就越强大。

真实的世界

第一个集成电路

第一个集成电路是由美国电气工程师杰克·基尔比（1923—2005）于1958年发明的。在基尔比发明集成电路之前，机器使用的真空管体积庞大，且不可靠。基尔比的集成电路是基于微型晶体管的，其所有的部件都是由一块材料制成的：集成芯片诞生了。

制造芯片

芯片是在半导体晶圆制造厂制造的。晶圆厂在英语中可以缩写为fabs。每个工厂都有一个装有空气的"洁净室"，几乎所有的尘埃颗粒都被过滤掉了，因为即使是一粒尘埃也会毁掉一颗芯片。清洁室的工作人员穿着特定的制服，戴着口罩，以保护芯片免受头发、皮肤细胞和人类可能产生的所有潜在污染物的侵害。

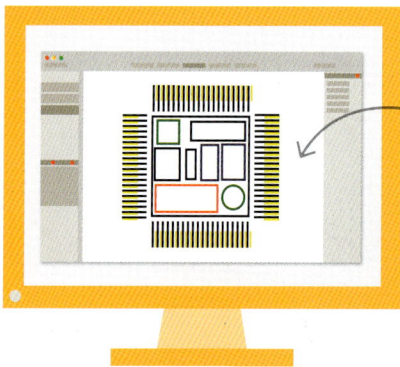

工程师们依靠软件来帮助他们设计复杂的电路。

设计

微处理器电路是由工程师团队设计的，他们使用软件来定义电路应该如何工作。然后软件将这个定义转换成组件的布局。

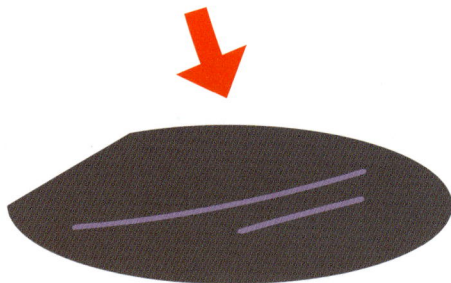

晶圆

电路是由纯硅片制成的。几十个芯片都是在同一时间由同一个晶圆所制造出来的。

从晶片上切下单个芯片。

光刻

涂有可溶性光致抗蚀剂的晶圆区域现在有一层薄薄的硅被去除了。这是通过用酸清洗晶片，或者用等离子体喷射它来完成的。等离子体也就是气体的带电形式。这个过程称蚀刻。

完成

光致抗蚀剂和蚀刻工艺会重复使用几次，从而形成一系列层，然后将晶圆切割成单个芯片，进行测试，并将其放入接有金属的陶瓷盒中。

光刻工艺后剩下的部分是晶体管。

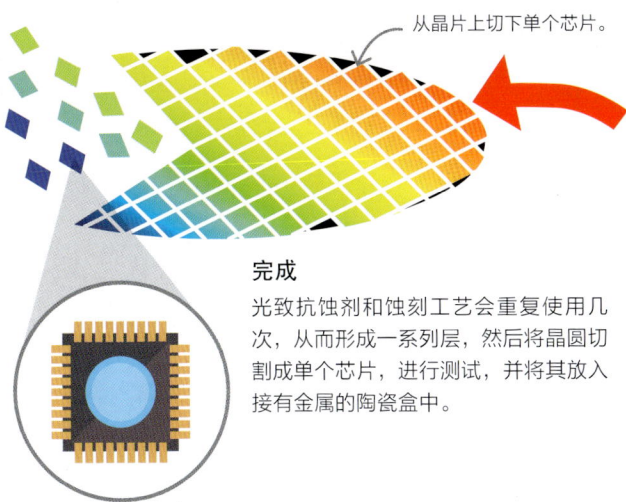

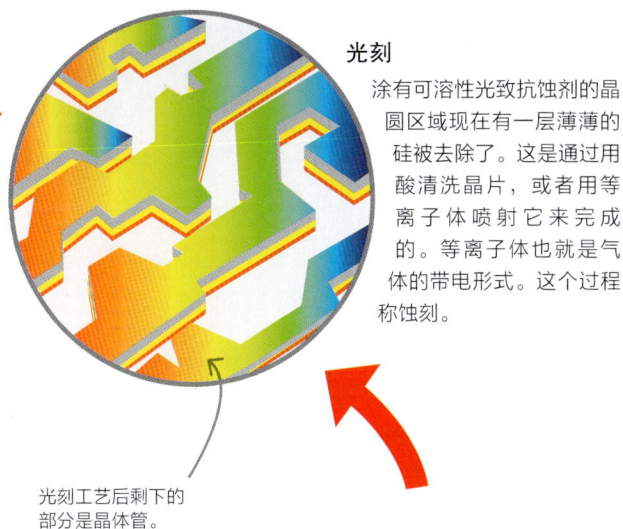

在集成电路之前有一个太空计划。

——美国电气工程师，杰克·基尔比 (1923—2005)

紫外光

深层知识

摩尔定律

摩尔定律是戈登·摩尔于1965年提出的，他是英特尔微芯片公司的联合创始人之一。他预测集成电路中的晶体管数量大约每两年翻一番。许多专家认为晶体管的这种翻倍将在10年内停止。

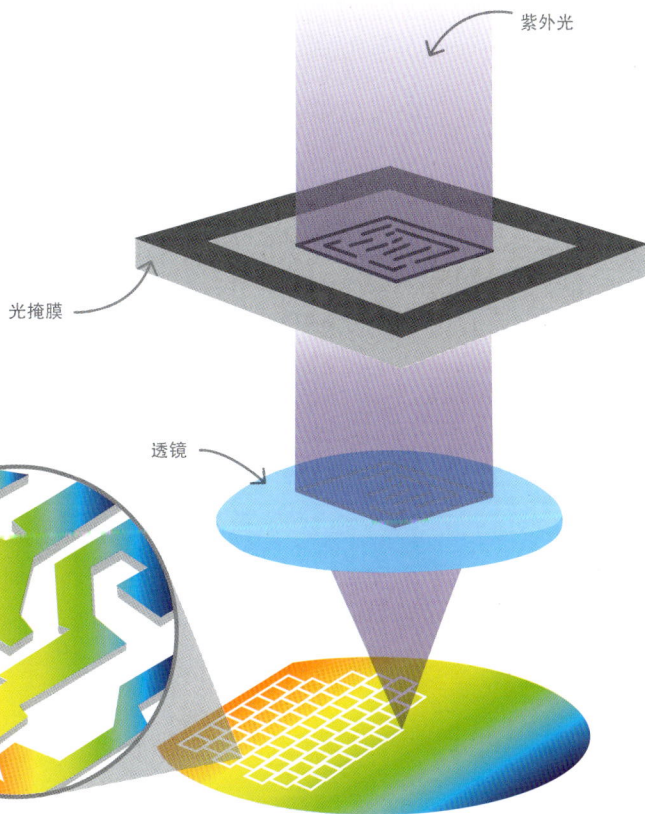

光掩膜

光可以穿过蚀刻掉的晶圆空隙。

透镜

光致抗蚀剂

每个晶圆上都涂上了一种叫作光致抗蚀剂的物质，这种物质保护晶片免受诸如酸之类的化学物质的影响。但是，如果在光致抗蚀剂的一个区域上照射紫外光，就会使得化学物质能够溶解该区域，从而露出下面的晶片。

掩膜

这个设计变成了一个光掩膜，这有点像模板，因为有一些区域被移除了，这样光线就可以照进去。掩膜可以有多层结构，每一层都构成整体图案的一部分。

现代计算机是怎样计算的

由数以百万计的微小、复杂的部件构成的计算机是如何输出诸如文字、音乐、艺术或动作的呢?

请参阅	
什么是计算机硬件	36–37 >
二进制代码	70–71 >
物联网	212–213 >

展示数据

计算机是一种操纵数字的机器。对计算机来说,一切都是数字。字母、符号、声音和图像都用二进制数来表示。然而,对于大多数人来说,二进制数只是一串毫无意义的1和0。计算机科学家又是如何使计算机能够以人们能够理解的方式展示它们运行的数据的呢?

深层知识

十六进制

很多人发现二进制数很难处理。十六进制系统基于16的倍数,使用数字0~9,数字后面用字母A~F。定义颜色的24位二进制数可以写成6位十六进制数,这样能使程序员的工作更容易。

FFC0FF	8AE1FF	00F1DD	00F396	C9E151
FE9AFF	4DCAFF	00D4C3	00DA86	B2C848
F68DFF	2CC0FF	00CAB9	00CF80	A9BD44

图像

计算机屏幕是由被称为像素的微小区域组成的,它可以显示形状和颜色。为了显示一个像素为白色,它就会点亮等量的红色、绿色和蓝色光。其他颜色是通过不同比例地混合这三种光获得的,黑色则是无光。

00000000
00000000
11111111

每种颜色都是由三个二进制值表示的红色、绿色和蓝色组成的。

字母

文本

字母和字符由一组标准化的二进制数表示。计算机操作系统中的代码可以将这些二进制数字转换成屏幕上的像素模式。文字处理器和网络浏览器里有各种字体的像素模式的代码。

S

01010011

声音

计算机通过把二进制数转换成电信号来产生声音。这些电信号被送入扬声器,使非常薄的金属板振动,振动在空气中产生压力变化,人的耳朵就能识别出声音。

10000110

硬件和软件

在现实世界中作为物体存在的计算机的实体部分称为硬件。让硬件执行任务的一系列指令和数据的结合则称为软件。软件也称为代码或程序。编写软件可能具有挑战性，因为这是在给不了解现实世界的机器编写指令。

鼠标输入

计算机通常会把鼠标移动视为一个"事件"。而计算机的操作系统会不断检查"事件"，并通过运行代码来具体处理每个"事件"。

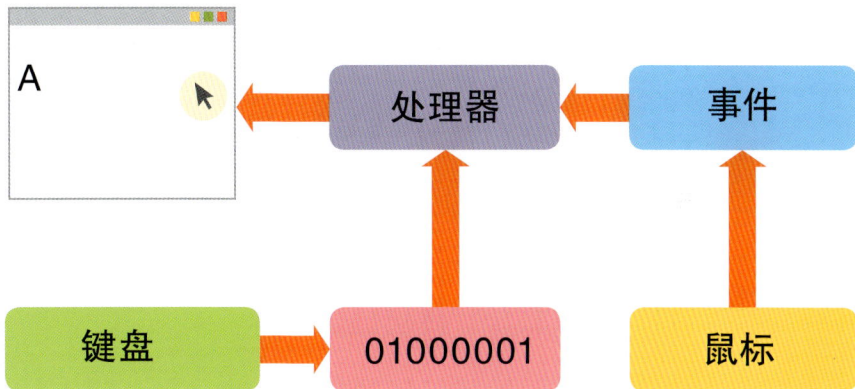

键盘输入

用户按下键盘上的一个键就是计算机识别的一个"事件"。程序员经常使用这些"事件"让显示器上显示某些东西，比如写邮件时的字。

A

处理器 ← 事件

键盘 → 01000001 ← 鼠标

现实世界中的计算机的运作

从机器人助手到能够控制人们家中灯光的手机软件，计算机成为现实世界中越来越重要的物品。软件中的指令把数字转换为信号，使这些运作成为可能。举个例子，智能手机的手机软件可以向附近的Wi-Fi路由器发送信号。这些信号穿越互联网，能够触发用户家中的灯光。

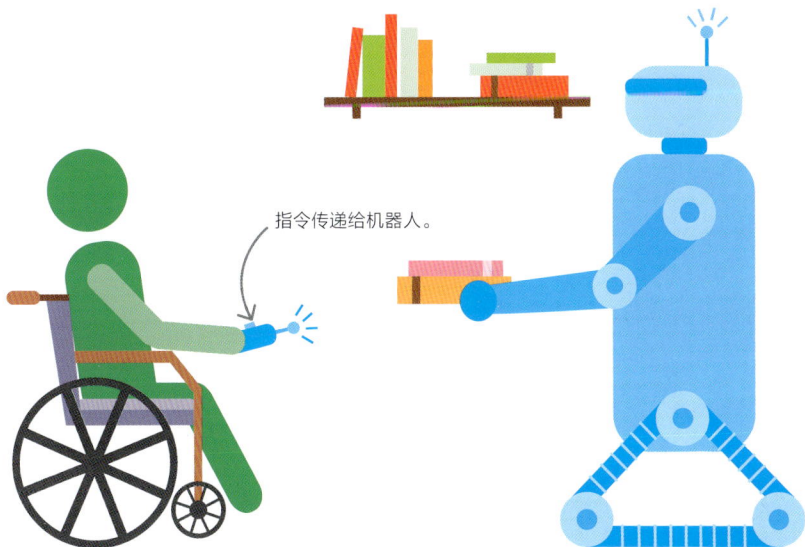

指令传递给机器人。

真实的世界

有多少个代码？

程序的大小通常用代码行来衡量。以下是一些软件中的代码行数。

简单的手机软件：10000

美国宇航局的航天飞机：400000

波音787飞机：650000

火狐浏览器：970000

微软办公软件2013年版：45000000

谷歌：2000000000

机器人

机器人的控制装置可以使用无线电信号发送指令，当机器人接收到该无线电信号时，该无线电信号就会被转换为控制机器人电动机和齿轮的电信号。

处理器与存储器

微芯片处理并控制计算机内部的数据和指令的流动。它们与计算机的其他部分相互作用，从而产生输出。

中央处理器（CPU）

CPU是计算机完成所有工作的地方。它是由控制单元(CU)、寄存器(CPU中存储数值的临时位置)和算术逻辑单元(ALU)组成的。CPU有一个"读取−解码−执行"的周期：控制单元从存储器中读取出一条指令并转换成二进制数，这些二进制数存储在寄存器中。然后这些数字被传递到ALU，ALU执行必要的逻辑或算术操作。现代计算机在CPU中通常有一个以上的处理单元，也就是有多个核心。

深层知识

冯·诺依曼体系结构

被大家熟知的计算机的组织结构是"冯·诺依曼体系结构"，在1945年的EDVAC（离散变量自动电子计算机）报告中以物理学家和数学家约翰·冯·诺依曼（1903—1957）的名字命名。

计算机

运行程序

CU

2 + 2 = ?

ALU

控制单元(CU)和算术逻辑单元（ALU）

CU加载并执行构成程序的指令，同时控制来自硬件组件的数据流。ALU进行执行指令所涉及的所有计算。

CPU

输入

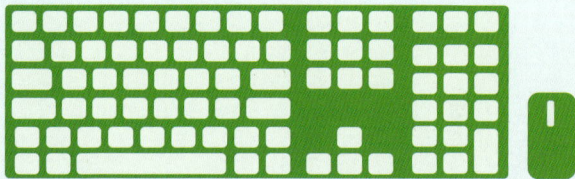

关闭中央处理存储器

主存储器包括只读存储器（ROM），它存储启动计算机的指令。但大多数主存储器由随机存取存储器（RAM）组成，RAM存储当前使用的数据和指令。当计算机关机时，它的内容就会丢失，所以长期数据会存储在硬盘上，这称为二级存储器。

打开中央处理存储器

CPU本身就有寄存器，主要存储当前正在使用的数据，以及高速缓存数据和指令，这些数据和指令可能很快就要再次被用到。

总线

计算机有专门的总线可以把信息传递给中央处理器，数据总线承载数据，而地址总线则承载存储器中的地址。

就像书籍排列在图书馆中一样，信息存在计算机的存储器中。

存储器

输出

是什么让计算机有如此大的能力？

计算能力主要取决于CPU的工作速度和主存储器中能存储多少数据。同时，受数据在计算机总线上的流动速度以及访问其二级存储器需要的时间影响，如果计算机要用来处理许多图形，则可以通过添加用于优化处理图像的显卡提高其速度。

基准测试

通过在计算机上运行一组标准测试来评估它完成测试的速度称为基准测试。基准测试可以比较出不同处理器的性能。

深层知识

时钟速度

处理器的时钟速度即处理器每秒可执行多少条指令，单位是兆赫兹（MHz）或吉赫兹（GHz），1.5 MHz的处理器可以1秒执行15亿条指令。你可以重新设置计算机时钟速度，使其运行得更快，这叫作超频。但超频可能导致数据损坏，并因为过热而损坏计算机。

MHz

操作系统

操作系统（OS）是一种管理计算机硬件和软件资源的软件，它能够让我们更容易地使用计算机硬件和软件。操作系统有很多种类型，它们可以用于不同的目的。

它是怎样工作的呢？

计算机操作系统管理计算机中的资源，例如磁盘空间、内存和外围设备等。操作系统可以被认为是计算机硬件和软件之间的中介。它从应用程序、外围设备和硬盘驱动器接收指令，并在软件、硬盘驱动器和其他外围设备上执行这些指令。

它怎样起作用呢？

操作系统的主要目标是提供一种与计算机通信的方式，从而让用户容易理解。

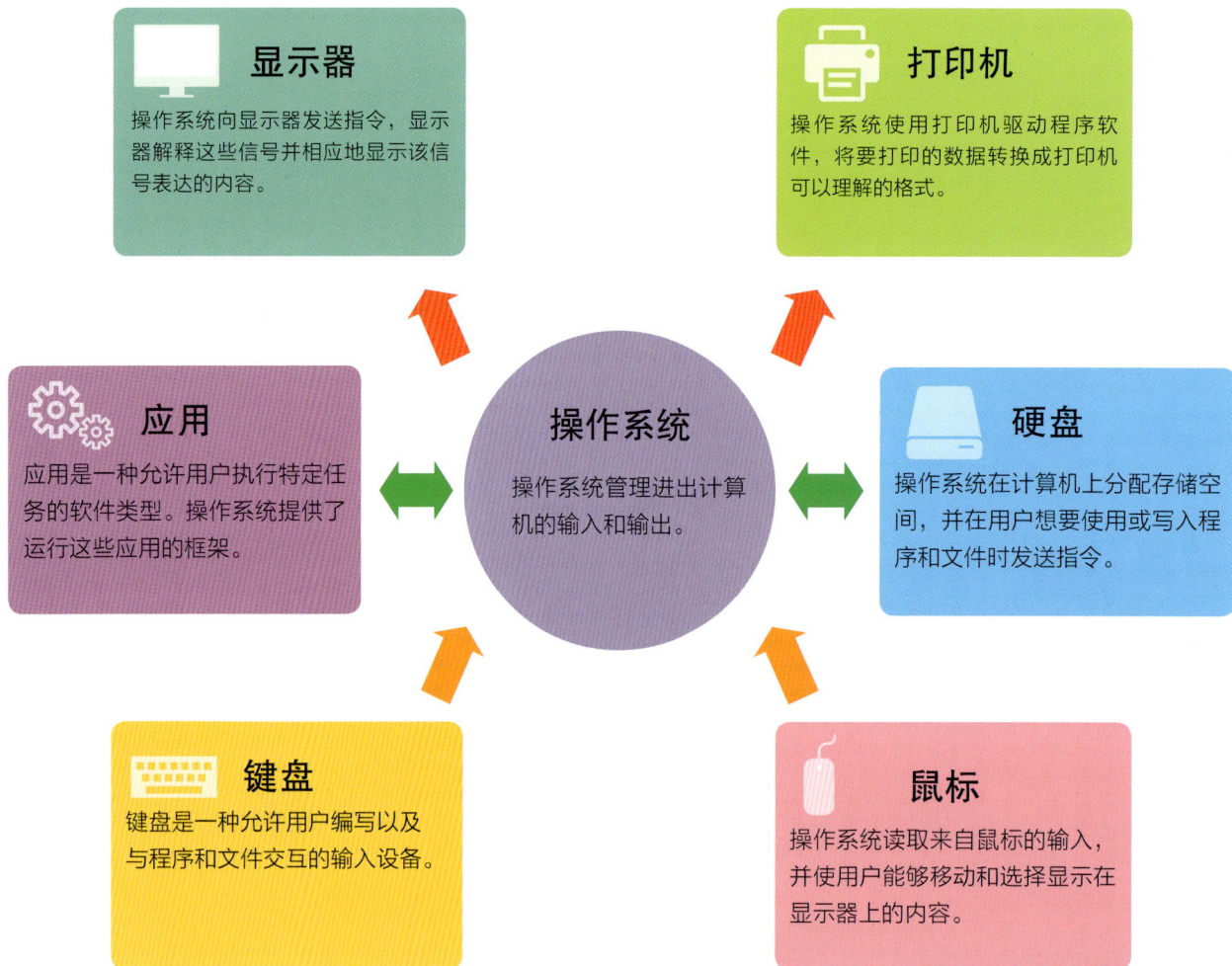

显示器

操作系统向显示器发送指令，显示器解释这些信号并相应地显示该信号表达的内容。

打印机

操作系统使用打印机驱动程序软件，将要打印的数据转换成打印机可以理解的格式。

应用

应用是一种允许用户执行特定任务的软件类型。操作系统提供了运行这些应用的框架。

操作系统

操作系统管理进出计算机的输入和输出。

硬盘

操作系统在计算机上分配存储空间，并在用户想要使用或写入程序和文件时发送指令。

键盘

键盘是一种允许用户编写以及与程序和文件交互的输入设备。

鼠标

操作系统读取来自鼠标的输入，并使用户能够移动和选择显示在显示器上的内容。

操作系统的类型

随着计算机的进步和发展，操作系统也随之发展进步。在众多的操作系统家族中，根据操作系统能够支持的用户或应用的数量，以及它们能够控制的计算机类型，通常将它们分为四类。

单个任务和多个任务

单个任务操作系统一次只运行一个程序，而多个任务操作系统则允许多个程序同时运行。

单个用户和多个用户

单个用户操作系统只允许一个用户在所给定的时间内访问计算机系统。而多个用户系统则允许一次访问多个用户。

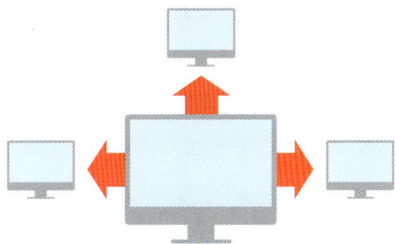

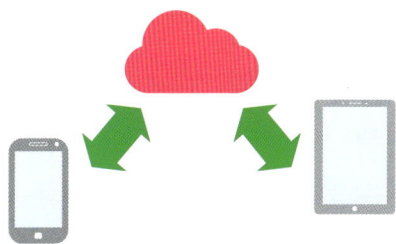

分布式

分布式操作系统允许分布式应用在通过高质量网络相互连接的几台计算机上同时运行。

模板化

在云计算中，这通常指的是在单个计算机上创建的客户操作系统上运行多个虚拟计算机。

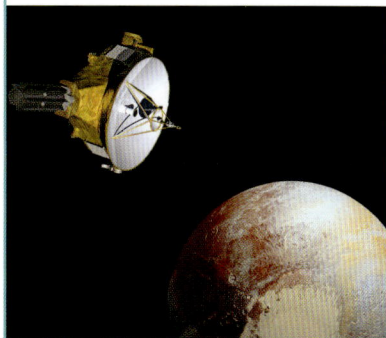
应用程序

操作系统使用应用程序，允许用户管理他们的计算机设备和计算机程序。有许多不同的应用程序，它们在不同的操作系统上也是不同的。用户可以通过特殊菜单或控制面板访问这些不同的程序。

用户账户与安全

杀毒软件

删除的文档、文件或程序

软件更新

清理系统垃圾

加密/解密

文字处理

计算机硬件

什么是计算机硬件

在谈到计算机时，人们经常提到硬件，尤其是硬件的升级和替换。硬件与软件结合形成一个可用的计算机系统。

基本硬件

硬件是计算机在现实世界中可以被触摸的部分。这包括计算机本身带有的显示器、键盘和鼠标。硬件还包括连接到计算机的设备，例如扬声器和存储卡。计算机的内部组件也被认为是硬件。

计算机中的所有电子元件都连接到主板的电路板上。

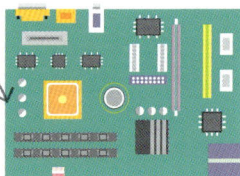

内部硬件和外部硬件

用户不断地与键盘等外部硬件设备进行交互。除非有专业知识或专业技术人员的帮助，否则建议不要触摸内部硬件。

主板

显示器

硬件设备的种类

硬件设备分为几个类别。它们既可以与计算机（如主板）集成，也可以通过连接线、Wi-Fi或蓝牙连接到计算机。非计算机主要组件中不可分割部分的硬件设备，如键盘、鼠标、屏幕、打印机和扫描仪等，都可以称为外围设备。移动电话和平板电脑通常集成了这些硬件设备，所以基本不需要再连接外围设备。下面是一些常见的硬件设备。

扫描仪

键盘

处理芯片

照相机

输入设备

输入设备用于输入数据和指令。一些输入设备，如扫描仪和照相机，允许输入可以存储和处理的数字化信息。

处理设备

处理设备接收数据和指令来产生新的数据。计算机还可以有处理图形或音频和视频信号的专用处理设备。

升级已有硬件

随着时间的推移，计算机硬件的运行速度可能会减慢，甚至完全停止运行。当发生这种情况时，你并不一定要购买一台全新的计算机，而通常可以通过购买新的内部硬件来升级计算机。这里有几种常见的升级方式：增加内部存储器（RAM）的容量，购买新的硬盘驱动器以增加存储空间，或者买一个可以更高效地访问的存储器。游戏爱好者有时会买一个改进的图形处理器（GPU）来玩更高质量的图形游戏。

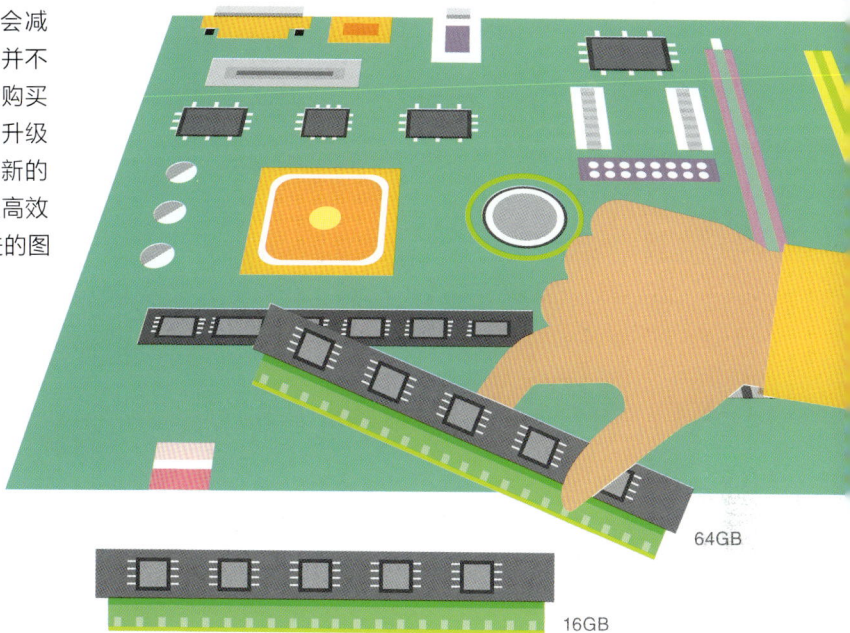

64GB

16GB

真实的世界

计算机回收

更换零件或购买新计算机时，可以看看你的旧设备是否能够回收。慈善机构经常会接收一些状态良好的旧计算机，许多公司也会以环保的方式回收设备。

打印机

音响

虚拟现实眼镜

输出设备

输出设备从计算机获取数据，并将其呈现给用户。虚拟现实（VR）眼镜是一种较新的输出设备，它可以让用户沉浸在3D世界中。

随机存取存储器

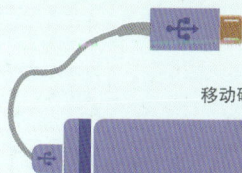

移动硬盘

存储设备

存储设备可以让计算机保存其关机时的数据。除了硬盘驱动器和随机存取存储器（RAM）之外，存储设备还包括USB驱动器和存储卡。

台式计算机和笔记本电脑

计算机主要分为两种：台式计算机和笔记本电脑。每种计算机都有广泛的用途，但同时它们各有利弊。

什么是计算机？

计算机是一种操纵数据的电子设备。它可以接收、输入并执行一系列编程指令，然后计算出结果。最初的数字计算机大到可以占据整个房间，而小型的、个人可以拥有的个人计算机（PC）直到20世纪70年代才出现。20世纪70年代和80年代的个人计算机革命使计算机可以相对容易地使用软件，从而使计算机的数量增加，进而将计算机带到了许多家庭中。

计算机在家庭和企业中的应用

如今，大多数家庭和企业使用计算机安排日常活动。比如通过电子邮件和社交媒体进行通信，通过日历安排购物和娱乐日程等。

台式计算机和笔记本电脑

一些需要做大量工作的人可能需要一台计算机。台式计算机是固定的，一般安放在桌子上。它们由电源供电，通常带有单独的显示器、鼠标和键盘，用途很广，且相较于功能强大的笔记本电脑价格要便宜。

笔记本电脑是便携式的，它们既可由电池供电，也可由电源供电，并且有集成显示屏（触摸屏）、触摸板和键盘。但它们通常更昂贵，且显示器和键盘也更小。

选择哪个呢？

对于大多数人来说，选择是基于多种因素的，比如价格、便携性、可使用空间以及计算机的主要用途等。

		优　点	缺　点
台式计算机		便宜	不方便
		更多设计选项	占用空间更多
		通常处理能力强	比较难安装
笔记本电脑		便携式	设计更严格
		更容易安装	功能较少
		占用空间更少	更贵

PC和苹果电脑

两种最常见的计算机是PC和苹果电脑。PC通常运行微软Windows操作系统，是使用最广泛的计算机类型，在企业中使用得更多。PC还有各种各样的软件可供使用。然而，由于计算机的普及和操作系统的设计，它们更容易受到病毒和恶意软件的攻击。而苹果公司生产的苹果电脑应用得虽不那么广泛，但特别受图形设计师和摄影师的欢迎。它们往往更昂贵，但不易受病毒感染。

选择哪个呢？

这取决于多种因素：价格、用户使用最舒适的系统、用户需要的软件是否可供选择，以及计算机的用途等。

是选择台式计算机还是笔记本电脑，是选择PC还是MAC都取决于个人。

	优　点	缺　点
PC	通常比较便宜	更容易受病毒感染
PC	更多软件可用	操作系统频繁更新
PC	更多硬件可用	往往使用寿命不长
苹果电脑	质量和设计更好	更贵
苹果电脑	流畅的用户体验	可使用的硬件较少
苹果电脑	不易受病毒攻击	可供选择的软件更少

权衡因素

在选择一台新计算机之前，你需要考虑各种因素。这些因素包括它的用途、便携性及空间问题、你可用的预算，以及是否有人体工程学问题。在PC和苹果电脑之间的选择很大程度上取决于用户对这些类型的计算机的熟悉程度。向家人或朋友征求建议也是一个可以帮助你做出决定的好方法。

适合自己的计算机

是选择台式计算机还是笔记本电脑，是选择PC还是苹果电脑，都取决于个人。很多因素可以影响你做出决定。没有完美的计算机，只有适合自己的计算机。

智能手机和平板电脑

也许最流行的计算机、智能手机和平板电脑已经改变了我们使用网络的方式。

数十亿用户

至今有超过20亿部智能手机和10亿台平板电脑在全球活跃使用。第一款智能手机出现在1992年，IBM的Simon——一个带有数字面板的信箱大小的手机。而该领域真正的革命是从2007年发布的苹果iPhone手机开始的。苹果公司在2010年发布了iPad，尽管之前其他公司也尝试过，但这是第一款畅销的平板电脑。智能手机和平板电脑都允许用户使用硬件运行软件程序或App，并利用触摸屏进行操作。

扬声器可以让人听到声音。

平板电脑的屏幕比智能手机大得多，更适合看电影和网上购物。

用户可以触摸和拖动手指来在平板电脑的触摸屏上操作。

消息应用程序可以使用蜂窝网络或因特网。

智能手机通常有内置摄像头，可以拍摄视频或照片。

底部的麦克风可以拾取或记录声音。

一些平板电脑和智能手机的特色在于指纹扫描仪，当记录过的手指按在指纹扫描仪上时，指纹扫描仪就会解锁该设备。

智能连接

智能手机能够发送和接收蜂窝信号，也可以通过Wi-Fi连接到互联网，显示手机的GPS位置，以及通过蓝牙连接其他设备。

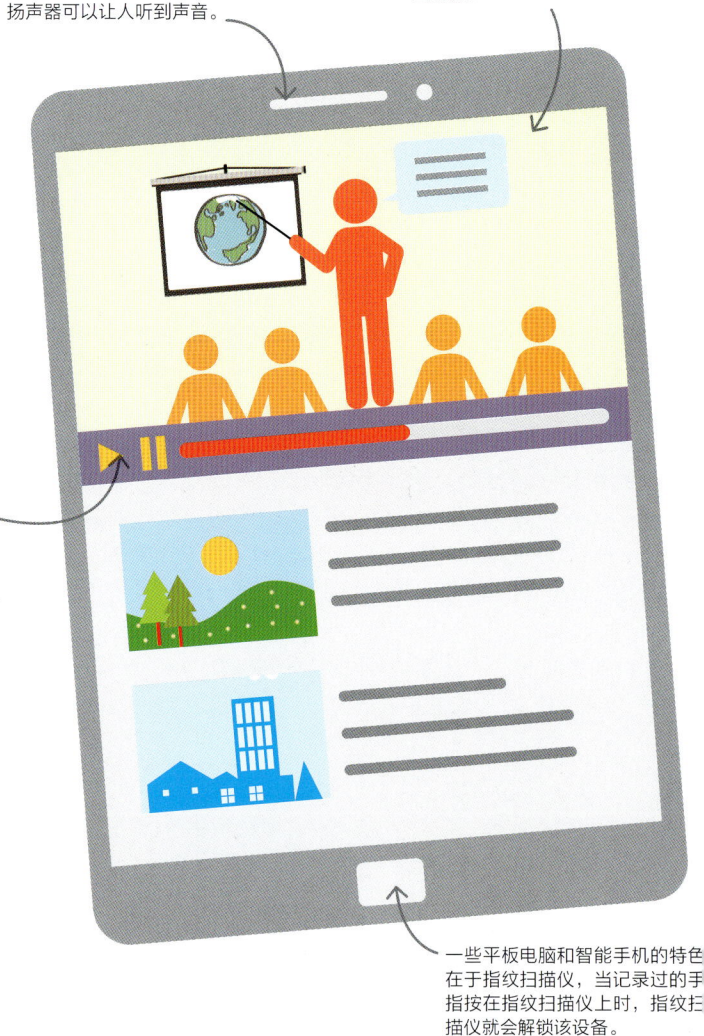

体型更大，能力也更强

平板电脑比智能手机更大，这使得它们比较难携带。但它们通常具有比智能手机更强的处理能力，并且可以处理更复杂的应用程序。

触摸屏是如何工作的

触摸屏既是输入设备，也是输出设备，它可以显示信息，也可以记录由一个手指或多个手指触摸而输入的信息。触摸屏在外部保护玻璃之下，但在设备显示屏的上方，是一块由细小的、透明的金属丝组成的网格。当手指触摸该网格的一部分时，就会影响流过该网格的电流。这种干扰由触摸屏的控制器芯片记录，它用这些信息来确定触摸的位置以及触摸的手指有多少根。

触摸的压力和持续时间被记录，并在实时显示器上变成一个动作。

触摸屏的操作

一个普通的智能手机有150个垂直线和水平线的交叉点。每个交叉点大约每秒被监视100次，这几乎能立即记录任何触摸。

触摸屏网格

触摸屏控制器芯片

倾斜和旋转

智能手机和平板电脑检测手机方向（位置）的变化。加速度计是一个微小的芯片，它能感知装置的倾斜运动。陀螺仪是一种通过测量旋转或扭转给加速度计添加更多信息的芯片。

加速度计和陀螺仪

加速度计和陀螺仪对于根据设备在手中的状态改变设备的显示很有用，例如用正确的方向显示图像，或者在玩游戏时作为附加输入。

加速度计记录设备沿其三轴的位置变化。

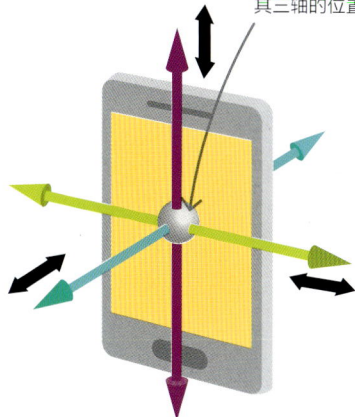

陀螺仪测量设备的旋转。

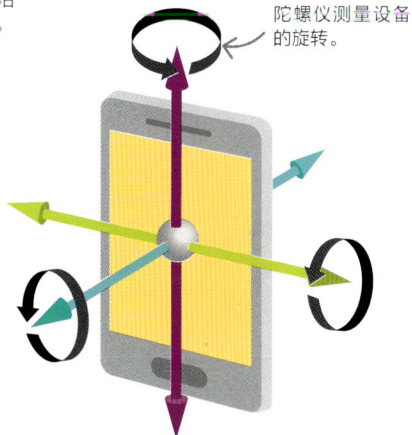

加速器

陀螺仪

语音导航

智能手机和平板电脑的交互性越来越强，使用也越来越方便。现代智能手机或平板电脑上的许多应用都能够理解语音指令，并实时响应。这对那些可能无法使用触摸屏的残疾人来说很有帮助。

哪种陆地动物速度最快？

组装自己的计算机

如今，大多数计算机都是美观的消费品，隐藏了其内部的运行情况。一些组织通过鼓励人们组装自己的计算机来挑战这一点。

请参阅

‹ 28-29 现代计算机是怎样计算的

| 预测未来 | 210-211 › |
| 物联网 | 212-213 › |

需要的设备

自制（DIY）计算机被划分为低成本的微型计算机，如树莓派和微控制器，这些设备一次只能容纳一个程序。尽管设备本身价格低廉，但它们都还需要额外的装置。树莓派需要键盘、鼠标、高清多媒体电缆、显示器、电源和SD卡。树莓派网站上所有需要的软件都是免费的。而像微型计算机开发板和Arduino开发板的微控制器，就需要另一台计算机，其中要上传到微控制器的代码可以通过USB线写入和传输到微控制器。

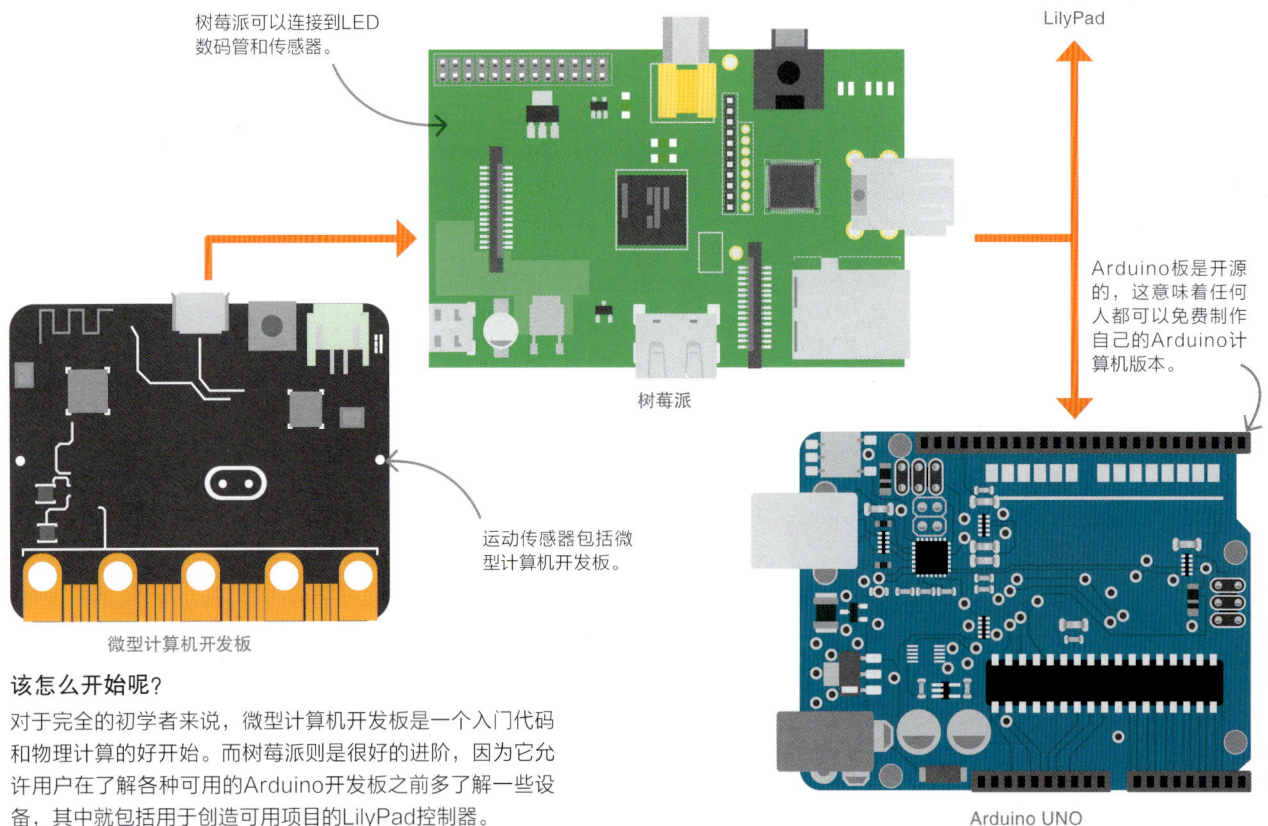

LilyPad微控制器可以嵌在表面。

LilyPad

树莓派可以连接到LED数码管和传感器。

树莓派

运动传感器包括微型计算机开发板。

微型计算机开发板

Arduino板是开源的，这意味着任何人都可以免费制作自己的Arduino计算机版本。

Arduino UNO

该怎么开始呢？

对于完全的初学者来说，微型计算机开发板是一个入门代码和物理计算的好开始。而树莓派则是很好的进阶，因为它允许用户在了解各种可用的Arduino开发板之前多了解一些设备，其中就包括用于创造可用项目的LilyPad控制器。

物理计算

DIY电子套件，例如树莓派、Arduino和Micro:bit，其中最令人兴奋的事情之一就是它们在物理计算方面的潜力。物理计算利用相机、LED数码管、传感器和其他输入输出设备将计算机内的数字世界和它外面的物理世界联系起来。

开灯

可应用的项目

物理计算已经应用于许多项目，例如遥控机器人、语音开灯、气象气球上用于拍摄太空照片等的计算机控制摄像机。

创客运动

近年来，创客运动越来越流行，人们聚集在一起，用传统工艺品和现代电子产品组建DIY项目。许多城市都有众创空间和类似的协作空间，让人们能够分享他们的想法、时间和资源。

在线资源

对于那些无法进入众创空间的人来说，有许多项目想法和说明可以在网上获得。各种项目的免费操作指南也可以在网站上找到，比如Make、Instructables和AdaFruit上都可以找到。

自己动手吧!

步骤1　步骤2　步骤3

很容易找到其他创客的指导和帮助。

结合技术、工艺和想象力可以创造新设备。

> "创客运动是从消费转向创造，并将知识化为行动的一场运动。"
> ——教育家、众创空间作家，劳拉·弗莱明

数字玩具

今天，即使是还很小的孩子，也经常通过他们父母的智能手机或平板电脑上的游戏和手机软件与计算机技术进行交互。技术可以帮助孩子通过游戏进行学习。

请参阅

‹ 6-7 和别人一起使用计算机

‹ 40-41 智能手机和平板电脑

音频和视频编码　　　　80-81›

为孩子们准备的技术

对于年龄在2～5岁之间的孩子来说，技术并不全是计算机。任何按下按钮就能使事物发生变化的东西都可以被视为是某种技术。几乎无一例外，孩子们会从中发现技术是有趣的、刺激的，同时也是具有激励性质的。当然，过多地依赖技术也是有害的，尤其是当父母或看护者与孩子没有互动时，这种害处就尤为严重。然而，作为各种活动的一部分，儿童可以通过探索技术而获得有用的技能。

非数字玩具

虽然孩子们能够接触到数字技术，但他们仍然对非数字玩具和游戏感兴趣。

数字玩具

数字技术是当今世界的一部分，孩子们应该利用它来玩耍和学习。

内部装有计算机的玩具

今天许多玩具内部都装有小型的嵌入式计算机，能够使玩具移动或者发出声音。玩具内还可能装有语音识别程序，使它们能够对孩子的语音指令做出反应；又或者装有传感器，当玩具被触摸时能够做出反应。这些玩具本质上是早期玩具的更新版，当转动某根轴时，玩具就会播放早已记录好的话语。

不同的年龄

年幼时，孩子们还玩一些可以独立移动的玩具，比如发条式火车、钟表车和动物玩偶等。

真实的世界

自动机

自20世纪以来，因技术的普及，一些可以动的儿童玩具就开始出现了。这些玩具也就是自动机，通常由发条驱动，或者让使用者直接摇动玩具上的手杆。

数字与物理相结合

智能玩具对孩子来说是一种有益的学习经历。当它们与现实世界中的游戏和学习结合时，这一点尤其真实。使用拥有模拟真实世界技术的玩具，如电话、商店货架和办公设备等，可以用作与其他孩子或父母一起进行增强想象力的角色扮演游戏的一部分。智能玩具也可以加强物理学习活动，如对物体计数或学习阅读和拼写也是有益的。

可穿戴玩具

可穿戴玩具中有检测运动状态的传感器和其他组件（比如灯和蜂鸣器）。孩子们可以通过编码来创造游戏和一些小程序，从而使其对各种运动做出反应。

可编程玩具

许多智能玩具旨在启蒙计算思维技能。3岁及3岁以上儿童可通过重新排列玩具的内部结构来编程，使其移动或播放声音。

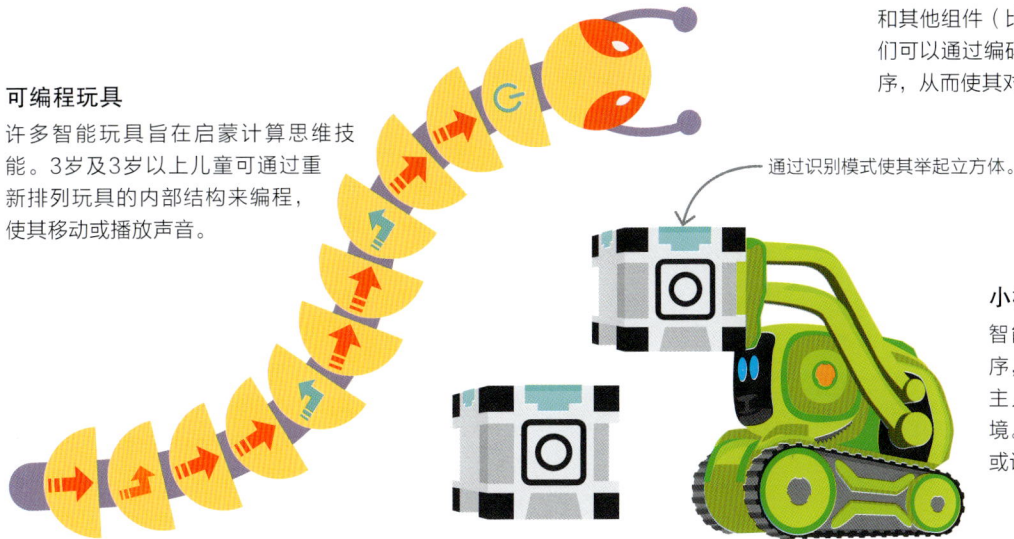

通过识别模式使其举起立方体。

小机器人

智能玩具中装有机器学习程序，这能够让它们认识自己的主人，并了解它们所处的环境。它们还可以执行提升物体或识别图案等任务。

创造性工具

许多电子和数字工具旨在教儿童识字或者计算，但它们也可以用来鼓励创造和探索。例如，教孩子们如何使用一个简单的数码相机和一个视频编辑程序，用模型黏土或玩具制作定格拍摄电影。电影完成后，他们可以通过自己录制声音或从互联网上获取声音来添加配音或音乐。

孩子们喜欢向父母展示他们的作品。

保持联系

技术可以成为维持社会联系的有用工具。孩子在发邮件或打电话给远方的家人或朋友的过程中，可以帮助他们学习到更多的知识。

游戏控制台

对很多人来说，玩计算机游戏是一种很流行的消遣方式。许多年轻人通过创建自己的游戏来学习编码的基础知识。

玩计算机游戏

计算机游戏常常被看成是一种孤独的追求。但事实上，玩在线多人游戏可以是一种非常有益的社交体验。最早的一些游戏，包括乒乓球和阿塔里的太空竞赛，是为两个玩家在同一台计算机上玩准备的。如今，许多游戏玩家不管在地球上的什么地方都能够通过网络游戏一起玩耍，这意味着玩家可以在一起玩游戏时交上朋友，或者玩家可以和完全陌生的人一起玩。人们经常利用耳机或显示器上的文本信息来互相交流。

向所有人开放

计算机游戏可以让不同年龄、不同能力的人在一起玩乐，也可以让身体残疾的人以他们无法在现实世界的体育中参加的方式来参加比赛。

游戏控制器

使用普通的计算机键盘可以玩很多游戏，但这并不总是合适的，尤其是当玩快节奏的动作游戏时。有许多专用的游戏控制器，其中最常见的是操纵杆（最初设计为飞机的控制器）。许多控制器甚至会结合控制器振动或玩家身体运动的触觉反馈，以增加游戏体验。

玩家的身体动作

跳舞垫

非传统控制器

一些控制器并不遵循传统的按钮和操纵杆设计。很多游戏的控制器都被设计成游戏中的样子，比如驾驶游戏中的方向盘控制器或者音乐节奏游戏中的吉他控制器。其他的一些控制器，比如微软的Kinect相机和跳舞垫，则让玩家通过身体运动来控制游戏。

吉他控制器

方向盘控制器

游戏的类型

书籍和电影通常按体裁或类型分类。同样，大多数计算机游戏都可以分到不同的游戏类型中。虽然某一类型中的游戏可以有很多变化，但是大多数游戏的特定类型会强调某些技能、活动和经验。以下是一些最流行的游戏类型。

早期的计算机游戏

早期的计算机游戏主要集中在碰撞游戏、爆炸游戏和射击游戏上。这是因为这样的游戏相对容易编码和上手。但这影响了许多早期的控制器，让其重点集中在射击上，并且操纵起来很容易。

动作游戏
快节奏的游戏，玩家必须绕过障碍物引导其角色或车辆。

策略游戏
象棋或模拟战争游戏，需要玩家的逻辑和规划。

冒险游戏
玩家探索幻想世界或幻想环境的游戏，该游戏需要玩家解决难题和躲避危险。

运动游戏
模拟体育运动的游戏。有些游戏的控制器还模仿体育设备。

派对游戏
在同一个房间里的几个玩家赢得一系列迷你游戏的游戏。

迷宫游戏
玩家必须解决不同层次的难题以前进。

角色扮演游戏
玩家扮演一个角色并承担其任务的游戏。

模拟游戏
让玩家体验处理现实生活中类似情况的游戏，比如开车。

射击游戏
玩家射击目标的游戏。

开放世界游戏
玩家可以探索游戏中的世界，以及游戏世界中可能存在的冒险。

计算机和控制台

计算机游戏可以在普通的台式计算机或笔记本计算机上玩，但是普通玩家通常使用专门的游戏计算机或游戏机来玩游戏。Windows操作系统支持的游戏最多。游戏PC通常比通用PC更强大，因为它有一个额外的处理器来处理显示的图形。游戏机是一种专用计算机，它只是为游戏服务的。

数据收集

许多游戏收集玩家的数据，并通过互联网发送回软件公司。这些数据包括玩家玩了多久、玩家的游戏分数，以及他们在游戏中花费了多少钱。游戏还可以使用控制器来收集数据，包括体重和面部特征等生物特征数据。智能手机上的游戏甚至可以收集位置数据。

玩家自己组装的计算机
许多严谨的游戏玩家喜欢通过组装一些必要的组件来组装自己的游戏计算机。这让他们能够手工挑选一些组件，如显卡和RAM，以组建他们想要的计算机。

隐藏的计算机

很多人经常用计算机来工作或娱乐，或者两者兼而有之。但是实际上用在日常生活中的计算机远比人们意识到的要多。

在想不到的地方的计算机

如今，计算机可以在你可能想不到的地方找到。它可以被嵌入一个叉子里，分辨一个人是否吃得太快，也可以嵌入一个婴儿喂养瓶中，让用户知道婴儿是否正在吞咽，它还可以嵌入到连接着手机软件的电动工具中。往更大的范围里说，许多城市的交通灯都可以从一个中心位置控制，因为它可以使用来自传感器和摄像机的数据，使控制器能够对交通拥挤和其他事件做出反应。

互联网连接

许多智能设备通过电缆、Wi-Fi或蓝牙连接到互联网。这允许用户从设备中控制或查看数据。

智能叉子

智能喂奶瓶

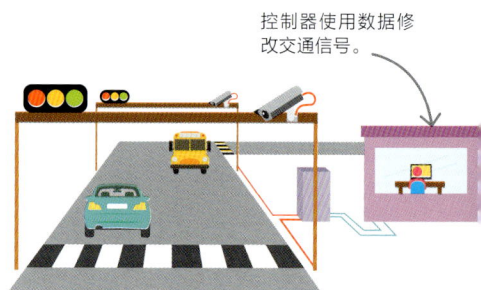

控制器使用数据修改交通信号。

交通控制

购物

商店工作人员可能会把一些特殊的广告或邀请通过蓝牙有针对性地发送到手机上。如果用户安装了商店的软件，那么邀请就会显示在他们的手机上。商店还可以使用面部分析软件来显示针对接近客户年龄或性别而定制的广告。

支付卡上的计算机芯片加密客户的银行信息。

非接触式支付

非接触式支付卡使用一个微型发射机发射无线电波，然后向识别设备提供数据。数据会由支付卡上的专用计算机芯片加密。

人类健康

现代假肢有时会使用隐藏的计算机技术。一些假肢有微处理器，使病人通过调整膝盖而使其走路更自然。其他的假体使用计算机芯片让其从神经末梢获取电脉冲来移动腿部或手臂。

追踪器

许多健身房的设备都有隐藏计算机和传感器。这些设备会显示如心率、温度或锻炼时燃烧的卡路里数据。

编程的医疗仪器

智能输液泵可通过编程，根据病人的需要每隔一段时间泵送特定剂量的药物。

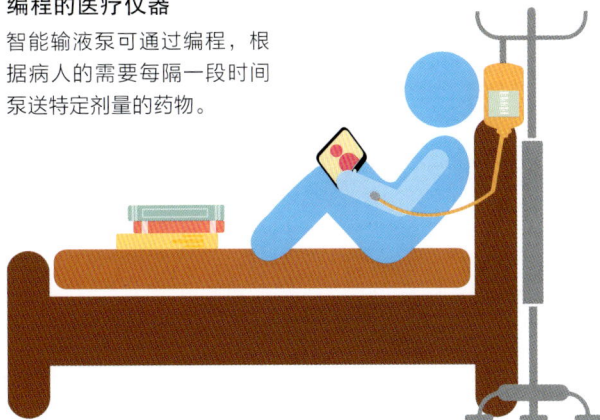

用户可以看到他们的心率。

110 bpm

Lap 3

道德和隐私

隐藏的计算机因为可以收集人的数据和图像信息而产生了一些道德和政治问题，随着越来越多的设备具有收集和共享数据的能力，"同意问题"已经成为一个热门话题。以前，公司假设用户同意，或者通过冗长的条款和条件协议来获得用户同意。不过现在许多国家正在修改法律，以便用户能够对从他们那里收集的数据有更多的掌控权。

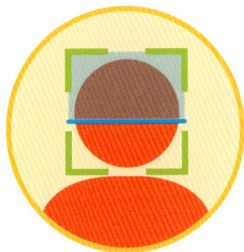

面部识别

一些智能设备使用面部识别或面部特征分析技术。但由于软件的不足，这可能无意中存在种族歧视或性别歧视。

间谍设备

间谍设备的设计使它看起来像普通的家庭用品，但是它里面却可以有隐藏的相机和计算机，并且可以通过Wi-Fi、蓝牙或移动电话网络共享数据。

信息盗取

虽然专家们认为这样的风险很低，但是罪犯们可能会使用设备从免接触式银行卡来获取银行信息。

什么是计算思维

计算思维是一系列的思维活动，它包括找出问题，并以计算机或者人类，以及两者都能理解的方式找到解决方案。

解决问题

计算思维的目的是得出使计算机能够解决特定问题的指令。这些指令必须用计算机能够理解的语言编写，从而让计算机知道它们要做什么，以及如何做。计算思维有四个主要阶段。

2. 抽象

为了写出有效的指令集，计算机科学家们需要观察一个情况或问题，并计算出它的基本部分和非基本部分。抽象化是一个系统或物体的模型，它可以忽略不必要的细节。

下面的金字塔是上面的抽象化，它的细节就像是门和砖都被去掉了。

把一个大问题分解成多个小问题是计算思维的第一步。

3. 识别模式

当解决一个问题时，计算机科学家们往往试图找到与之前解决的问题相似的部分。识别这些问题模式很有用，因为它意味着计算机可以使用或修改现有的解决方案来解决当前的问题。

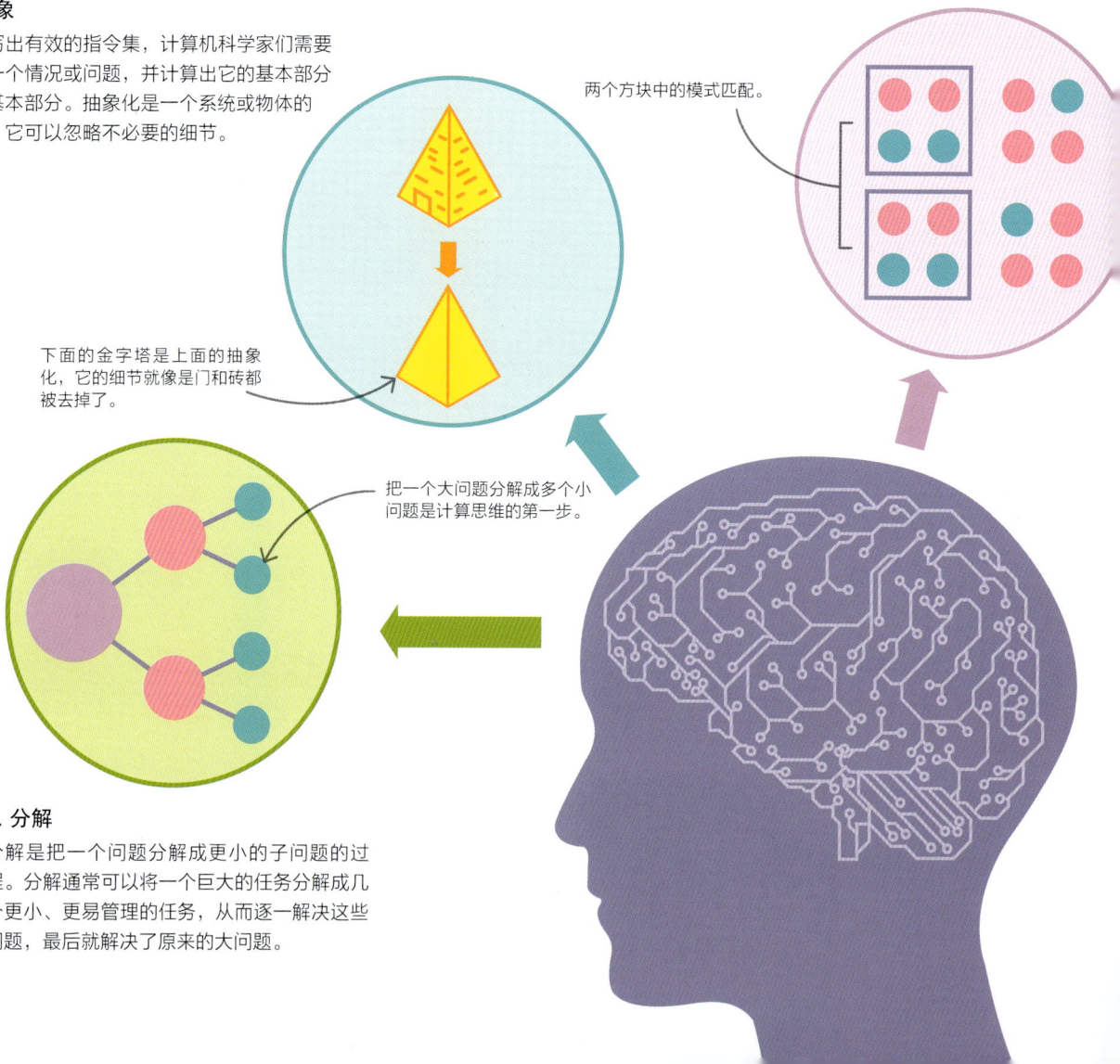

两个方块中的模式匹配。

1. 分解

分解是把一个问题分解成更小的子问题的过程。分解通常可以将一个巨大的任务分解成几个更小、更易管理的任务，从而逐一解决这些问题，最后就解决了原来的大问题。

思维能力

虽然计算思维是计算机科学家解决问题的一种方式，但它在很多领域都有用。在工作中，人们也会通过将工作分解成更小的任务来完成——这是计算思维的关键技能。有时，如果新的任务与以前的任务有些相似，也可能会采用以前的办法去完成它。

如何练习计算思维

练习计算思维的一个好方法是远离计算机。按照特定的顺序做事、做决定和重复动作就是日常工作的全部要素，也是计算机程序的基本元素。

精确的指令

为计算机编写一套足够精确的做三明治的指令是一个很大的挑战。与人类不同的是，计算机无法处理任何歧义。要制作果酱三明治，重要的是要写出可以精确遵循的指令，从而让果酱而不是果酱罐最终夹在三明治的中间。

不同的解决方法

通常，尤其是在数学和科学领域，孩子们会被告知一个问题只有一个正确的答案。计算思维则适用于开放式问题，也就是说可能存在不同的解决方法。

你喜欢什么甜点？

算法可以写成流程图。

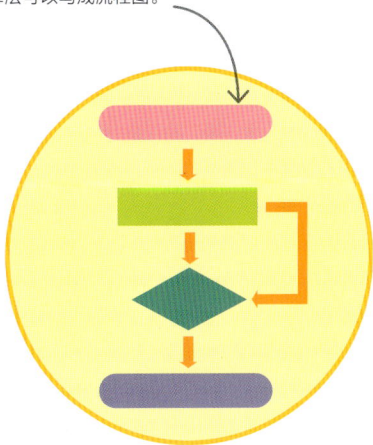

4. 算法

算法是解决一个问题的一系列指令。每一个指令必须是精准而明确的，要让人知道是什么意思。程序是翻译成编程语言的算法。

合成编码

促进计算思维的另一个活动是合成，也就是获取某人共享的代码，然后对它进行一部分的更改。这允许新的编程人员逐步理解他们，并在编程过程中创建新的程序。

社会化

编程经常被看作是独自进行的活动。然而在工作场所中，程序员通常是成对工作或团队工作的。除了像Scratch这样的在线编程社区之外，还有许多对编程和技术感兴趣的年轻人可以加入的编程俱乐部。

分解

听起来，似乎是任何人都想不到分解会发生在计算机上。但幸运的是，这种分解实际上是计算思维过程中的第一步。

请参阅
‹ 16-17 计算机科学
‹ 56-57 什么是计算思维
编程语言是做什么的   106-107 ›

什么是分解？

分解是把问题分解成更小部分的过程。计算思维中的一种有效的工具是允许程序员建立有效的解决方案。当苹果分解时，它会分解成其他植物可以吸收的更简单的化学物质。以此类似的方式，问题也可以分解成程序员知道如何处理的较小部分来解决。

解决子问题

许多日常问题实际上是由较小的问题组成的，我们可以将其称之为子问题。

PROBLEM

P   RO   BL   EM

术语
模块化方法

为解决子问题而通过编写少量代码创造程序的方法称为模块化方法。如果代码的一部分存在问题，那么它很容易被取出和修复。每个较小的解决方案在被添加到主程序之前都会被测试。将原始问题分解为子问题，还可以让程序员在团队之间共享工作更方便。

计算机意识

计算机与人不同，它们没有常识，也不知道事情是如何工作的。它们只是完全按照指令去做，即使给它们的指令是荒谬的或者是完全错误的。当为计算机编写程序来解决一个问题时，计算机科学家必须要编写如何执行每个微小步骤的精确而又详细的说明。

错误的任务指令

如果计算机的指令不准确、顺序错误或不完整，那么它就不能成功地完成任务。

行动分解

分解就像烤蛋糕一样。两者都涉及一项任务和一些工具。在烘焙中，任务是做蛋糕，工具是碗、勺子、烤箱和配料。在计算中，任务可能是编写一个程序，而工具则是计算机和程序设计语言。详细地观察问题并把它分成几小份任务是个很好的方法。

把一切做好

先将步骤分解，然后将每个步骤成功地完成，从而成功地做出蛋糕。在计算机科学中，重要的是要知道在开始编写代码之前你的目标是什么。

弄糟了

不循序渐进地烘焙蛋糕或编造解决方案，则会导致失败。

重要部分

把问题分解成更小的部分有助于找到一个有效的解决办法。然后，将每个部分问题按照正确的顺序解决，最后得到答案。

配料准备

烘焙蛋糕，第一步是购买或收集原料。然后，在烤箱加热到正确的温度时，必须准备好每种适量的配料。

准时混合配料

在将配好的原料放入烤箱之前，每种配料必须在适当的时间加到一起并混合。

烘焙

这一步是确保配好的原料在适当的温度和适当的时间下烘焙。

完成

最后，蛋糕必须从托盘上取出，并让它冷却。你可以装饰它，使它的外形和味道都很好。

真实的世界

建造一个宇宙飞船

不管计算机程序多么复杂，它都是由许多微小问题的解决方案组成的。建造一个复杂的宇宙飞船模型的过程和建造一栋大厦的过程是相似的。每个部分都是一个子问题的解决方案，最后将每个部分组装起来成为宇宙飞船。

> 我们通常将一个问题分解成几个小部分来解决它。

抽象

抽象是指看问题时过滤掉所有不必要的信息。识别问题的关键部分有助于人们找到问题的解决办法。

基本要领

抽象是确定对象或系统的哪个元素是必要的特征的过程。没有它们，物体就不会是它们本身的样子。西班牙艺术家毕加索经常画抽象的肖像，画中人物的脸部看起来与现实世界完全不同。然而，由于它们有一张脸的基本特征——眼睛、鼻子和嘴巴，所以我们可以认出那是一张脸。

即使没有细节，也能认出画的是房子。

什么是不必要的细节？

房子的必要细节是墙壁、屋顶、门和窗户。像窗户的颜色或数量之类的东西并不是必不可少的细节。

真实的世界
铁路地图

许多列车和地铁的现代地图就是抽象的例子。早期的地图准确地显示了一条铁路的所有路线，其中还包括了车站之间的距离。然而，这让人很难阅读，因为它们提供了乘客不需要的信息，如确切路线等，并且使得乘客很难看到他们真正需要的信息，就比如线路上的车站顺序。新的地图简化了信息，所以乘客可以看到从A站到B站最高效的路径。

找到必要的细节

抽象的诀窍是在基本信息和非基本信息之间取得平衡。例如，当传递任务的指令时，步骤太多就会引起混乱；步骤太少就可能无法完成任务。计算机程序员为了程序需要，将这些步骤按正确的顺序排列，从而解决这个问题。

洗衣机的控制步骤就是一个抽象的例子。

管理的复杂性

使用洗衣机洗衣服时，我们不必确切地了解洗衣机是如何工作的，只需要打开洗衣机，然后按下所需的模式即可。

制作模型

模型是对真实世界系统或物体的展示。它有真实世界物体的主要特征，并且易于识别，但它显然又不是真实的事物。举个例子，埃菲尔铁塔的模型可能很小，并且由蓝色塑料制成，但我们仍可辨认出它是埃菲尔铁塔。以类似的方式，一个物体或系统的计算机模型不会有太多的细节，但是它应该要能够被识别，也就是说，它必须是真实事物的抽象。

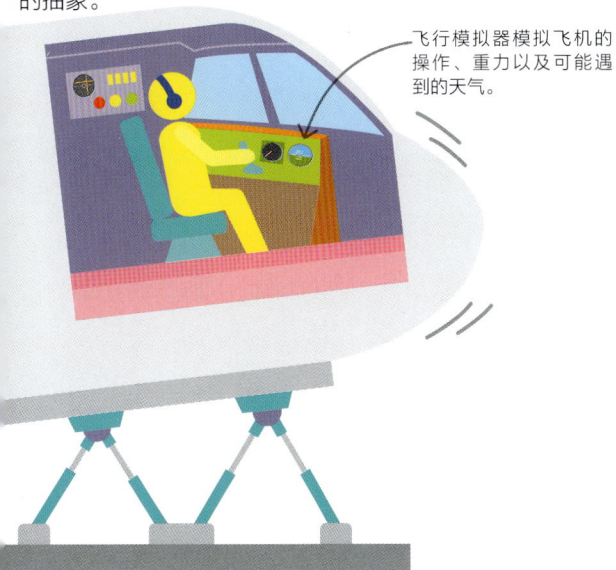

飞行模拟器模拟飞机的操作、重力以及可能遇到的天气。

为什么要做模型？

真实世界的模型允许用户分析系统而不会损害系统，也不会危害到他们自己。飞行模拟器允许飞行员在没有任何实际危险的情况下练习应对各种困难和危险的情况。同样，计算机模型可以让程序员找出什么解决方案可以解决手头的问题。

编程语言

早期的编程语言要求程序员了解如何在计算机的内部存储器中移动数值。相对地，现代编程语言就是抽象的例子。它们允许程序员以一种更自然的方式控制计算机，而不再需要确切地知道计算机内部发生了什么。

识别变量

仅基于物体或系统的基本部分的模型限制了可能的分析结果。其中的一个重要步骤是识别随着细节值改变模型行为方式的其他细节。这些非必要的细节称为变量，因为它们的值是不同的，而不是保持不变的。计算机科学家必须弄清楚系统中有哪些非必要的细节实际上与模型的行为有关，然后可以将这些细节添加到模型中。

牛奶、糖和柠檬不是必须的。

沸水、杯子和袋泡茶是必不可少的。

必要的　　　　　　　　变量

茶的变量

在一杯茶的模型中，一个杯子、沸水，以及袋泡茶或茶叶是必不可少的。糖、牛奶或柠檬的量是变量，最终的结果取决于加了多少糖、牛奶或柠檬。

> 所有的艺术在某种程度上都是抽象的。
>
> ——英国艺术家，亨利·摩尔（1898—1986）

隐藏的网络

去掉一些无关紧要的细节，可以发现两个看似不同的问题实际上是相同的。社交媒体网络似乎是新的，但它们其实就像任何其他网络，可以简单地通过路径进行点链接。这就意味着现有的编程解决方案可以用于社交网络任务。

模式

识别模式是日常生活的重要部分，因为它使我们与世界的互动更加容易且有效。同时，它也是计算思维的重要组成部分。

请参阅

‹ 56-57　什么是计算思维

‹ 60-61　抽象

数据库　　　　　　　　　76-77 ›

识别模式

识别模式是指某事某物以可预测的方式重复，从而让所有看到它的人都可以得出结论。它可以像一样的盘子上的图案一样简单。这种模式有助于将盘子识别为一套陶器的一部分。识别模式也有助于人们理解世界。比如，有发动机、四个轮子且没有翅膀的小型交通工具就可能是一辆车。它的行为也可以被预测——它可以以有潜在危险的速度移动，但并不会起飞。

真实的世界

看到的模式

人脑在不断寻找熟悉的模式。由于模式有很多，人们经常看到不存在的模式。人们有时可能认为云看起来像一个特定的物体，或者在一片吐司面包中看到一张脸的这种现象，被称为"空想性错视"。计算机只能识别人所编写的程序中训练它们寻找的图片中的人脸。

重复的音符有助于听众更好地理解一段音乐，并可以预测音乐接下来的音符是什么。

模式也可以有趣

寻找一种模式并不总是一件严肃的事情。音乐是一种音符模式。人们听他们最喜欢的曲调，享受着听到熟悉的声音模式。

利用模型

计算机科学家在指令中寻找重复的步骤模式。当将指令翻译成编程语言后，每次出现模式时都可以使用相同的代码。这更容易归类，也更容易让其他程序员理解。

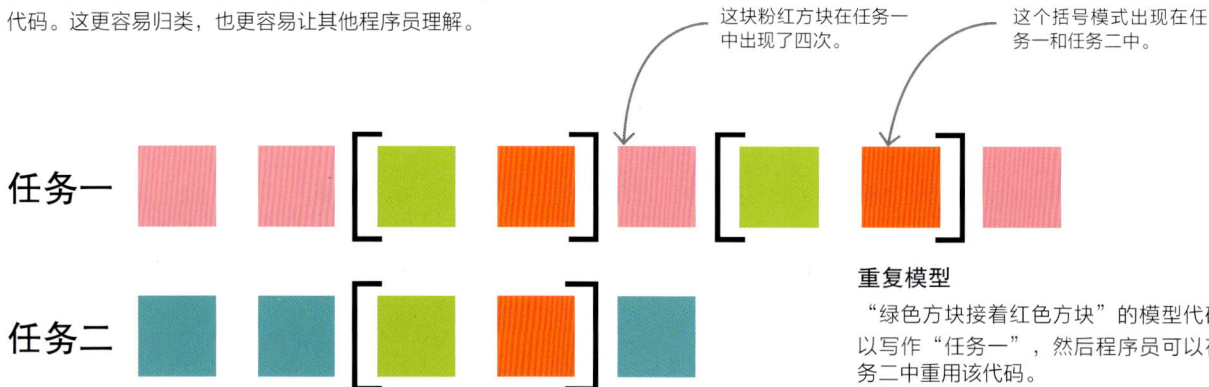

这块粉红方块在任务一中出现了四次。

这个括号模式出现在任务一和任务二中。

任务一

任务二

重复模型

"绿色方块接着红色方块"的模型代码可以写作"任务一"，然后程序员可以在任务二中重用该代码。

画脸

漫画家画了一张朋友的脸。另一个朋友看到了，也想要一张她的脸的卡通画。这里有一些共同的特征和共同的步骤可以帮助艺术家快速有效地画出第二幅卡通画。第一张图中的图案可以根据需要多次使用。

绘画的步骤

每一幅卡通画的步骤模式几乎是一样的，但画出的结果却大相径庭。事实上，唯一不同的是发型——一幅漫画中的头发是立起来的短发，另一幅漫画中的头发却是垂下的直发。

画一个有着尖刺头发的脸

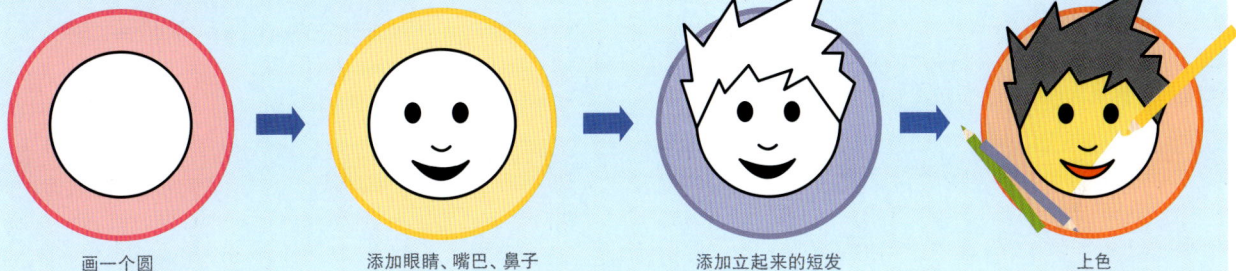

画一个圆 → 添加眼睛、嘴巴、鼻子 → 添加立起来的短发 → 上色

画一个有着直发的脸

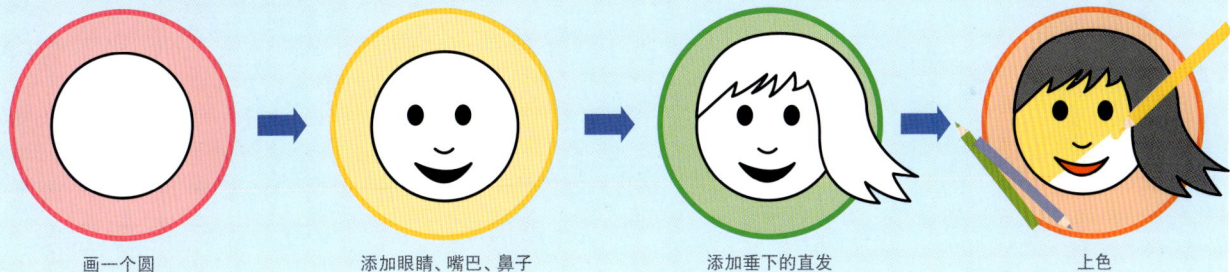

画一个圆 → 添加眼睛、嘴巴、鼻子 → 添加垂下的直发 → 上色

重复利用旧办法

如果新问题或新问题的元素类似于以前已修复的问题，则可以重用之前的解决方案来修复新问题。识别模式可以节省时间，因为它减少了解决问题所需的资源。

修改图画

要在第一张脸上画一副太阳镜，漫画家可以采用上面的解决方案，并添加一个额外的步骤来完成。同样的，一个完全不同的结果是可以通过稍微改变一个模式来实现的。

卡通画的所有其他元素保持不变。

真实的世界
成功和失败

《福尔摩斯2》中的计算机系统帮助英国警方通过匹配罪犯行为模式解决犯罪问题。然而，模式识别并不总能提出解决方案。其中一个涉及数据模式的不成功的举措是谷歌的流感趋势计划。这个计划原本希望在流感相关的搜索较多的、世界的特定地区识别出流感的爆发。然而，大量的搜索数据与疫情暴发的区域却并不一致。

算法

虽然算法这个词本身听起来很陌生，但事实上我们每天都在使用它。烘焙蛋糕、编织毛衣、组装家具都是使用算法的活动。

请参阅	
‹ 18-19 计算机之前的计算	
‹ 56-57 什么是计算思维	
应用算法	90-91 ›

什么是算法？

算法是解决问题或执行任务时所需的一系列步骤。要开发算法，首先要使用分解方法将问题分解为较小的任务，然后在这些任务中查找模式，最后忽略不重要的细节。这样就可以为你提供创建由小步骤组成的算法所需的信息，而这些小步骤都会描述得非常清楚。

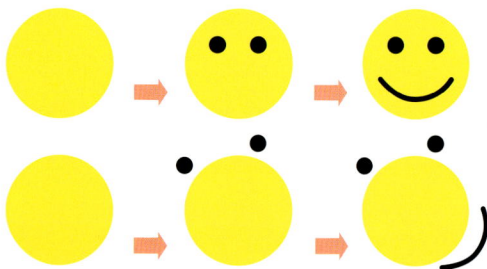

指令明确

算法中的每一步必须精确无误，且也只能有一个含义。含混不清的指令就会导致错误的结果。画笑脸的算法可以这样写："画一个圆，然后是一段曲线，然后是两个点。"但是这并没有告诉我们曲线和点在圆里的位置是怎样的。

一步步来

算法描述的是为了解决问题而必须按顺序发生的一系列步骤。在田径运动中，三级跳远比赛包括选手跑步、在特定地点跳跃——弹跳和水平跳，以便记录一次成功的跳跃。

算法的类型

从识别正在播放的歌曲的智能手机软件到在线搜索引擎都使用了算法，算法可以处理许多不同的计算机任务。算法在数据处理领域非常有影响力；特别是用于搜索和分类数据的算法。这里有多种类型的搜索和排序算法。

线性查找

要在一百万个项目中找到一个项目，就需要从第一个项目开始搜索，看看它是否是你想找的项目。如果是，你才能停止搜索；否则，就要查看下一个项目。但这是没有效率的，因为它可能需要你看到列表上的每一个项目。

H-N

第一阶段被丢弃的书。

第二阶段被丢弃的书。

第三阶段找到想要的书。

二分查找

对于已经排序的数据，如按字母顺序排列的书架，二分查找是有效的。在每个阶段都由你自己决定想要保存项目的哪一半数据，并丢弃你不需要的另一半数据。重复这个步骤，直至找到该项为止。

算法的描述

算法可以使用流程图或伪代码来描述。流程图是由箭头链接的框组成的。每个框中都有一个步骤来解决一个问题。伪代码则就像一个计算机程序，但它是用人类语言编写的。

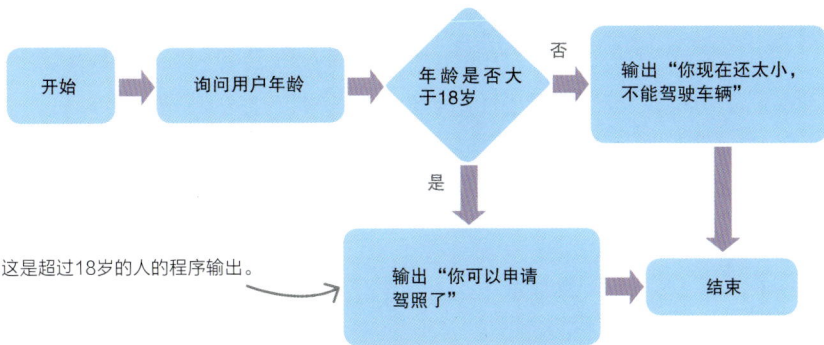

```
开始 → 询问用户年龄 → 年龄是否大于18岁 ──否── 输出"你现在还太小，不能驾驶车辆"
                              │是
这是超过18岁的人的程序输出。    ↓                    ↓
                    输出"你可以申请驾照了" ──────→ 结束
```

伪代码

请用户输入他们的年龄

他们的年龄是否超过了18岁

输出"你可以申请驾照了"

输出"你现在还太小，不能驾驶车辆"

用伪代码描述算法能让熟悉不同计算机语言的程序员理解它们，这就使得所有的算法都可用。

阿尔·花剌子模

"算法"这个词来自于阿拉伯巴格达的9世纪数学家阿尔·花剌子模（Al-Khwrizm）。他翻译了一些古希腊语和梵语乃至阿拉伯语的科学书籍，还写了几本关于数学、天文学、地理和历史的书。这些书后来被翻译成拉丁语，被欧洲大学作为课本学习。"代数"一词来源于他写的一本书的标题。

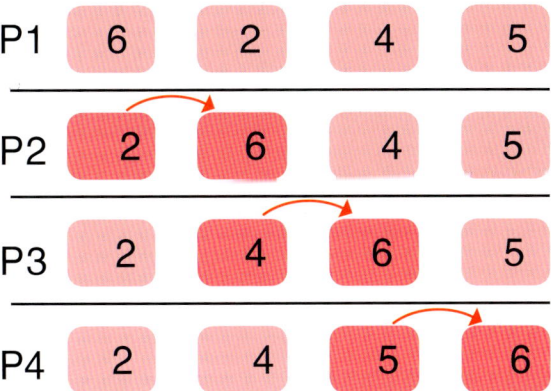

P1	6	2	4	5
P2	2	6	4	5
P3	2	4	6	5
P4	2	4	5	6

冒泡排序

冒泡排序一次查看一对项，如果该对的第二个项大于第一个项，则交换它们。但这不是很有效，因为它经常要来回看几次列表。

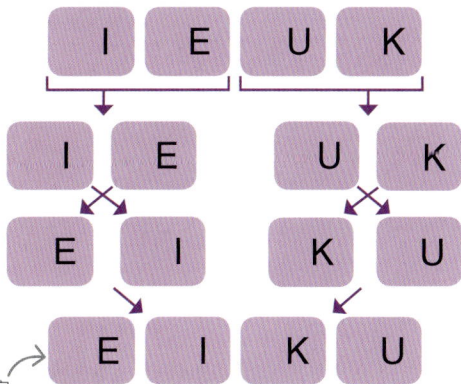

```
I E U K
I E    U K
E I    K U
E I K U
```

最后的列表是按字母顺序排列的。

归并排序

归并排序是将项目列表分解成许多小列表，然后将所有这些列表合并到新排序的列表中，最后生成一个单独排序的列表。它使用的代码比冒泡排序要多，但它的效率更高。

数据

比特与数字化

无论是数据保护还是数据存储，新闻中都经常会出现数据。但是数据究竟是什么？计算机又是如何使用和存储数据的呢？

什么是数据？

数据是由计算机处理或存储的信息的名称。从计算机执行的指令到计算机中的文本、音乐、照片等，数据涵盖了一切。但不管它代表什么，数据被存储为一系列由数字1和0组成的二进制数。人类通常以10的倍数为单位，将这称为十进制。然而，二进制数是基于2的倍数的。

位

计数位和字节

一个单一的1或0被称为二进制信息数字（位）。一个字节是8位，半字节是一个小数。一个字节可以存储一个文本字符，如"!""A"或"4"。

时长为13.3年的高清视频大概是1PB

字母表的一个字母大概是1B

一小段文字的电子邮件大概是1KB

一张质量不错的图片大概是1MB

240首音乐大概是1GB

100个小时的视频大概是1TB

为什么是0和1？

现代计算机芯片中有数十亿个晶体管，它们就像微小的开关。这些晶体管用来表示二进制数。如果没有电流通过晶体管，则表示二进制的0；如果有电流流过晶体管，则表示二进制的1。如今，芯片中有14纳米长的晶体管——大约比人类血细胞小500倍。

开或者关

如果开关关闭，就没有电流通过电路；如果开关打开，就会有电流通过电路，从而让灯泡发光。

断开的开关使得电流无法通过，则灯泡不亮。这是表示二进制系统中的0。

闭合的开关允许电流通过，则灯泡发光。这表示二进制系统中的1。

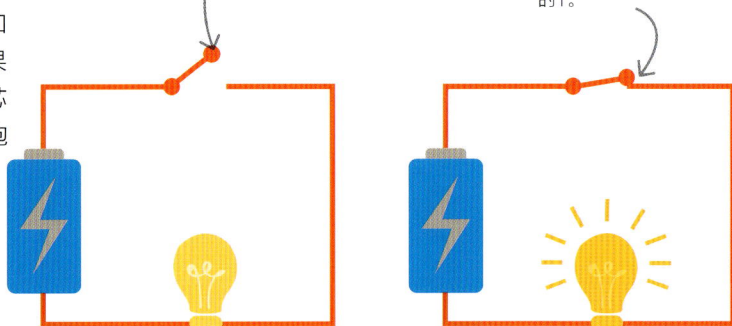

数据存储

数字计算机最早的数据存储形式是使用穿孔卡片，穿孔卡片也叫穿孔带。从20世纪50年代开始，穿孔卡片逐渐被磁带和磁盘所取代。20世纪80年代引进了光盘（CD），光盘是利用激光束来读取数据的。在过去的20年中，固态硬盘成为最流行的数据存储介质。

穿孔卡片
数据可以通过穿孔卡片输入早期的计算机中。在卡片上的每个位置，有孔的代表0，没有孔的代表1。

磁带
从20世纪50年代开始，数据就储存在磁带上，磁带上用微小的区段标记，相对的磁性代表0或1。

光盘
在光盘表面上的微小坑槽可以编码数据。当激光照射到光盘上时，坑槽不反射光，因此它代表0；而平面放射光，因此它代表1。

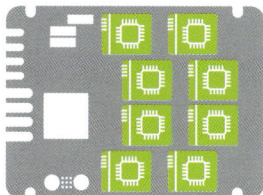

固态硬盘
最新的硬盘驱动器由固态硬盘（SSD）制成，这些硬盘中的芯片与计算机使用的芯片类似。由于没有移动的部分，它们很难损坏。

真实的世界

阿波罗11号

阿波罗11号火箭的数据存储使用芯绳存储器，其中导线通过缠绕核心的微小磁环来表示数据。穿过核心的导线被读为1，而缠绕它的导线则是0。这个项目的芯绳由退休的女性纺织工人手工编织。从而使火箭成功降落在月球上。这就让它有了昵称："小老太太"和"LOL"存储器。

容量

硬件容量是衡量计算机能存储多少二进制代码的量度。它通常由两个值描述：随机存取存储器（RAM）和硬盘。RAM是计算机执行指令时所使用的存储器。而计算机的大部分数据，如文件和程序，都存储在硬盘上。计算机的RAM容量一般比它的硬盘容量要小得多。

连接速度

这描述了数据可以向计算机传输的速度。其速度以兆比特每秒（Mbps）为单位，所以20Mbps意味着每秒传输20兆比特数据。

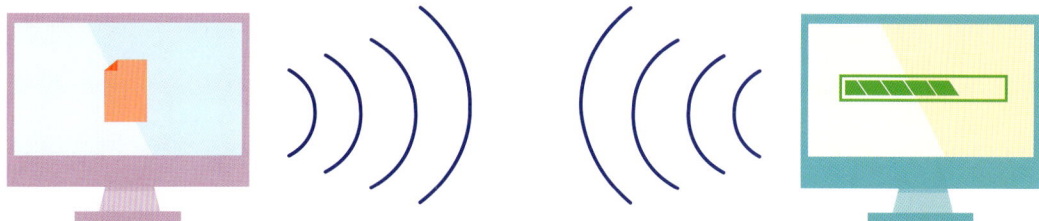

二进制代码

计算机只能理解电信号，其中"开"用1表示，"关"用0表示。二进制代码就是用于将这些数字转换成电信号的。

计算机语言

二进制系统只使用两个数字：0和1。计算机执行的每个操作以及它存储或处理的每一段数据都用二进制代码表示。二进制代码使用0和1来表示字母、数字、字符或其他（如音乐和图片）的一部分。8位长的二进制数可以是0～255的任何值。这意味着8位二进制数可以代表这256个字符中的任何一个。

二进制翻译

人们发现二进制数难以解释，所以大多数人用更接近人类语言的语言编写程序。这些程序通过编译程序和解释器转换成二进制。

✿ = 111111111111111111111

ABC = 010000010100001001000011

♪ = 10001010

123 = 01111011

二进制到十进制

人们通常用十进制来计算。这使得我们很难查看二进制数，以及知道它代表什么。在二进制数中，最低有效位（LSB）是向右最远的位，最高有效位（MSB）则是向左最远的位。在这两者之间，随着数字的增加，可以写入的值的范围加倍。

转换

二进制系统中的第一列是右边的最低有效位，相当于1。随后，每个列的数值是右边列数值的两倍。要将二进制数值转换为等值的十进制数值，只需要将每列的值乘以相应的二进制数字，然后将所有单独的结果加起来即可。

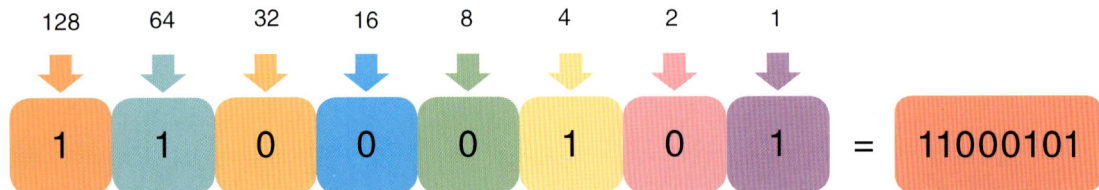

128	64	32	16	8	4	2	1
1	1	0	0	0	1	0	1

= 11000101

$1\times128 + 1\times64 + 0\times32 + 0\times16 + 0\times8 + 1\times4 + 0\times2 + 1\times1$ = 197

因此，197的二进制代码是11000101。

数字化

将信息转换成计算机可以读取的格式的过程称为数字化。其信息的原材料可以是任何东西：声音、文本或图像，并且数字化过程用二进制代码表示。它通过对原材料进行数次采样（如果不是更多）来完成此操作，从而为其每个部分生成一系列单独的二进制数值。

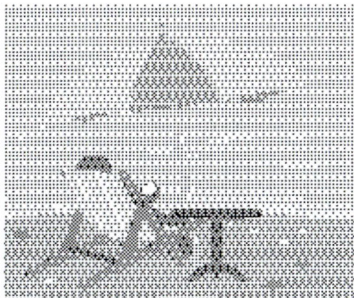

黑白照（1位）

黑白照（8位）

彩色照（8位）

彩色照（24位）

盲文

由法国发明家路易斯·布莱叶（1809—1852）发明的盲文是二进制代码的一个著名例子。它允许盲人通过将文本转换成在纸上压印的凸起点图案来阅读。每个字符由六个凸起点一组表示，这些点就是"凸起"或"不凸起"的二进制数值。

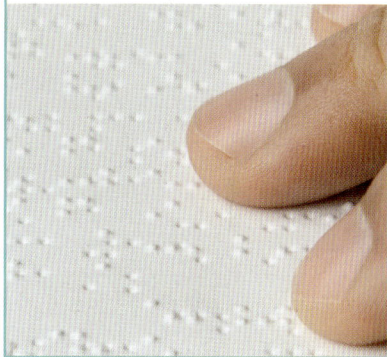

位深度

如果用二进制数表示一个有更多位的数字化值，则表示的值将更接近原始值。在数字图像中，两位只允许四种颜色，而八位则允许256种颜色。

二进制开关

计算机总是依靠开关断开与否来获得电流（代表1）或者断开电流（代表0）。最早的计算机中的开关是热离子阀，它看起来的样子以及作用都像灯泡。它们可以允许电流通过，也可以阻止电流之间转换。现在，计算机的核心是微芯片，或者是集成电路，它们是用晶体管制成的。

阀门和晶体管

用阀门制造的计算机占据了很多空间，常常会占据整个房间。阀门后来被硅、锗等材料制成的微型晶体管所代替，这些晶体管还允许电流接通、断开。

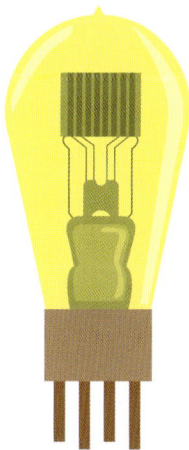

热离子阀

晶体管

ASCII和Unicode编码

将文本转换成可以存储在计算机上的二进制代码是有用的。然而，每个二进制数代表什么字符需要一致。

什么是ASCII?

ASCII在1963年作为美国信息交换标准代码首次被提出。它是一种在二进制代码中表示文本的全球公认标准码。该标准是由电报运营商使用的代码开发的。1968年，ASCII成为美国计算机的官方标准，到了20世纪80年代，许多国家也开始使用它了。

扩展ASCII

1986年，扩展的ASCII使用了8位二进制数。这使得它能够编码256个字符，包括带有读音符号的字母，从而能应用到更广泛的语言中。

标准ASCII

标准ASCII使用7位二进制数表示每个字符。它可以编码128个字符，其中包括字母、数字和标点符号。

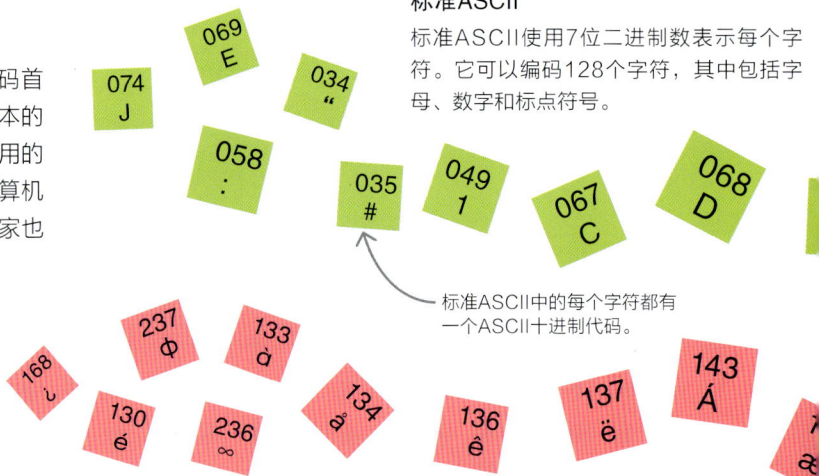

069 E

074 J

034 "

058 :

035 #

049 1

067 C

068 D

标准ASCII中的每个字符都有一个ASCII十进制代码。

237 Φ

133 à

168 ¿

130 é

236 ∞

134 ä

134

136 ê

137 ë

143 Á

ASCII文件

大多数文本文件都是使用ASCII编码的。这意味着它们可以使用文本编辑器或文字处理器来打开、读取和更改文本。包含大多数计算机程序代码的文件也使用ASCII编码。这使得程序员很容易在GitHub等网站上共享开源代码。

文本编辑器中的图像

在基础的文本编辑器中打开图像通常会导致页面出现奇怪的符号。编辑器将二进制数文件解释为文本，并将其显示为ASCII字符。

图像中的信息在文本编辑器中以ASCII字符的形式出现。

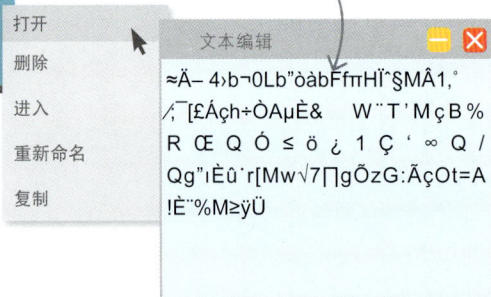

打开

删除

进入

重新命名

复制

文本编辑

≈Ä– 4›b¬0Lb"òàbFfπHÏˆ§MÂ1,˙
⁄¯ˉ[£Áçh÷ÒAµÈ&　W¨T'MçB%
R Œ Q Ó ≤ ö ¿ 1 Ç ' ∞ Q /
Qg"ıÈûˈr[Mw√7∏gÕzG:ÃçOt=A
!È¨'%M≥ÿÜ

深层知识

ASCII艺术

使用一长行的ASCII字符来创建图像是可能的。这些图像通常被称为ASCII艺术，因为计算机缺乏显示正确图像的处理能力，它们在互联网的早期很流行。现在，程序可以在几秒钟内将图像转换成ASCII艺术，如下面这幅图像。

Unicode

ASCII和扩展ASCII局限于英语和一些欧洲语言。它们的创建者相信每种语言都会开发出自己的等效脚本，但是随着不同的脚本使用相同的代码，这很快就成了一个问题。Unicode最早是在20世纪80年代后期开发的，它是一个代表文本的世界性标准——它处理各种语言，如俄语、希伯来语和日语。它的设计者谨慎地确保他们的系统不与ASCII发生冲突。超过130000个字符都用Unicode进行编码，并且每年还在增加。

为什么有一个Unicode标准？

Unicode为全世界提供了单一的一致认可的编码，取代了数百种脚本和字符的编码方式。

每个Unicode条目都有四个或五个字符代码标识符。

2022

1F27

2766

03C8

0908

F64D

扩展ASCII用8位二进制数表示每个字符。

ASCII 和 Unicode

Unicode使用2～4个字节来表示字符，而不是用ASCII的1个字节来表示。ASCII为整个字符分配数字，而Unicode为组成字符的每个部分分配数字。字符"é"可以表示为整个字符，也可以表示为两个数符的组合——一个是"e"，另一个是锐音符号（´）。

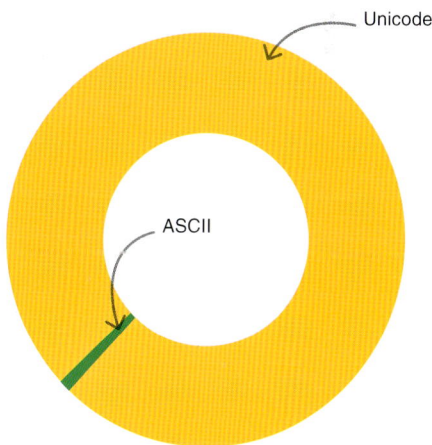

Unicode

ASCII

ASCII是Unicode的一部分

ASCII现在是更大的Unicode字符集的一部分。前127个Unicode字符以及编码Unicode的数字与ASCII相同。

真实的世界

表情符号Emoji

Unicode的一个特点是可以使用Emoji。Emoji这个词来源于日语，意思是表情符号。Emoji非常流行，因为它们活跃了网页和电子消息，能增进人们对消息的理解。虽然每个表情符号的内容都是固定的，但是不同的浏览器和设备显示它们的方式是不同的。

逻辑门

计算机对二进制数表示的数据进行计算。这些计算是在计算机硬件的最底层使用逻辑门完成的。

做决定

逻辑门是数字计算机的组成部分，它们有助于计算机做出决定。逻辑门是电子元件，其输出取决于它们的输入，遵循布尔逻辑的规则——一种代数形式，其值要么是真，要么是假。逻辑门所有可能的输入值以及对应的输出值都可以显示在真值表中。在真值表中，二进制值1等于逻辑值真，二进制值0等于逻辑值假。

逻辑门、真值表以及电路

下表显示了7个逻辑门及其对应的真值表。逻辑门也可以组合成电路。构造一个电路的真值表有助于我们预测它将如何工作。

人物简介

克劳德·香农

美国数学家克劳德·香农（1916—2001）用电开关使布尔逻辑成为现实。其电开关中的"开"和"关"分别代表真和假。香农随后开发出能够做出决定和计算数值的电开关组合，这成为现代数字计算的基础。

逻 辑 门	标 记	真 值 表
非门 非门的输出与它的输入相反。如果其输入为0，则输出为1；如果其输入为1，则输出为0。	A ———▷o——— $\overline{A}$	**输入 / 输出** 0 → 1 1 → 0
与门 如果两个输入都是1，则与门的输出才为1。	A, B ——⊃—— AB	**输入(A, B) / 输出(A 和 B)** 0, 0 → 0 0, 1 → 0 1, 0 → 0 1, 1 → 1
或门 如果一个或两个输入都是1，则或门的输出是1。	A, B ——⊃—— A+B	**输入(A, B) / 输出(A 或 B)** 0, 0 → 0 0, 1 → 1 1, 0 → 1 1, 1 → 1

逻　辑　门	标　记	真　值　表

异或门

只有当两个输入都不相同时，异或门的输出才是1。

A
B
$A \oplus B$

输入		输出
A	B	A异或 B
0	0	0
0	1	1
1	0	1
1	1	0

同或门

同或门相当于一个异或门后面跟着一个非门。只有当两次输入相同时，它的输出才是1。

A
B
$\overline{A \oplus B}$

输入		输出
A	B	A 同或 B
0	0	1
0	1	0
1	0	0
1	1	1

与非门

与非门相当于一个与门后面跟着一个非门。除非它的输入都是1，它的输出才不是1。

A
B
$\overline{AB}$

输入		输出
A	B	A与非 B
0	0	1
0	1	1
1	0	1
1	1	0

或非门

或非门相当于一个或门后面跟着一个非门。只有当两个输入都是0时，它的输出才是1。

A
B
$\overline{A+B}$

输入		输出
A	B	A 或非 B
0	0	1
0	1	0
1	0	0
1	1	0

各类"门"的相加

计算机使用二进制加法器的电路组件进行加法运算。由于计算机是使用多个0和1来完成所有工作，二进制加法器必须组合在一起来加一些数字。他们这样做有两个输出，即求和、进位。求和是将输入加在一起的结果。如果两者都是1，则输出应该是2，用二进制表示就是10，进位输出则变为1，这表示2的数字移动到下一个加法器。

半加器

每个加法器包含两个较小的半加器，而半加器是由同或门和与门组成的半加器。

A
B

和是同或门的输出，只有当它的一个输入为1时才是1。

同或门的输入(A和B)跟与门的输入相同，因为它们连接在一起。

进位输出是一个与门。只有两个输入都为1时，其输出才为1。当增加大数值时，它将把数值传递给下一个加法器。

和

进位

A	B	求和	进位
0	0	0	0
0	1	1	0
1	0	1	0
1	1	0	1

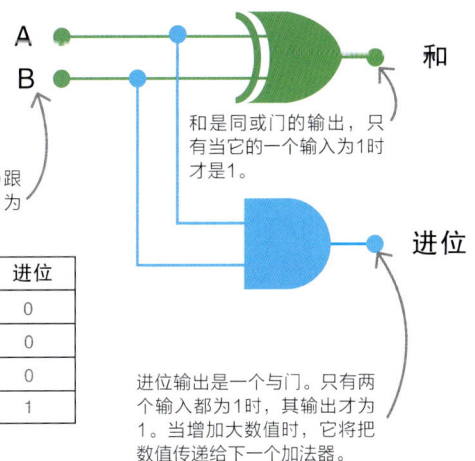

数据库

许多人把收集到的信息弄得乱七八糟，比如一文件夹最喜欢的食谱。计算机需要更有条理的方式来存储和搜索保存在其上的数据集。

什么是数据库？

数据库是让人们能够有效地存储和搜索数据的程序。最常见的数据库类型是关系数据库，它在表中存储信息。这些表由行（记录）和列（字段）组成。每个表都有特定类型项目的详细信息。因此，图书馆的数据库可能包括图书表和读者的单独信息表。

关键字

每个记录都有一个字段，每个字段都包含一个唯一的值，称为主关键字。这意味着包含同样信息的记录，比如两个复制词"玛蒂尔达"，就可以被区分出来。

主关键字 ID	标　题	作　者	出　库	借阅者
1	《傲慢与偏见》	简·奥斯汀	是	艾玛·霍普
2	《玛蒂尔达》	罗尔德·达尔	是	苏林德·辛格
3	《玛蒂尔达》	罗尔德·达尔	否	纳尔
4	《科学怪人》	玛丽·雪莱	是	詹姆斯·格雷厄姆

查询数据库

在数据库中搜索信息称为查询。用于查询关系数据库的编程语言是标准查询语言，通常称为SQL（结构化查询语言）。从技术上讲，数据库只指存储在计算机中的有组织数据的集合。数据库管理系统（如MySQL、SQL Server、Oracle和PostgreSQL）是允许用户与数据库交互的程序。

SQL查询

最常用的SQL命令是SELECT，它从数据库中检索数值。查询可以使用布尔运算符，如OR和AND，以指定特定值。

```
SELECT *
FROM Books
WHERE Author = "简·奥斯汀"
```
这个标志指的是"所有"。

```
SELECT *
FROM Books
WHERE Title = "玛蒂尔达" AND Author ="罗尔德·达尔"
```
这个查询的结果会是"玛蒂尔达"。

真实的世界

NoSQL数据库

NoSQL（非关系型数据库）是传统的关系数据库的一个替代品。它使用各种方法跟踪项目，包括跟踪关键字和图表，但它并不是跟踪表。它通常更适合于非常大的数据集，或者存储在云端上的数据集。

数据库的使用

除了图书馆，许多组织都使用数据库来存储员工、客户或股票的记录。许多网站，尤其是那些人们可以不断添加内容的网站，如社交媒体网站等，也使用数据库。商店需要数据库来让顾客在线购买商品。由于数据库存储大量敏感信息，因此要确保安全级别足够高，并且要将信息正确备份。

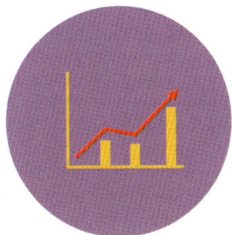

企业
员工、收入和支出的信息可以在数据库中存储和分析。

医院
医院保存病人的病历和医院床位分配等信息。

社交媒体
由用户创建、点赞或共享的所有内容都存储在社交媒体站点的数据库中。

政府部门
有关收入税和犯罪统计的信息由政府保存。

学校
学校数据库存储诸如考勤、教职工信息和预算之类的信息。

银行
银行数据库跟踪客户账户及其交易情况。

谁使用数据库？

数据库可以比纸质记录更快、更容易地被搜索。上面的例子展示了数据库的一些用途。

顶级技术

趋势工具

微博目前的活跃用户有4.3亿，通过分析这些活跃用户新发布的内容，微博能够识别且突出正在讨论的趋势，也就是微博热点。当某一事件在微博上传播开来后，人们通常会对其非常关注。同样的，百度指数能够告诉用户：某个关键词在百度的搜索规模有多大，一段时间内的涨跌态势以及相关的新闻舆论变化，网民对此的反应，网民所处的地区，还搜了哪些相关的词，以此帮助用户优化数字营销活动方案。这两个工具都能够让用户了解人们对事件的反应。

使用大数据库

从各种各样的社会媒体到像大型强子对撞机这样的科学实验，数据库中每天都在创建和添加大量快速变化的数据集。这些数据对传统的数据库和分析方法提出了挑战。可视化是指数据以图形或图像的形式呈现，它是大数据的一个方面，并且变得越来越重要。这可以帮助更多的人更好地理解数据中发现的模式，从设计药物到制定政府政策等各个方面，可视化都有所帮助。

物联网
具有嵌入式的传感器和互联网连接的物理对象的互联网络，称为物联网，它是另一大数据源。

编码图像

图像通常会被编码，或者改变成一系列数字，以便计算机能够理解它们。这些图像需要不同的方法来存储和显示。

请参阅

‹ 28-29 现代计算机是怎样计算的

‹ 68-69 比特与数字化

‹ 70-71 二进制代码

音频和视频编码　　　　　　80-81 ›

位图和矢量图

图像可以用两种方法来表示：位图和矢量图。位图就像是由许多像素小方块组成的马赛克，也就是图片元素排列成的网格。矢量图更像点对点的拼图，因为图像是由点的集合以及加入平滑的线在图像中形成形状的信息来表示的。

位图由小像素组成。

矢量图由平滑的线组成。

深层知识

隐写术

隐写术包括通过隐藏消息的事实来传达秘密信息。这就像是用隐形墨水写的信息，通过使用只改变表示像素颜色的每个二进制数的程序，将信息隐藏在数字图像中。同样的程序也可以提取隐藏的信息。

格式

数码相机拍出的是位图，如.bmp、.jpeg和.png格式文件。而矢量图像是使用插图或动画程序创建的，并且存储为.svg格式文件。

颜色和光线

白光是通过混合等量的红光、绿光和蓝光形成的。将这三种原色按不同的比例混合可以得到各种各样的颜色。RGB（红色、绿色、蓝色）的编码被用来存储颜色值。而一个RGB值被写成介于0~255之间的三个数字，每个数字表示包含了多少这三种基本颜色。

术语

光栅化

由于计算机屏幕由像素网格组成，矢量图在显示之前必须被转换成位图，这个过程叫作光栅化。光栅化老式电视屏幕使用光栅扫描过程之后，一次一行地建立图像。在用户进行更改时，保持屏幕更新的过程涉及计算机处理器的大量工作，这些工作有时是由专用芯片完成的。

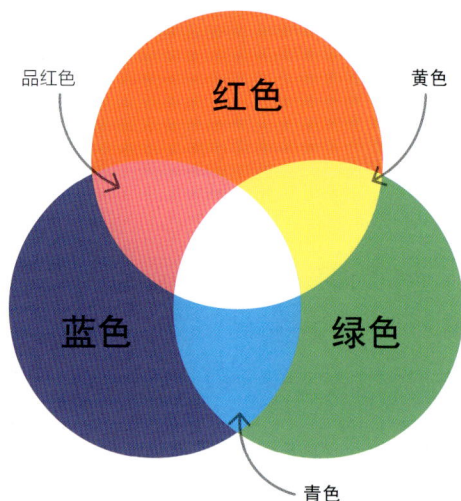

品红色　　红色　　黄色

蓝色　　绿色

青色

颜色混合

黑色是（0，0，0），因为它根本就没有光；白色是（255，255，255），也就是这三种颜色的最大值。光的颜色混合规则与油漆不一样。

分辨率

用像素或DPI（图像每英寸长度内的像素点数）测量位图数字图像的分辨率。扩展位图图像使像素变得可见，因此，图片看起来块状化或像素化了。矢量图像则没有这个问题，因为它们图像中的数学函数可以很容易地生成更大的版本。彩色图片的比特深度定义了使用多少位来存储像素颜色的二进制值。

DPI（图像每英寸长度内的像素点数）

图像的DPI值定义了图像的细致程度。DPI值越高，就表示图像越细致，也就可以在不损失清晰度的情况下生成更大的图像。

72 DPI

150 DPI

300 DPI

为什么图像文件这么大？

随着照相机能够更好地捕捉细节，图片的分辨率随之增加，存储这些细节所需的数据量也跟着增加。RGB图像的每个像素使用至少24位来存储颜色数据，这进一步增大了文件大小。专业数码相机的文件大小可以在40MB左右，而高分辨率jpeg格式的文件大小可以是12MB左右。

原始图像	压缩图像	解压缩的图像

无损压缩

原始图像	压缩图像	解压缩的图像

有损压缩

压缩

压缩文件以使文件更容易共享和存储。压缩可以是无损的，也可以是有损的。无损意味着图片质量保持不变，没有信息丢失。有损则正好相反：图片的一些信息会丢失，从而使文件大小变小，进而影响图片质量。

深层知识

数据的历史

IBM公司于1956年推出的RAMAC 350是第一台有类似于现今使用的磁盘驱动器的计算机。该计算机重1吨，其内部有50个磁盘，总共存储了5MB的数据。这是一个高分辨率的jpeg格式照片的文件大小。如今，人们可以在兜里的手机中携带千兆数据。

音频和视频编码

技术改变了我们消费和播放音频、视频的方式。数字音乐系统已经完全取代了物理存储系统，而数字视频系统也已经取代了旧的模拟系统。

请参阅
‹ 4-5 自己使用计算机
‹ 68-69 比特与数字化
‹ 70-71 二进制代码

音频文件编码

为了编码音频信号，它的值每秒钟被记录数千次。这些数值中的每一个值都被转换成一个二进制数，它不仅编码音符的音高，还编码其他信息，比如音量。按照它们被记录的相同顺序回放样本值会产生一种对人耳来说与原始声音相同的声音。

采样
在特定点记录音频信号并将这些值转换成二进制数的过程称为采样。图像中的红线代表单独的记录或样本。

真实的世界
麦克风是怎样工作的

声音是通过定期压缩空气而传播的波。麦克风中有一小片金属或塑料，称为隔膜。当它被声波击中时会振动。麦克风中的电子装置将振动的变化转换成电信号。这种电信号可以通过扬声器放大，或者通过计算机进行数字化处理。

什么影响音频质量？

在音频编码中，每秒采样的样本数被称为采样率。每秒采集的样本越多，声音就越准确。用于存储每个样本的比特数称为比特深度。比特深度越高，意味着可以存储的信息越多，从而音频质量越好。结合采样率和比特深度可以给出比特率或每秒使用的比特数。

值越高，声音质量越好

这些图中的每个矩形都表示一个样品。采样率越高，矩形更窄，也就能够聚集在一起，以形成更接近波形的形状。

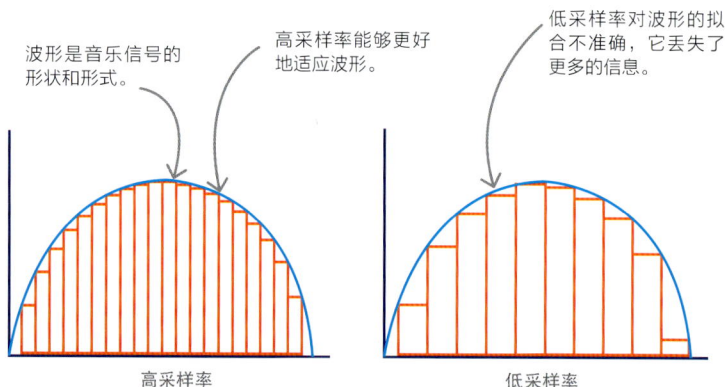

波形是音乐信号的形状和形式。

高采样率能够更好地适应波形。

低采样率对波形的拟合不准确，它丢失了更多的信息。

高采样率

低采样率

视频文件编码

视频由一系列被称为"帧"的静止图像组成，这些静止图像以高速连续播放。帧以恒定的速率显示，称为帧速率，这相当于音频文件中的采样速率。与静止图像一样，帧由像素组成，每个像素的颜色和亮度的数据以二进制数形式存储。视频中每一秒存储的图像和音频信息的比特数称为比特率。

编辑的视频可以在社交媒体上保存或共享。

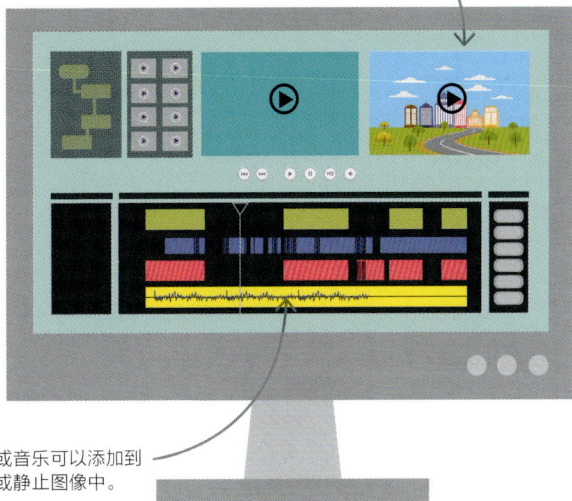

后期制作

视频编辑软件允许人们剪辑视频和音频文件。这些音频或视频片段可以按任意顺序编辑和排列。用户可以在部分音频或视频之间添加转换，甚至包括转换标题。许多程序也允许用户应用颜色效果。

声音或音乐可以添加到视频或静止图像中。

每秒帧数

视频的帧速率反映了运动在人的眼睛里是多么平滑和逼真。由模拟电影转换的电影和数字视频的标准帧速率是每秒24帧(fps)。在数码相机上创建的视频可能稍快，为25fps或30fps。人们习惯于看24fps，而更高的帧速率显示出的图像似乎是奇怪和不自然的。

摄像头的帧速率通常很低，因为这样数据传输会更少，并且节省带宽。

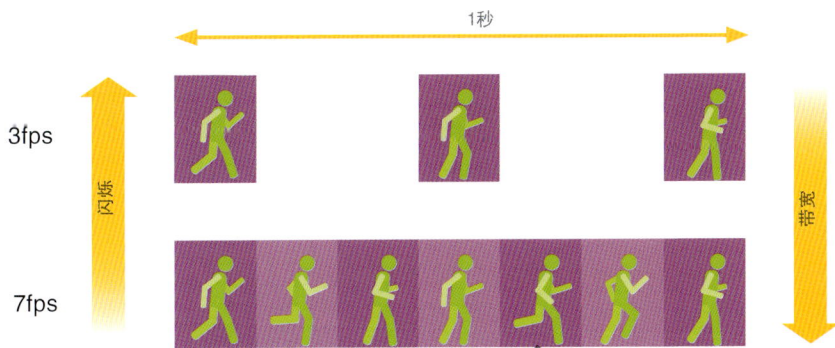

1秒

3fps

7fps

画质   带宽

帧速率越快，视频越流畅。

深层知识

编解码器

编码允许数据被存储和传输，而解码允许数据被回放。可用于编码和解码数字数据的程序称为编解码器。音频和视频都有编解码器，每个编解码器用特定文件格式进行解码和编码。H.265和Xvid就是视频编解码器的例子，而音频编解码器包括MP3和AAC。

存储和流畅

每秒帧数越少的视频，需要存储的数据越少，但是这些视频中的运动就会看起来更生硬和不自然。

加密

数千年来，一些由人们发送的信息只能被特定的接收者理解，这是为了防止信息被拦截，从而保护他们的隐私。而创建这种信息的方式则称为加密。

请参阅

‹ 20-21 20世纪40年代以来的计算

网络的连接   136-137 ›

人工智能   222-223 ›

什么是加密？

加密是将信息设置成除了指定的人外皆不可读的过程。在历史上，加密信息的最普遍的原因就是让军事领导、间谍、国家首脑之间的交流顺利进行。近年来，随着互联网和网上购物的出现，加密变得越来越重要。例如，加密用于在交易期间保障购物者的金钱安全。

明文是指用平常语言写的原始信息。

密文是不可读取的加密信息。

FLEE NOW ALL
IS DISCOVERED

IOHH QRZ DOO
LV GLVFRYHUHG

明文密码

使用加密算法和密钥加密信息和明文，这样生成的密文可以使用正确的密钥解密。密码是解密的关键。

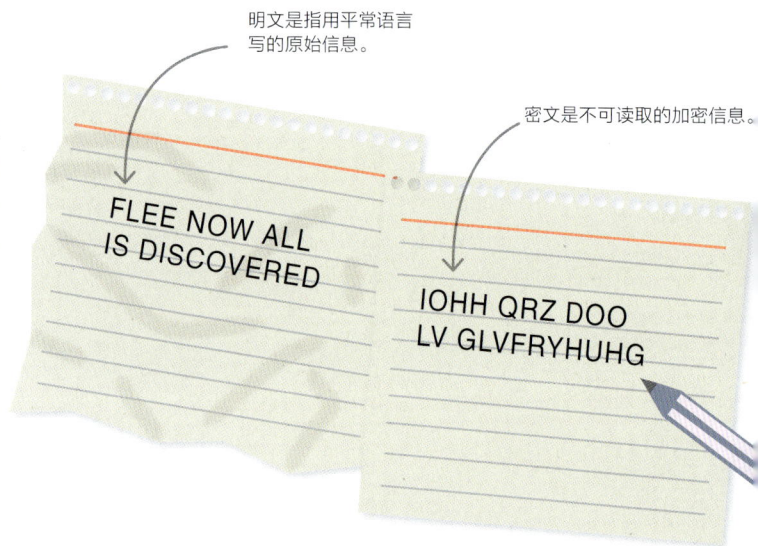

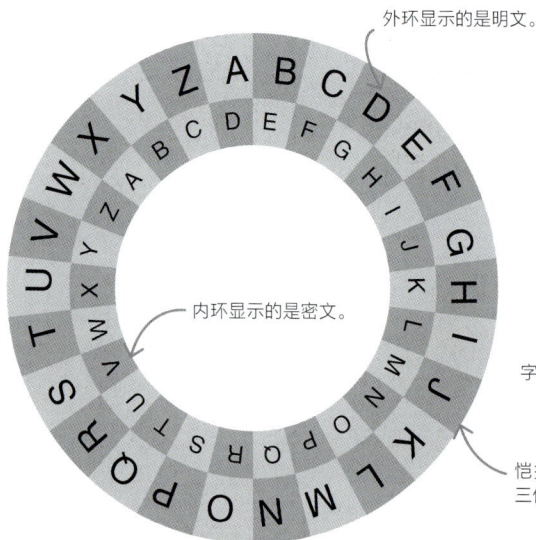

外环显示的是明文。

内环显示的是密文。

恺撒密码右移三位。

替代密码

尤利乌斯·恺撒使用的加密，密码中的每个字母沿字母表移动一组空格。其关键是字母移动的空格数。

早期的加密

换位加密法使用特定规则，也就是密钥，来改变信件中字符的位置。接收者也知道密钥，他们通过颠倒其换位过程获得原文。将信息用相反的方式写下就是换位加密。但因为这种加密方法破解相对容易，所以并不是很安全。置换加密是根据规则用另一个字符替代原字符。

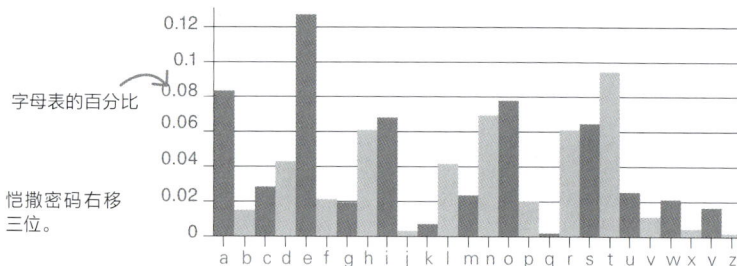

字母表的百分比

0.12
0.1
0.08
0.06
0.04
0.02
0

a b c d e f g h i j k l m n o p q r s t u v w x y z

频率分析

置换加密可以通过频率分析很容易地被解密。通过查看加密的消息并找到使用最频繁的字母，可以将它们与语言中的频率进行匹配。字母E是英语中最常用的字母。

公钥加密

早期加密方式的问题是，它们可以很容易地被截获和破解。公钥加密是在20世纪70年代发展起来的，并且避免了这种被截获和解密的情况。从本质上讲，双方都有两个密钥——一个用于加密消息的公共密钥，一个只有发送方和接收方知道的私钥。

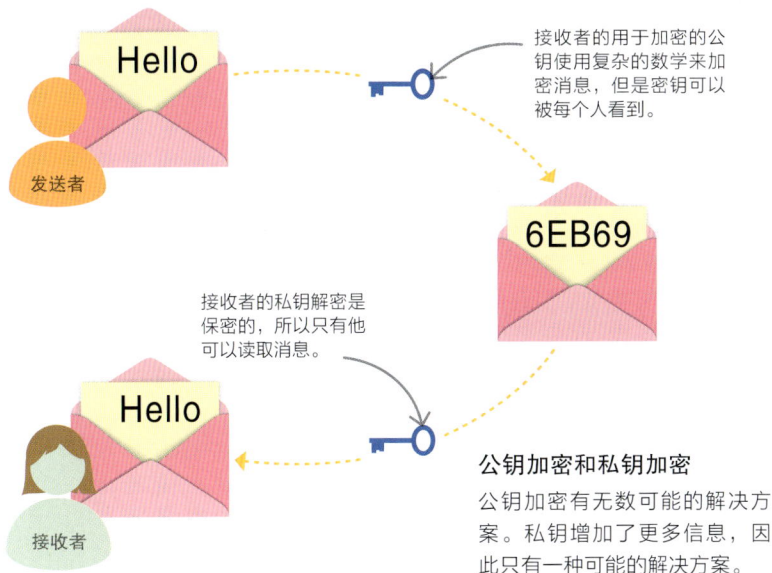

发送者

接收者

接收者的用于加密的公钥使用复杂的数学来加密消息，但是密钥可以被每个人看到。

接收者的私钥解密是保密的，所以只有他可以读取消息。

公钥加密和私钥加密

公钥加密有无数可能的解决方案。私钥增加了更多信息，因此只有一种可能的解决方案。

艾伦·图灵

英国计算机科学家艾伦·图灵（1912—1954）领导的团队破解了第二次世界大战期间德国海军使用的"谜"密码。他还开发了图灵测试，即在看不见对方的测试中，如果参加测试者不能判断对方是人还是人工智能计算机，则认为该计算机是智能的。

SSL（安全套接层）

通过在正常通信过程中添加安全套接层（SSL）来向因特网连接加密。添加了SSL的网址以超文本安全传输协议（https）开始，而不是使用超文本传输协议（http）开始。任何希望允许用户安全连接到它的网站，都需要一个公认供应商的SSL证书。这包括一对公钥和私钥，它允许站点加密它与用户之间的通信量。许多电子邮件应用程序也使用SSL来确保用户的电子邮件在网络上传输时是安全的。

有用的术语

密码学：破解密码的研究。

密码：一种用于加密或解密消息的算法。

密钥：与密码一起使用的加密或解密消息的额外信息。

解密：使用密码和密钥来揭示加密消息的过程。

明文：一段未加密的文本。

密文：一段加密的文本。

Certificate Error: Navigation blocked

该网站的安全证书问题

我们建议你关闭这个网页，不要继续访问这个网站。

单击这里关闭此网页。

继续访问此网页（不建议）

▼ 更多信息

SSL证书

如果网站的SSL证书过期或未被识别，Web浏览器将显示警告。一些浏览器也会阻止用户查看该页面。

编 程 技 术

早期的编程方法

现代程序员用人类可读的文本编写代码。第一个代码是用0和1编写的计算机语言。

请参阅

‹ 18-19 计算机之前的计算

‹ 26-27 计算机芯片

‹ 68-69 比特与数字化

穿孔卡片的历史

在程序指令可以存储在磁盘和磁带上之前，它们是被存储在穿孔卡片上的。程序员在硬纸上打出一连串的孔，然后把它们输入计算机来运行程序。穿孔卡片的设计变得越来越复杂。

> 随着知识的增加……人类劳动逐渐减少。
>
> ——英国数学家、发明家，查尔斯·巴贝奇（1791—1871）

多孔纸被用来存储特定的设计。

1822年的差分机

英国数学家查尔斯·巴贝奇厌倦了他的数学表格书中的印刷错误。这些书列出了预先计算的数字，用于航海、天文学和统计学方面。巴贝奇设计出了差分机，即一种可以自动生成这些表格的机械计算器。虽然他的设计很好，但制造引擎在那时非常昂贵。

差分机利用一列齿轮来进行计算。

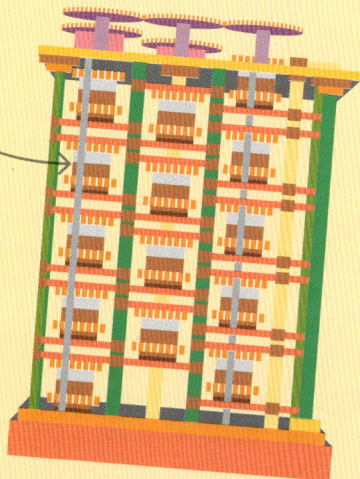

1725年的鲁修

在法国的里昂，纺织工人鲁修发明了一种将织造图案存储在胶带中的方法。如果织带上有一个孔，织布机上的针就静止不动。如果没有孔，就把针向前推，把线抬起来。编织者不是试图记住复杂的图案和避免错误，而是简单地上下移动磁带。他创作的就是第一台半自动工业机器。

1837年的分析机

当巴贝奇用差分机工作时，他想到了一个更好的主意——一台能够计算所有数字的机器，而不仅仅能计算数值表上的数字。分析机由一个存储器（相当于内存）和磨机（相当于现代计算机中的CPU）组成。受纺织工业的启发，巴贝奇建议使用穿孔卡片将指令输入发动机的蒸汽动力磨机。他想将机器设计出加、减、乘和比较的功能，可惜这种机器没有被建造出来。

金属板隔开车轮。

1890年的制表机

美国发明家赫尔曼·何乐礼发明的制表机是一种编纂人口普查数据的有效方法。一名操作员将数据输入卡片，然后将卡片插入机器，最后拉动手柄即可。只要卡上有个洞，机器上的相关标度盘就会增加。一个人的所有数据可以同时输入。

标度盘显示特定类别的计数。

IBM卡

1982年，美国IBM公司重新设计了穿孔卡片，使其有80列齿轮和12个潜在孔。当每张卡片输入计算机时，就会有一盏灯闪烁。如果有一个孔，光就会通过并被光学传感器检测，而机器就会将其读取成1。因此，每个列的潜在孔都成为十位二进制数。

卡片会一列一列被读取。

IBM穿孔卡片的一部分

穿孔卡片上的数字

穿孔卡片上的数字有不同的意义。举个例子，0100可以表示将两个数字相加或相比较。

人物简介

巴贝奇和洛芙莱斯

英国数学家查尔斯·巴贝奇（1791—1871）设计了两台自动计算机。虽然他的思想不能用那时的技术使其成真，但他的分析机是最早的计算机模型，可以被编程来完成各种不同的任务。英国数学家阿达·洛芙莱斯（1815—1852）是第一个在纯计算以外的领域看到分析机巨大潜力的人，并因此成为第一个计算机程序员。1991年，伦敦科学博物馆建造了巴贝奇差分机的工作模型。

模拟程序设计

当数字程序处理由0和1构成的离散数据时，模拟程序可以处理这两个极端之间的值。它们都有独特的编程方法。

请参阅

‹ 28-29 现代计算机是怎样计算的

‹ 68-69 比特与数字化

‹ 70-71 二进制代码

数字数据和模拟数据

数字数据仅限于特定值。它给出的答案是"是"或"否"。而模拟数据却给出了精确和详细的答案。

限制性答案和精确答案

数字数据回答的问题就像是："门是开着的吗？"答案只有"是"或"不是"。模拟数据却可以描述任何介于两者之间的点，因此它可以用来回答更准确的问题："门是如何打开的？"

模拟计算机

模拟计算机不是通过数字计算机存储和处理数据，而是通过使用诸如重量、长度和电压等物理量来存储和处理数据的。它将数据作为二进制代码存储在其硬盘驱动器上。虽然数字计算机仅限于两个值（0和1），但模拟数据的每一个单元都能给出精确的答案。

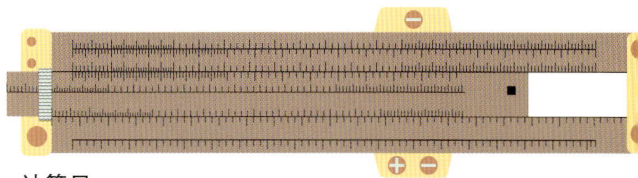

计算尺

这种机械模拟计算机发明于17世纪。尺子的中间部分可以滑出来并读取其刻度上的数字，从而算出数理模型。

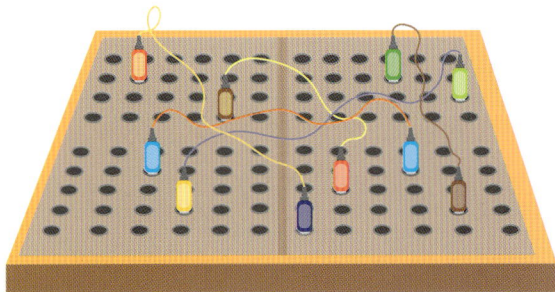

线路连接板

在模拟计算中，没有软件概念。程序是通过使用线路连接板连接基本电路来创建的。

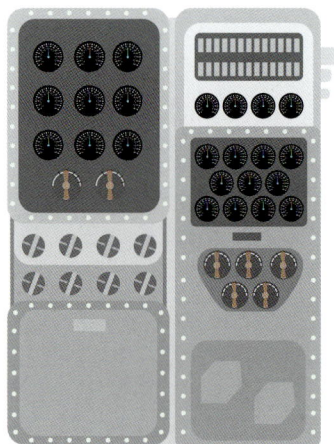

TDC（鱼雷射击自动计算机）

第二次世界大战期间，美国潜艇使用的TDC（鱼雷射击自动计算机）是一台机电式计算机，它能够完成鱼雷向移动目标（如船只）射击背后的复杂数学运算。

噪音

电子信号很少是精确的。设备自行产生的信号或者太阳辐射的干扰称为噪声，它导致信号波动。如果信号"1"是通过有线发送的，那么它可以作为0.75~1.25之间的任何值来接收，因此发送方永远不能保证最初发送的信号是接收的信号。数字信号以阶梯式递增方式工作，这意味着它们更接近原始信号，并且更容易被接收。然而，模拟电路以微小的、平滑的增量工作，所以其精度总是会被噪声降低。

信噪比

噪声给模拟信号增加了随机的额外信息，使得信号越来越不像原始信号。相比之下，数字信号中的"开"状态和"关"状态的差异很大，所以他们之间即使常存在一些噪音，也很容易弄清楚原始信号是什么。

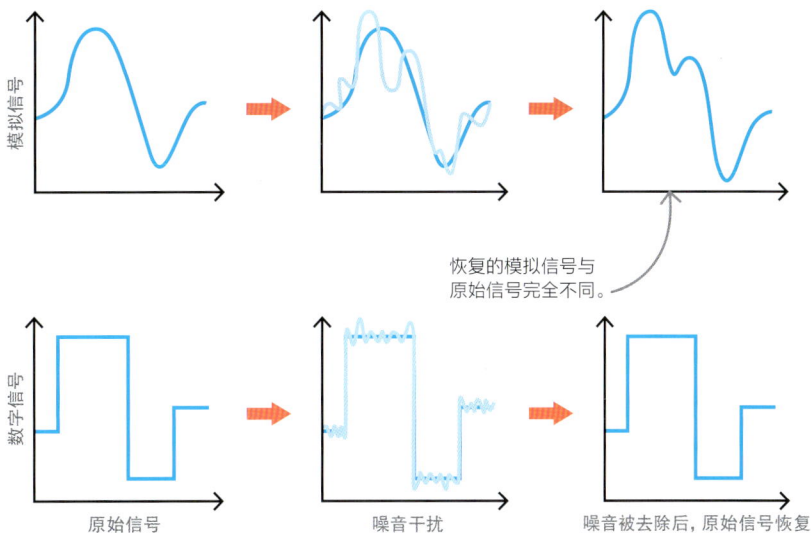

恢复的模拟信号与
原始信号完全不同。

原始信号　　　　　噪音干扰　　　　　噪音被去除后, 原始信号恢复

利弊

模拟计算机是在硬件层面构建的。每台计算机都是为特定任务设计的，因此它们非常精确。然而，由于它们太过专业化，所以它们无法通过简单地重新编程来执行新任务，更改程序需要大量的人工努力，甚至可能需要购买新的组件。数字计算机更灵活，可以通过编程来完成无数的任务。在一个数字系统中编写一个新代码比重新设计一个主板更容易。

模拟计算机确保准确性与精确度。

模拟计算机允许实时操作以及同时计算。

模拟计算机通常消耗的功率更少，并且执行某些任务更快。

模拟信号是存储数据的自然方式，没有量化噪声。

顶级技术

混合计算机

混合计算机能把模拟编程的速度和数字编程的精确度结合起来，使其两者兼而有之。到目前为止，混合计算机，如雷达系统和科学计算，因为太过专业化而没有被广泛使用。然而，经过多年的闲置，模拟计算机在编程方面开始卷土重来。

应用算法

除了计算机科学之外，算法还可以应用于实际情况。通常有多种算法可以用于解决任何特定的问题。

算法

从对列表进行排序到找到两个位置之间的最快路线，算法可以用来做很多事情。算法甚至可以计算出玩游戏的最佳策略。虽然最终结果相同，但是每种编程语言执行相同算法的方式是不同的。

地图只显示街道和建筑物的基本细节。

算法和程序

算法就像是一张城市的地图，而程序就是城市本身。虽然算法只关注逻辑，但程序包含特定的语言的细节和语法。

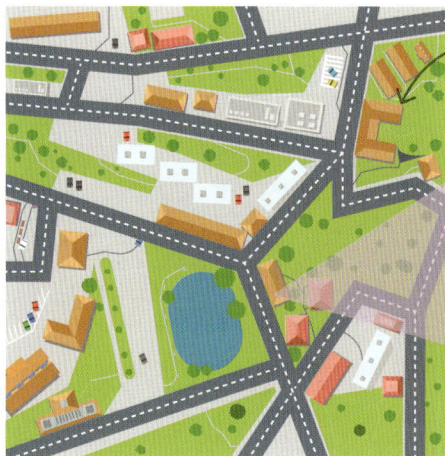

事实上，这个城市的街道和建筑物的立体细节都很完整。

算法的效率

两条不同的路可能通向同一个地方，但是走高速公路比走蜿蜒的山路要快。算法也是如此。两个算法可能产生相同的结果，但是一个算法可能比另一个算法的效率更高。

将数字相加

如果要求你算出 1～100 的所有数字的总和，你可以一个一个地把它们加起来。但德国数学家卡尔·高斯想出了一个更快、更有效的方法，只需要两个简单的步骤便可算出结果。

$$1 + 2 + 3 + \cdots + 100 = ?$$

这很简单！答案是 50 x 101 = 5050。

真实的世界

自动驾驶汽车

自动驾驶汽车跟人类驾驶汽车所做的工作一样：导航路线、检测停车标志和响应交通灯。为了使自动驾驶汽车安全可靠，程序员花费大量时间为每个任务编写完美的算法。效率是至关重要的。否则，在道路上驾驶汽车的时候可能只能检测到停车标志！

算法的选择

虽然效率在算法中很重要，但其他因素也要考虑。首先就是空间效率。算法的速度可以很快，但是如果它的速度占用了大量的磁盘空间，那么最好还是选择一个较慢的算法。接下来要考虑的就是算法的编写难度。算法越复杂，人类犯错误的可能性就越大。如果算法速度快且空间效率高，但是代码中却有漏洞，便会给出错误的答案，那么这个算法就毫无用处。

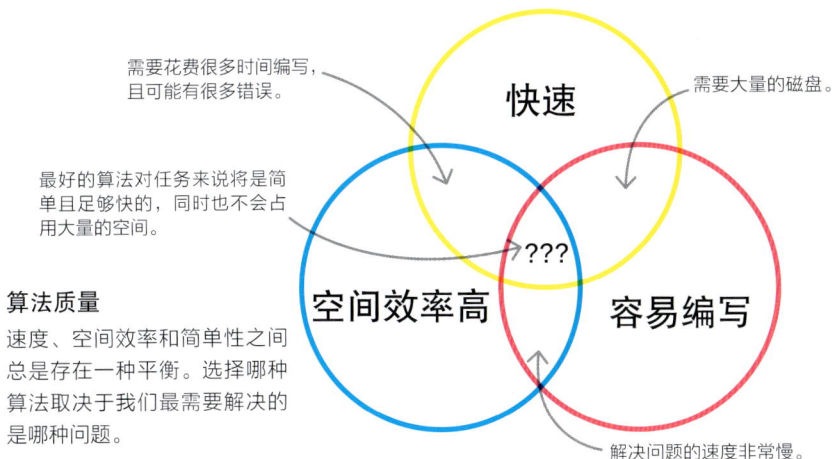

需要花费很多时间编写，且可能有很多错误。

最好的算法对任务来说将是简单且足够快的，同时也不会占用大量的空间。

需要大量的磁盘。

快速

空间效率高

???

容易编写

解决问题的速度非常慢。

算法质量
速度、空间效率和简单性之间总是存在一种平衡。选择哪种算法取决于我们最需要解决的是哪种问题。

深层知识

密码学

每次将安全数据发送至互联网上时，这个数据就会被一个特殊的算法加密，这样就限制了可以读取它的人，黑客试图解密来窃取私人数据。安全公司不断开发新的加密算法以确保领先黑客一步。当然，更安全的算法通常更慢，更难编写。

裁剪算法

由于发明新算法需要多年的研究，大多数开发人员都只利用现有的算法。为了创建全球定位系统（GPS），开发人员必须按照算法理解的方式对数据（道路、汽车、红绿灯）建模，然后对单行道、学区和收费路线进行调整。

迪科斯彻的算法
荷兰科学家艾兹格·迪科斯彻发明了一种算法来寻找两点之间的最短路径。他的各种算法被社交媒体公司用于根据用户的共同朋友、位置、相似兴趣等向用户推荐新的好友。

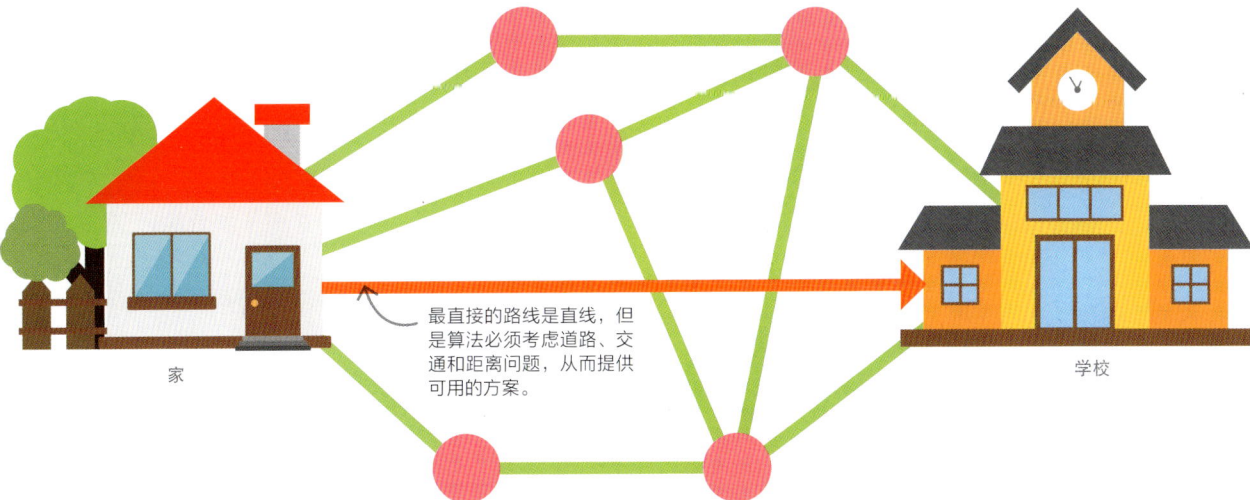

最直接的路线是直线，但是算法必须考虑道路、交通和距离问题，从而提供可用的方案。

家

学校

布尔逻辑

布尔逻辑或称为布尔代数，是数学的一个分支，它只有两个值——0和1。它由英国数学家乔治·布尔创造，在电路设计和应用设计中起着至关重要的作用。

请参阅

‹ 74-75 逻辑门

‹ 76-77 数据库

程序结构 96-97 ›

布尔运算符

布尔逻辑是关于物体的集合，每个集合可以进一步分离成子集。例如，所有的甜点可以分成巧克力甜点和冷甜点。而一些甜点，如巧克力冰激凌，就属于这两个子集。其他的甜点，比如姜饼，就不属于这两个子集。常规代数有运算符，如加（+）、减（-）和乘（×），而布尔代数中却有AND（逻辑与）、OR（逻辑或）和NOT（逻辑非）。这些运算符可以用来创建更具体的子集。

甜点韦恩图

这个韦恩图展示了一组不同的甜点是如何被分成巧克力甜点和冷甜点的子集的。如果甜点属于一个子集，则对应于布尔值1。否则，它就是0。

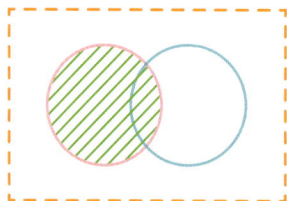

巧克力甜点

冷甜点

巧克力甜点

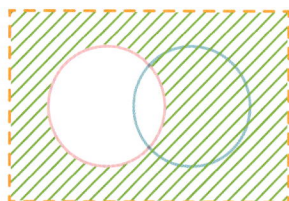

不是巧克力甜点

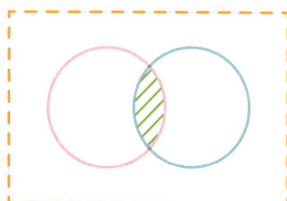

是巧克力甜点，也是冷甜点

其他的可能性

将布尔运算符正确组合可以分离特定类型的甜点。

是巧克力甜点或冷甜点

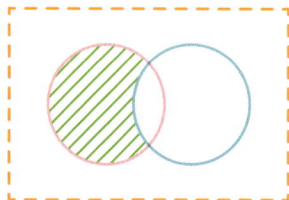

是巧克力甜点，不是冷甜点

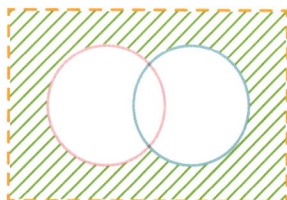

不是巧克力甜点，也不是冷甜点

逻辑表达式

布尔逻辑中的逻辑与、逻辑或和逻辑非运算符对应电路设计中的与门、或门和非门。几个逻辑门可以连接在一起构成逻辑电路。从简单的算术到宇宙飞船轨道，逻辑电路可以被设计用来计算任何东西。理解布尔逻辑有助于程序员构建和测试这些抽象电路。

A	B	C	D NOT A	E B与C	F D或E
0	0	0	1	0	1
0	0	1	1	0	1
0	1	0	1	0	1
0	1	1	1	1	1
1	0	0	0	0	0
1	0	1	0	0	0
1	1	0	0	0	0

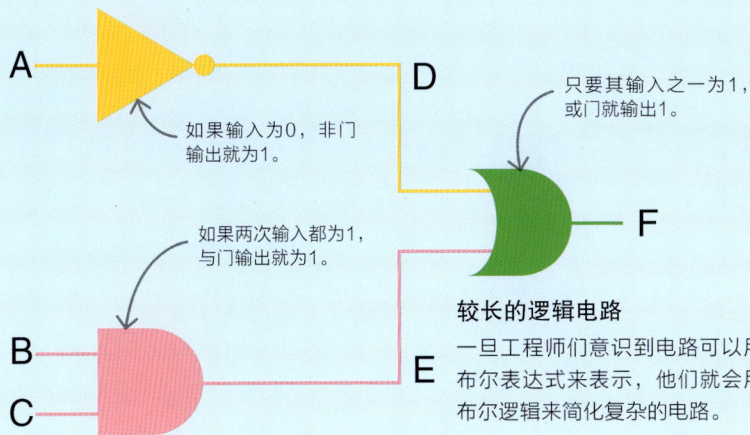

如果输入为0，非门输出就为1。

只要其输入之一为1，或门就输出1。

如果两次输入都为1，与门输出就为1。

较长的逻辑电路
一旦工程师们意识到电路可以用布尔表达式来表示，他们就会用布尔逻辑来简化复杂的电路。

逻辑搜索

布尔逻辑也可以用来快速搜索数据库。它通过遍历整个数据库，使每个搜索结果更精确。通过组合关键字（如甜点）和布尔运算符，数据库搜索可能只需要几秒钟。

我可以吃不加花生或焦糖的水果甜点吗？

布尔查询
布尔查询通过使用布尔运算符排除不相关的可能性来更有效地完成搜索。

存储和检索数据

从简单的计算器到华丽的网站，所有的程序都必须存储和操作数据。用于实现这一点的最基本的编程工具是变量、常量和数组。

请参阅

‹ 68-69 比特与数字化	
编程语言是做什么的	106-107 ›
编程语言的类型	108-109 ›

变量

变量是存储机制，类似于有名称、价值和大小的马克杯。正如马克杯的内容可以随时间变化一样，变量内部的值也可以在程序的过程中变化。它也同马克杯一样，每个变量都有一个特定的大小。从一开始就选择合适的变量大小很重要，因为存储在变量中的不同种类的数据会占用内存中不同的空间量。

马克杯可以容纳许多不同的东西，但它一次只容纳一个。

存储变量

变量总是被标记的。为了方便搜索和访问数据，程序员会给变量起个有助于识别的名称。

常量

常量像变量一样工作，但它们用于程序运行时（如果有的话）不能改变的数据上。它们在修改程序时很有用，并且也用于存储复杂的数值（如Pi值）、科学常量和应用程序的特定值。任何可能被遗忘、拼写错误或每隔几年改变一次的东西最好存储在一个常量中。

定值

一旦一个常量被分配了一个值，那么，它的值就不能改变了，除非程序停止并重新启动。这类似于一个上了锁的箱子，如果要拿走里面的东西，就必须先把箱子解锁。

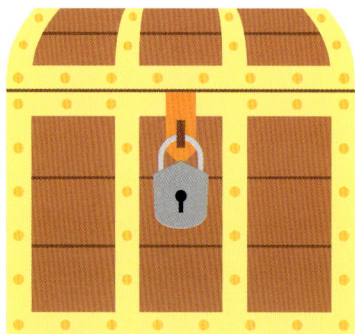

真实的世界

应用于公司旗下的常量

以图书馆要给他们的网站换个背景装扮为例。如果图书馆已经在常量中存储了公司旗下的影像，那么他们只需要对网站代码进行一次更改即可，且这种更改在任何地方都可以进行。否则，他们将不得不挖掘数以百计的文件来换背景装扮。

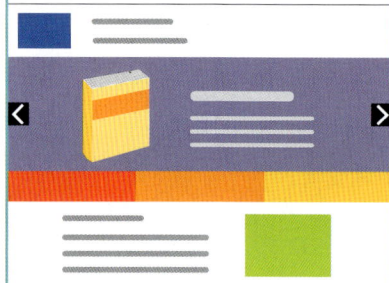

数组

数组是具有特定顺序的相似元素的集合。就像街道上的房子或停车场里的汽车一样，有始有末。数组中某个项目的位置称为索引数组。第一个元素有一个名称或标签，并且根据与第一个元素的距离来引用所有其他数据。在一组汽车中，第一组称为"汽车"，第二组称为"汽车+1"，然后是"汽车+2"，以此类推。

数组的大小

就像停车场的设计一样，数组的大小预先决定，然后再将其填满。此外，还可以创建变量来跟踪填充位置的数量。

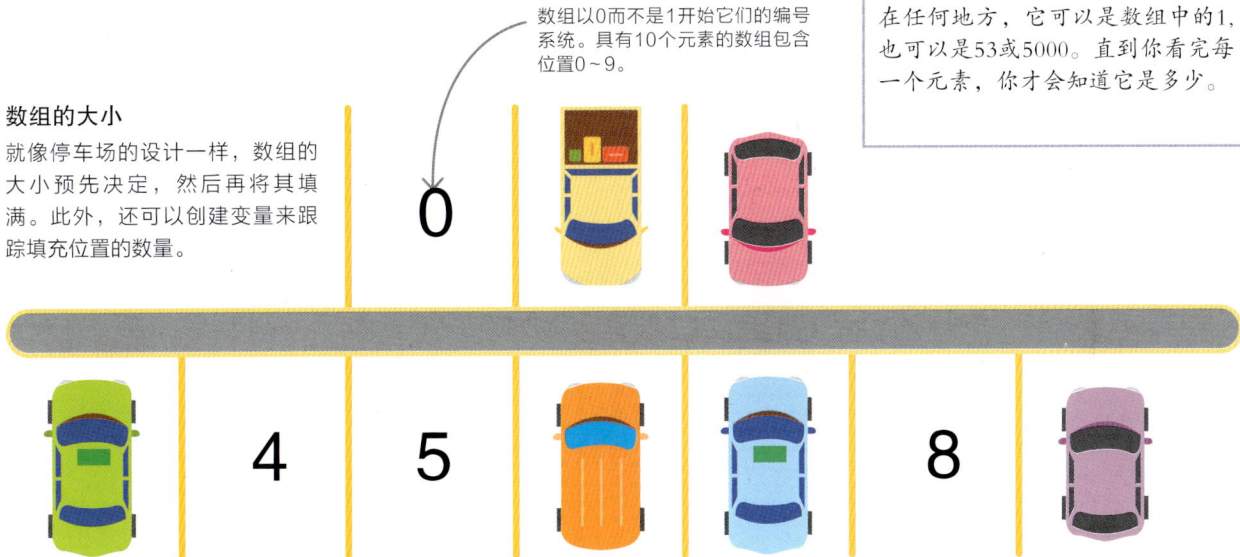

数组以0而不是1开始它们的编号系统。具有10个元素的数组包含位置0~9。

深层知识

利弊

数组在访问一个数据组时很重要。例如，音乐应用程序列出的一个艺术家的所有歌曲。然而，如果数组太长，发现或修改单个元素可能有点棘手。一个特定的数据可以隐藏在任何地方，它可以是数组中的1，也可以是53或5000。直到你看完每一个元素，你才会知道它是多少。

对象

对象就像一个特殊的、自定义大小的变量。当各种尺寸和形状的数据需要分组在一起时，对象就能发挥作用了。对象的关键是用户必须自己编写代码。为此，用户需要定义一个蓝图，称为类。它包括列出所有对象的属性，每个属性都是一个不同的变量。然后，每次都可以使用相同的蓝图来创建一个新的对象。

基于类蓝图，每个对象都包含自己的唯一数据。

姓名：
地址：
年龄：
购物车

客户对象

在线购物者的对象可能包含文本字符串（客户名称）、一对数字（客户年龄和唯一标识号）和数组（客户在线购物车中的项目）。

深层知识

为什么使用对象

对象的主要目标是将数据保持在一个中心位置。面向对象编程（OOP）允许你创建对象方法，这是操纵对象数据的特殊函数。你可以限制哪些变量可以由程序的不同部分访问。这对于具有数百（或数千）代码文件的大型软件应用程序尤其有用，每个代码文件可以处理不同且不相关的数据类型。

程序结构

程序可以被描述为可能的指令序列的集合。为了确定要执行哪行代码，程序使用诸如分支和循环之类的方式控制结构。

请参阅
‹ 92-93 布尔逻辑
‹ 94-95 存储和检索数据
编程语言是做什么的　　　　106-107 ›

分支

河流中的一条向支流航行的船可以向左走，也可以向右走。但它不能同时顺流而下。类似地，IF-THEN-ELSE控制结构可以将程序向下送到一个单独的分支，而忽略另一个分支中的代码。路径的选择通常取决于存储在变量中的数据。

如果是汤 IF(soup)
就要用勺 THEN spoon

那么如果是面 ELSE IF(noodles)
就要用筷子THEN chopsticks

要不然就是用刀叉
ELSE THEN knife and fork

分支结构
一顿饭不需要勺子、筷子和刀叉齐备。在程序中使用分支结构强制用户做出最好的选择。

深层知识

IF-THEN-ELSE

IF-THEN-ELSE是用于做决定的程序关键词。"如果"（IF）检查一个初始条件，比如问"天空是蓝色的吗？"；如果这个条件是"假"，"那么如果"(THEN)就检查另一个条件，比如"天空是紫色的吗？"；如果这些条件都不满足，那么程序就会默认为"要不然"（ELSE）。

分组数据

IF-THEN-ELSE控制结构被作为一种分组数据的方式。程序员也可以编写自定义代码来操作每个不同的数据组。ELSE语句对于不适合前面的数据来说，是一个"抓住所有"的组。

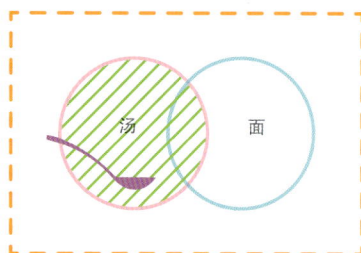

如果(IF)

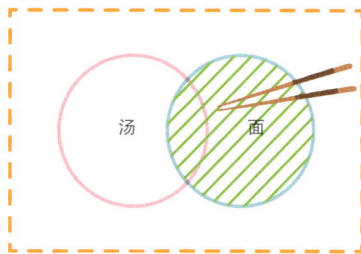

那么如果(ELSE IF)

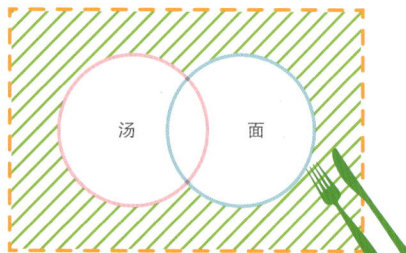

要不然（ELSE）

布尔代数
韦恩图可以用来表示数据是如何被分组的，也可以用布尔代数创造更复杂的群体，如有汤并且有面条。

循环

程序常常需要多次重复相同的任务。为了避免重新编写代码，程序员会使用循环结构。一旦程序到达循环结构的末尾，它就返回到循环的首端并重新开始。有三种类型的循环，即FOR循环、WHILE循环和DO-WHILE循环。选择正确循环取决于循环的持续时间、用户希望在每次迭代中更改的元素以及用户希望退出循环的方式。

FOR循环

这个循环运行的是一个固定次数的代码块。如果您想要绘制一个正方形，那么您可以编写代码来绘制一条线，然后旋转90°，然后在FOR循环中运行四次，而不需要对要绘制的每条线进行编码。

WHILE循环

这相当于说"在一个条件下永远循环"。这种情况可以是"饼干盒里还有饼干：不要买新的饼干"或"继续记录按键，直到用户关闭程序"。

DO-WHILE循环

同WHILE循环类似，DO-WHILE循环执行不确定的时间量。唯一的区别是这个循环会在最后检查它的条件，所以用户要保证输入的条件至少执行一次。例如，用户输入"11"到一个要求1～10之间的数字的程序中，答案将被拒绝，并且用户将再次被要求输入一个值。

为什么使用函数?

函数将代码与它的行为分开。函数接收输入数据，如数字或坐标，并将其转换为输出数据，如答案或完整地址。在计算机内部，函数使用变量、常量、数组和诸如循环、分支之类的控制结构。它们有助于提高代码的可读性。

华氏温度转换为摄氏温度

采用将华氏温度转换为摄氏温度的函数，可以消除发生人为误差的可能性，因为不需要人进行计算。

$89.6°F$

输入数据

$(F-32) \times 5/9 = C$

$32°C$

输出数据

在编写函数时，转换公式只能输入一次。

翻译

翻译是将一种编程语言转换为另一种编程语言的过程。它使编码更人性化，并将高级语言分解为低级语言。

高级语言和低级语言

服装公司的经理不需要知道有多少袜子送到每个商店。相反，他们需要采取高层次的观点，做出对公司未来至关重要的决定。同样，高级编程语言不必担心细节问题。内存管理、将指令转换为位以及物理电路中变化的电压都是现代程序员所不知道的细节。但这些程序会由专门的翻译程序自动处理。这使得程序员更容易专注于编程语言的逻辑和复杂的算法，而计算机能够处理其他一切的细枝末节。

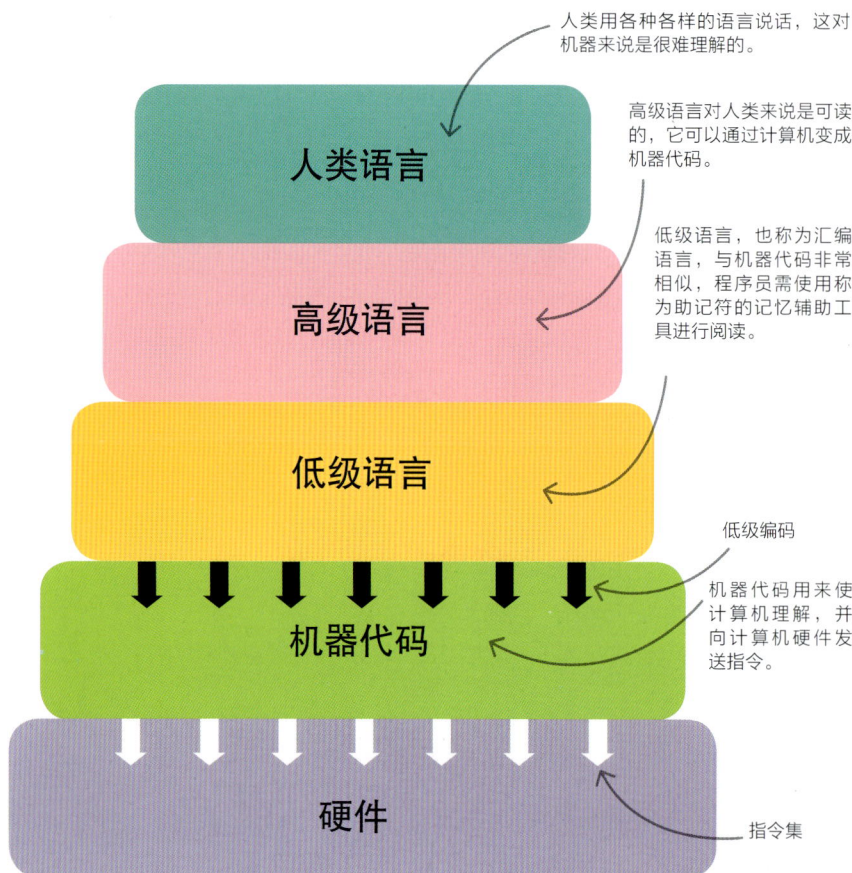

> C语言是怪诞的、有缺陷的，
> 但它是极其成功的。
>
> ——美国C语言创造者，丹尼斯·里奇(1941—2011)

人类用各种各样的语言说话，这对机器来说是很难理解的。

高级语言对人类来说是可读的，它可以通过计算机变成机器代码。

低级语言，也称为汇编语言，与机器代码非常相似，程序员需使用称为助记符的记忆辅助工具进行阅读。

人类语言

高级语言

低级语言

低级编码

机器代码

机器代码用来使计算机理解，并向计算机硬件发送指令。

硬件

指令集

深层知识

利弊

高级语言可能是一个更好的选择，但在某些情况下它们也有不足。

利处：

· 更容易学习。

· 读写容易。困难的算法不必转换成0和1的抽象字符串。

· 更容易理解。代码可以更快地共享、调试和扩充。

· 对大型的、需要团队协作的项目很有利。

弊处：

· 自开发人员不能访问代码的细节以来，程序越来越大，速度也越来越慢。所以程序很难做成流线型。

· 安全风险：开发人员无法检查内存是否被正确地保护和擦除。

· 高级语言的流行意味着许多计算机科学家不能完全理解操作系统和硬件。这可能导致软件设计中出现瑕疵。

源代码和机器代码

程序员用Java、Python或C语言编写源代码。这些文件包含人类可读指令，从而可以让人们创建单个程序，如文本编辑器、网页浏览器和多媒体游戏。但是，为了让计算机运行代码，必须将指令翻译成CPU可以处理的原始位，这叫作机器代码。如果在文本编辑器中打开机器代码，它看起来就会像一堵胡言乱语的墙，但这就是计算机所能理解的。

机器代码是由处理器执行的。

源代码：
```
var a = 2
var b = 3
var c = a + b
```

机器代码：
```
3c d3 45 9f e0 82
93 ab d4 6f 4d
b4 9c b9 21 ca f7
ac 96 49 ed
```

源代码是有逻辑并且容易理解的。

翻译器

翻译器

每个操作系统都配备有自己的一系列翻译程序。这些程序读取源代码，并输出专门针对该操作系统的机器代码。

操作码和操作数

在机器代码中，每个指令由一个操作码和一个或多个操作数组成。操作码是对应于特定CPU作用的数字。例如，操作码04可能是意味着添加两块数据。为了使操作码更直观，它们被赋予了标准昵称，也称为助记符。操作数是止仕处理的数据。

机器级编程

在机器级编程需要程序员记住特定操作系统的操作码。有时，他们甚至需要记住每一个操作码。

操作码	助记符	二进制数	说　明
87	ADD A	10000111	将寄存器A的内容添加到累加器
3A	LDA	00111010	存储在指定内存地址中的加载数据
79	MOV A C	01111001	将数据从寄存器A添加到寄存器C中
C3	JMP	11000011	跳转到指定内存地址的指令
C1	POP B	11000001	从堆栈中弹出并复制到内存寄存器B+C

汇编器、解释器和编译器

将高级代码转换为机器代码的翻译器，其主要有三种类型：汇编器、解释器和编译器。

请参阅

‹ 32-33 操作系统

‹ 98-99 翻译

JavaScript   122-123 ›

汇编器

汇编代码与操作代码之间的唯一区别就是指令的名称，即对计算机执行操作的指令。汇编代码是用助记符编写的低级语言。助记符是简单的指令，比起操作代码，更容易让人记住。汇编程序是用汇编代码编写的，并可以简单地交换为每个助记符相应的操作代码。

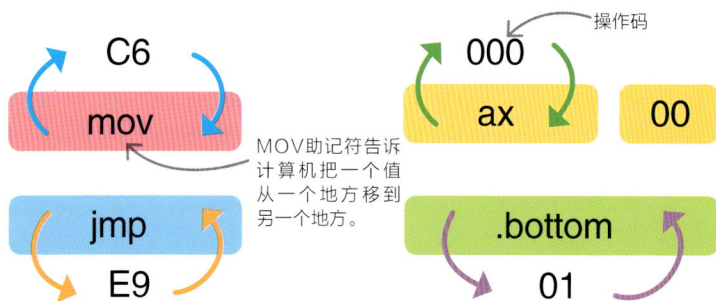

操作码

MOV助记符告诉计算机把一个值从一个地方移到另一个地方。

集合
汇编器是最基本的编译器类型。它只是利用属于操作系统的特定操作代码集合来交换出助记符。

深层知识
汇编

汇编通常用于移动电话芯片、自动取款机和视频游戏机等应用程序，也就是对空间和速度的需求很高的程序。

利处：

· 程序员不必记住操作代码。

· 单个程序可以在多台计算机上工作。

弊处：

· 程序员仍然使用寄存器、堆栈指针和堆进行较低级的工作。

· 必须为每个操作系统编写汇编程序。

· 即使是简单的程序也有很多代码。

解释器

解释语言不能在没有安装解释器的计算机上运行。解释器一次一行地翻译和执行源代码。虽然这使得代码更加容易移植，但这意味着它可以很容易地适应不同的操作系统，但是这也使得解释器更慢。一般来说，很难保证程序是完全无错误的；但是，当错误突然出现时会更容易被修复。

容易操作
解释器使得处理交互式在线页面变得容易，因为它可以随时接收新代码并持续运行它。

解释语言JavaScript可以在网页浏览器上运行。

编译器

编译器可一次将整个程序转换成特定OS的可执行文件。由于高级语言（如Java和C语言）与机器代码非常不同，因此编译它们是一个复杂的、多步骤的过程。

机器代码

解析树被转换成比特。将程序转换成硬件可以处理的格式。

编译步骤

所有编译器都有四个同样的编译步骤，依次是词法分析、语法分析、优化，最终生成机器代码。

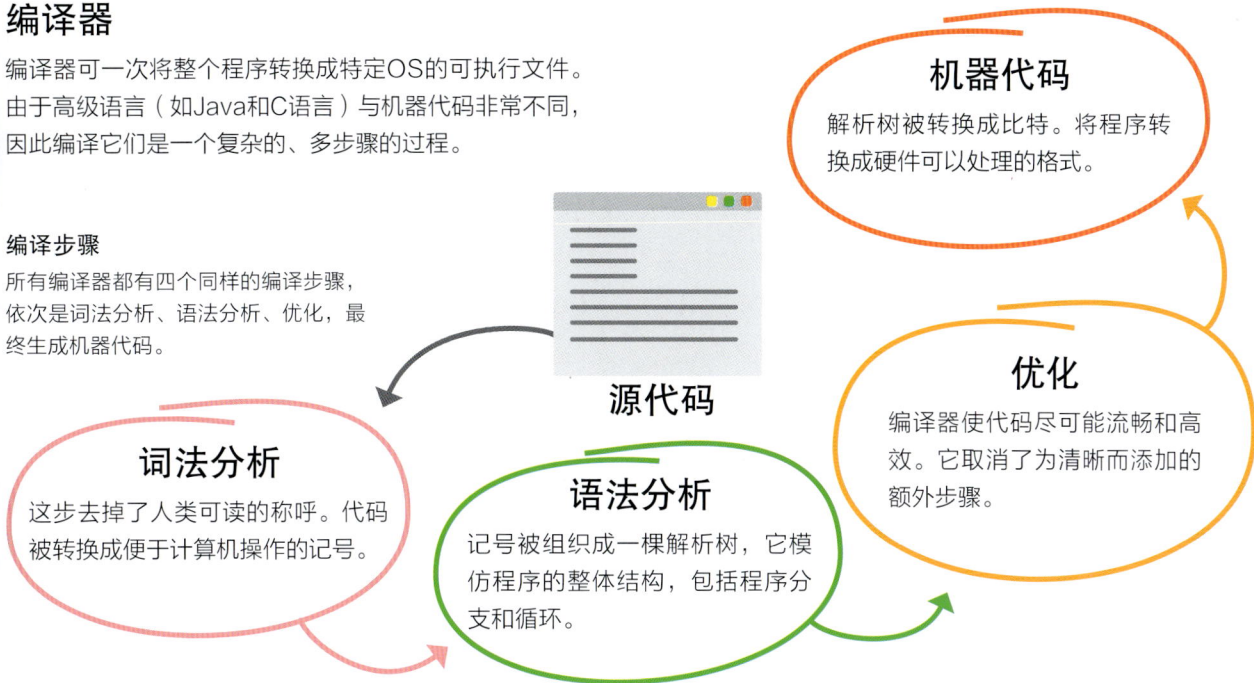

源代码

优化

编译器使代码尽可能流畅和高效。它取消了为清晰而添加的额外步骤。

词法分析

这步去掉了人类可读的称呼。代码被转换成便于计算机操作的记号。

语法分析

记号被组织成一棵解析树，它模仿程序的整体结构，包括程序分支和循环。

深层知识

编译

除浏览互联网之外，编译程序都是标准的。

利处：

- 由于程序员使用高级代码，他们可以更快地工作，并写出更大、更复杂的程序。
- 潜在的错误更少。
- 一旦编译完成，程序可随时运行。
- 比解释器速度更快。

弊处：

- 编译的代码通常比汇编中编写的代码更慢、更笨重。
- 编译错误可能是模糊的且没有帮助的。在程序中不容易发现错误。
- 单一编译器无法适用于每个操作系统（OS）。

链接

程序的代码通常分布在许多源代码文件中，称为目标代码。每个文件都是单独编译的，这使得更改代码更容易，因为修改单个文件不需要重新编译整个程序。然而，这意味着在翻译过程中还有一个额外的步骤：将所有目标代码链接到一个程序中。

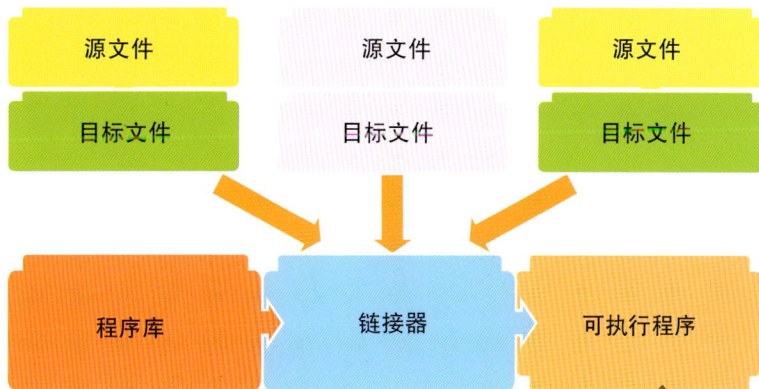

源文件	源文件	源文件
目标文件	目标文件	目标文件

程序库 → **链接器** → **可执行程序**

系统库

链接器从一个库的集合中获取对象。通常，默认情况下会链接一个或多个系统库。

一旦链接，就表明该程序准备运行了。

软件错误

没有程序是完全无错误的。幸运的是，程序员可以利用许多技术和工具来检测和修复这些错误。

请参阅

‹ 100 -101 汇编器、解释器和编译器

语言的突破   110-111 ›

维护和支持   162-163 ›

程序中的漏洞

身为程序员的一个重要素养就是具有识别程序错误（也称为"漏洞"）并修复它们的能力。一般有三种类型的程序错误：语法、逻辑和运行时错误。虽然一些漏洞（bug）会导致明显的崩溃，并且易于定位，但是其他的一些漏洞却很微妙，可能需要几个月才能找到。

语法错误

语法错误是由程序员犯的打字错误或者其他小错误造成的。编译器，也就是把编程语言翻译成机器代码的程序，在所有语法错误被修复之前不能工作。

深层知识

第一个bug（错误）

1945年，计算机还是占据了整个房间的机器，并且会产生大量的热量，而这些热量吸引了虫子（bug），虫子爬进机器内部，导致短路。1945年9月9日，美国计算机科学家葛丽丝·霍普（1906—1992）发现一只蛾子导致了哈佛马克二号计算机的故障，她把蛾子粘到计算机的日志中。计算机问题术语bug一词从那时起开始使用。

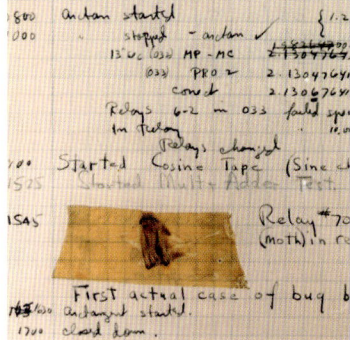

打字错误

这包括缺少括号、分号或引号。

没有声明变量

如果程序员忘记在赋值之前声明变量，编译器将不能寻找变量。

大小差 1 错误

这包括高估数组的大小，或者忘记数组不是从1开始，而是从0开始。

忘记链接代码

如果程序写得不正确，编译器将无法访问预写代码的库。

整数除法

整数除法通过丢弃剩余数来截断数字，如果程序需要精确度，这会导致计算错误。

逻辑错误

逻辑错误是程序设计中引起意外行为的瑕疵。这些漏洞很难找到，因为它们并不总会引起崩溃。

当出现错误消息时如何做？

当出现错误消息时，程序员的第一项任务是定位错误。编译器通常指示哪一行代码导致崩溃。然而，一些错误有欺骗效果，它的实际误差要比编译器所指示的地方高几行。

错误信息检查表

- 回顾语法错误代码。通过这个部分的逻辑来发现错误。
- 如果你看不懂错误消息的提醒，请尝试在网上找到解决方案。
- 向代码中添加打印语句以显示变量。利用打印语句可以显示出所有文本（包括变量）。它们通常出现在程序员的控制台上。
- 执行代码，并检查控制台中显示的每个值是否正确。

调试器

调试器是用于查找其他程序中的错误的程序。大多数调试器可逐步运行脚本（程序的指令）来找出问题的根源。然后一些调试器可以解决这个问题，或者提供解决这些问题的方法。然后程序可以再次运行，看看调试器是否修复了它发现的问题。

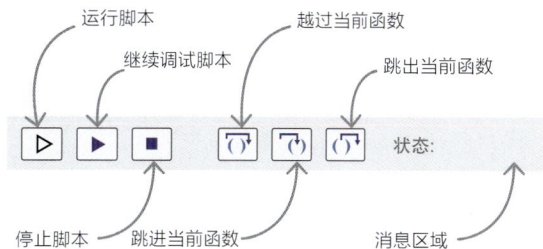

运行脚本　继续调试脚本　越过当前函数　跳出当前函数　状态：
停止脚本　跳进当前函数　消息区域

断点

程序在到达断点时冻结，这允许程序员在闲暇时检测错误。他们还可以一次检查一行代码。

运行时错误

运行时错误是一种特定类型的逻辑错误，即在程序运行时发生并导致程序崩溃的错误。通常，此时程序会冻结或出现弹出框。

"＝" 代替 "＝＝"
混合 "＝"（赋值）和 "＝＝"（用于比较）可能会导致不可预测的结果。

除数是0
当遇到这个操作时，程序通常会崩溃。

分割错误
当试图访问受限制的内存段时，会发生分割错误。

布尔表达式不正确
逻辑与、逻辑或和逻辑非使用错误会导致程序永久循环，或者执行错误的代码。

在同一操作中使用不同的数据类型
文本和数字的混合混淆了程序，导致瞬间崩溃。

编 程 语 言

编程语言是做什么的

编程语言是为了帮助人类与计算机交流而开发的。其最基本的挑战就是将人类能够理解的指令翻译成计算机能够理解的指令。

编程语言

编程语言是一组形式化的单词和符号，它允许人们向计算机发出指令。就像人类语言一样，每种编程语言都有自己的词汇和语法。将用英语编写的算法翻译为编程语言，可以让计算机理解并执行指令。

多语言的

将文本翻译成许多种不同地区的人类语言是可能的。类似的，计算机指令可以用许多不同的编程语言编写。

深层知识

翻译

有多种方法可以将编程语言翻译成计算机可以理解的二进制代码（有时称作机器代码）。有些语言，如C语言和C++语言，会使用编译器。这会生成一个包含机器代码的新文件，然后计算机可以运行它。脚本语言，如Python和JavaScript，则使用解释器，它在单个进程中翻译和运行代码。汇编语言使用与编译器类似的汇编器，生成包含机器代码的文件。

同样的结果

这里显示的三个程序看起来完全不同，但它们都是称为"for循环"的编程概念的示例，该概念用于三次显示消息。

共同特性

所有编程语言都具有某些基本特性：做出决策、重复指令以及将值存储在命名的程序中。用于这些特性的词因语言而异，但它们所编程的步骤基本上是一样的。熟悉一种语言中的这些概念会使得学习另一种语言更加容易。

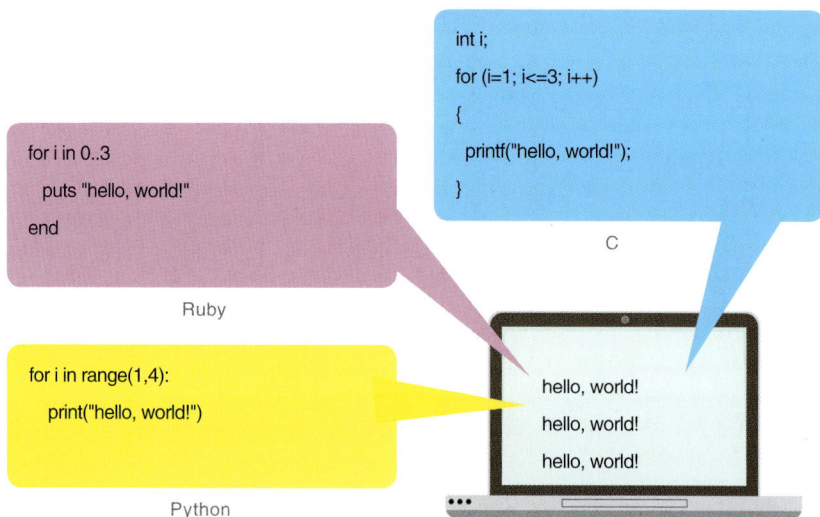

```
int i;
for (i=1; i<=3; i++)
{
  printf("hello, world!");
}
```
C

```
for i in 0..3
   puts "hello, world!"
end
```
Ruby

```
for i in range(1,4):
    print("hello, world!")
```
Python

```
hello, world!
hello, world!
hello, world!
```

高级语言和低级语言

术语"编程语言"通常用于高级语言，即允许程序员使用更接近人类语言的语言。低级语言与寄存器和内存等内部硬件一起工作，并且与特定类型的计算机相关联。用高级语言编写的程序可以在带有相关编译器或解释器的所有计算机上运行。

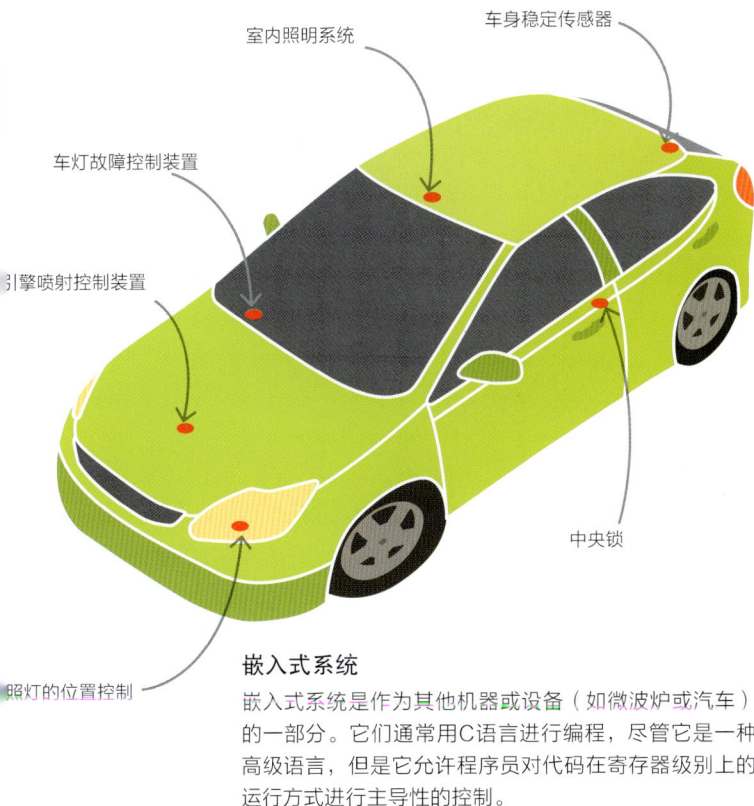

室内照明系统

车身稳定传感器

车灯故障控制装置

引擎喷射控制装置

中央锁

照灯的位置控制

嵌入式系统

嵌入式系统是作为其他机器或设备（如微波炉或汽车）的一部分。它们通常用C语言进行编程，尽管它是一种高级语言，但是它允许程序员对代码在寄存器级别上的运行方式进行主导性的控制。

火星探测漫游者

"好奇"号火星探测器是最有名的嵌入式系统设备之一。自动推进机器人被编程为探索火星和发送回数据的机器。该探测器的代码主要是用C语言编写的，并且经过了非常深入的测试，以确保探测器不会意外地撞到岩石而损坏自身。

用于特殊目的的语言

在计算的初始阶段，程序是用二进制代码或汇编语言编写的。从那时起，编程语言就成为满足需要或实现目的的工具。例如，数学家和科学家应用在公式中的语言、用来教人们如何编程的语言，以及可以用来开发人工智能的语言。

Fortran语言

科学计算

Fortran语言被设计成允许科学家编写包含数学公式在内的程序。它的名字是Formula Translation（公式翻译）的缩写。

COBOL

回归商业

COBOL是Common Business-oriented Language（面向商业的通用语言）的缩写，COBOL的开发是为了让公司编写与其商业相关的软件能够更容易、更便宜。

Scratch

为孩子们设计的代码

Scratch是一种使学习代码变得容易的语言，它能给8~16岁的孩子带来乐趣。

Lisp

思维机器

Lisp是基于编程语言的数学定义的，很快受到人工智能研究人员的欢迎。

编程语言的类型

对编程语言进行分组有很多不同的方法，而且大多数语言都不仅属于一组。根据语言所具有的特性来分组，是个很有用的方法。

编程语言的种类

不同的编程类型有时称为范例。它们代表了不同的思维方式。比起其他编程语言，一些种类的编程语言更擅长解决某些特定的问题。有时，如果没有明显的优势，程序员就会选择他们觉得最舒服的语言。

命令式语言

命令式编程的风格就像是"配方"或"编织图案"，它执行的是一个又一个系列的命令。就像食谱会改变食材的状态或条件，从生食材变成熟食材。计算机的状态是存储在其存储器中的数据。当运行程序时，程序中的命令会改变这种状态。命令式语言包括保存数据的变量和控制结构，比如循环和条件分支。

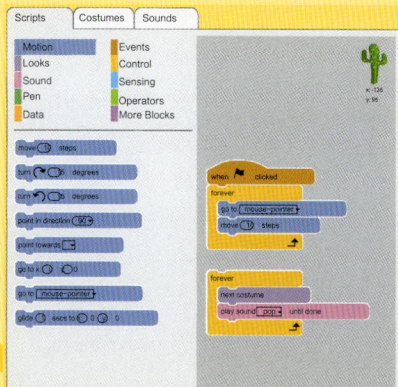

```
#include <stdio.h>
int main()
{
  int i;
  for (i = 0; i < 5; i++){
      printf("Hello, World!");
  }
  return 0;
}
```

C

你好，世界！

可视化编程

孩子们接触到的第一种编程风格往往是可视化编程。这描述了程序员将表示指令的板块组合在一起的语言。许多视觉语言被设计成教育工具。他们允许儿童或其他新手程序员在不需要输入命令的情况下熟悉编程概念。这让程序员能够集中精力解决问题，而不必担心编程错误。

Scratch

你好，世界！

传统上，新手程序员编写的第一个程序是"你好，世界！"程序。这只需简单地将短语"你好，世界！"显示在屏幕上。即使是有经验的程序员学习一门新语言也常常以同样的方式开始工作，这也是检查新安装的系统是否正常工作的第一步。这一传统在1978年出版的《C程序设计语言》一书中被引入。

面向对象编程

这种编程风格包含那些模拟现实世界的对象的概念。对象通常具有表示行为的区域（包含数据）和方法（包含代码）。所以，如果把一个球作为对象，那它可能有颜色和大小，因为这些是球的特征，而且它会反弹，因为这是球的功能。对象是类的实例，是特定对象外观的定义。这意味着作为对象的球是一类球的实例，类似于所有真正的球是球的概念的实例。

```python
class Ball:
    colour = ""
    size = 0
        def throw(self):
            print("ball being thrown!")
        def catch(self):
            print("ball being caught!")
myball = Ball()
myball.colour = "red"
myball.size = 5
```

Python

函数式语言

函数式语言定义了一系列的数学函数。函数式语言如果不影响计算机的状态，就被描述成纯语言；反之，则为非纯语言。函数式语言的一个主要特征是它们不使用循环结构来重复操作。相反，它们使用一个递归函数，该函数将自身调用为其自身定义的一部分。另一个值得注意的特性是模式匹配，函数通过查看它给出的值和它给出匹配的哪几个模式来决定做什么。

```haskell
fac 0 = 1
fac n = n * fac (n–1)

main = print (fac 7)
```

Haskell

真实的世界
自然语言编程

有些编程语言的代码看起来像普通文本或自然语言。然而，这些都不是严肃的语言，因为即使是很小的计算也需要大量的代码，而这些代码通常是为了好玩而创建的。这些语言就包括一种叫作Shakespeare的编程语言，它是以莎士比亚的作品为基础的。在Shakespeare语言中，每个程序看起来就像是莎士比亚的剧本。

语言的突破

对于许多任务来说，高级语言优于机器代码和汇编语言。早期的两种编程语言——Fortran和BASIC，让人们相信了这一点。

请参阅

‹ 98-99 翻译

‹ 102-103 软件错误

‹ 106-107 编程语言是做什么的

Fortran

Fortran于1957年被IBM公司的由美国计算机科学家约翰·巴克斯（1924—2007）领导的团队开发出来。不像早期的编译器，Fortran编译器生成的代码和人动手写成的代码的运行速度一样快。早期的Fortran程序将代码一次一行地转换成穿孔卡片上孔的形状。

卖点

Fortran的主要卖点是它使得编写程序更容易，因为与汇编语言相比，它的语法更接近英语。

```
C AREA OF A TRIANGLE - HERON'S FORMULA
C INPUT - CARD READER UNIT 5, INTEGER INPUT
C OUTPUT -
    READ(5,501) A,B,C
 501 FORMAT(3I5)
    IF(A.EQ.0 .OR. B.EQ.0 .OR. C.EQ.0) STOP 1
    S = (A + B + C) / 2.0
    AREA = SQRT( S * (S − A) * (S − B) * (S − C) )
    WRITE(6,601) A,B,C,AREA
 601 FORMAT(4H A= ,I5,5H  B= ,I5,5H  C= ,I5,8H  AREA= ,F10.2,
    $13H SQUARE UNITS)
    STOP
    END
```

它是用来干什么的？

Fortran主要用于编写涉及科学和数学问题的程序。它是第一门对数学概念（如复数）有内在支持的语言，应用于物理学的许多领域。Fortran已经用于研究核物理、量子力学以及飞机和风力涡轮机运行的系统上。

科学系统

我们今天还在使用Fortran。许多科学系统都会使用几十年前编写的代码，并随着时间的推移，证明了Fortran是非常可靠的。

Fortran还应用于天气预报系统。

人物简介

葛丽丝·穆雷·霍普

美国数学家和海军少将葛丽丝·穆雷·霍普（1906—1992）参与开发了COBOL，也就是一种商业编程语言。她开发了最早的编译器之一，并且她的想法使编程语言更像英语，从而帮助扩展了计算机的使用范围。

BASIC

BASIC是美国达特茅斯学院于1964年开发的。数学教授约翰·凯梅尼（1926—1992）和托马斯·库尔兹（1928）想要一种简单的、可以用来教授编程的语言。他们还开发了一个系统，程序员可以在终端输入代码后立即运行代码。在此之前，给学生用的程序需要排队几个小时后才能运行。

> 你应该学会如何给计算机编程，因为它将教你如何思考。
>
> ——美国苹果共同创始人，史蒂夫·乔布斯（1955—2011）

不同课程的学生都使用BASIC。

所有人都可以学习的BASIC

BASIC对每个人来说都容易学习，而不只有数学家容易学习。因此，BASIC编程课被达特茅斯学院的很多学生纳入了课程大纲，不管这些学生将来是做工程师、医生还是从事艺术工作。

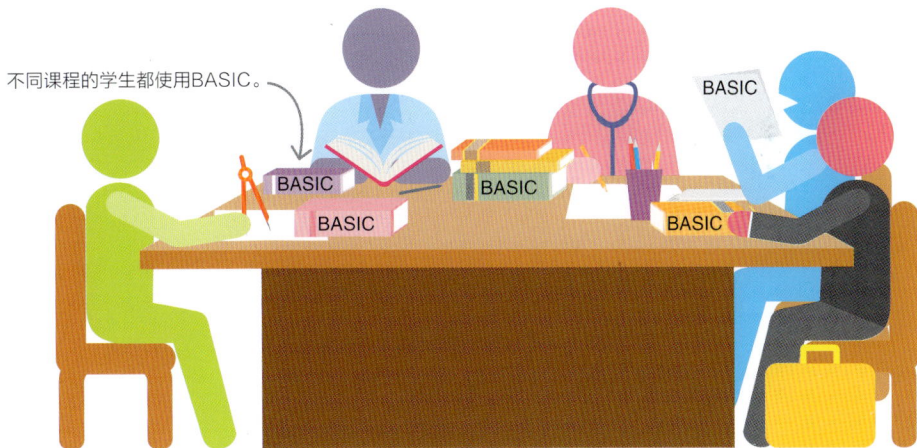

家庭计算机

BASIC在20世纪七八十年代时开始流行，那时家庭计算机才开始普及。大多数计算机都带有BASIC版本，这成为许多人了解编程的开始。这种语言的语法很简单，而且容易学习，也允许人们编写软件来帮助他们做生意，或者作为一种爱好。它赋予了人们"黑进自己计算机"的能力，使他们能够编写他们想要的软件，而不是被限制于已经编写好的软件中。

真实的世界

树莓派（Raspberry Pi）

从20世纪90年代以来，计算机变得对用户友好，以至于阻碍了人们去尝试编程。英国发明家艾本·阿普顿于2012年创建了树莓派，试图扭转这种趋势。树莓派是一台非常廉价、简单的计算机，它以Python和Scratch为标准，可用于各种项目。

除非停止，否则这个程序将一直不断输出"HELLO, WORLD!"。

```
READY
10 PRINT "HELLO, WORLD!"
20 GOTO 10
RUN
```

BBC BASIC

1981年，BBC发明了微型可编程计算机。它包含了BASIC的一个版本，全英国的小学生都用它来学习如何编码。

应用程序编程接口

网站通常具有嵌入的功能，例如地图和社交媒体网站。但它们本身并不创建这些接口，而是使用应用程序编程接口（API）。

什么是应用程序编程接口（API）？

接口是用来描述程序与另一个程序交互的方式的。其他系统可以是通过用户界面交互的用户，也可以是通过应用程序编程接口的其他程序。应用程序编程接口使程序员更容易在代码中使用来自其他程序的函数和对象。当请求应用程序编程接口函数时，托管应用程序编程接口的计算机就会执行该函数的代码，并将结果发送回请求该函数的程序。

抽象

应用层编程接口是程序代表的抽象。正如菜单只列出菜名而不列出菜谱一样，应用层编程接口只显示其他程序可以使用的特性，而该项目建设的所有细节都被隐藏了。

API就像是餐馆中可以点菜的菜单。

向API请求的结果由服务器返回。

就像餐馆的厨师一样，托管API的计算机执行实际的工作。

API使用的是哪种语言？

API是用各种编程语言编写的，其编写语言包括PHP、Python、Ruby和Java。即使使用与API编写不同的语言编写程序，仍然可以使用其功能。对API的请求使用超文本传输协议（HTTP），用于在世界范围内传输信息。API以标准格式将结果返回给调用程序。

程序

HTTP

API

帮助程序库

许多API为不同的编程语言提供有帮助的程序库，这使得使用另一种语言调用它们更加容易。例如，用Python编写的程序可以使用API的Python帮助程序库。

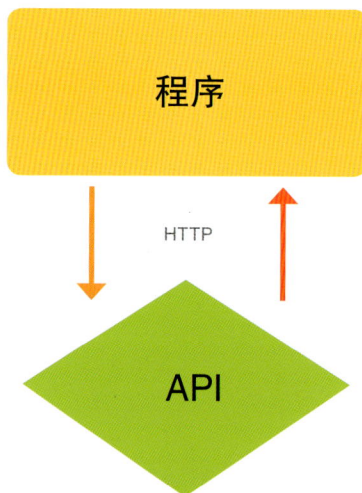

云 APIs

云是通过互联网连接全世界的计算机网络。云技术中的计算机提供各种各样的服务，包括数据存储、访问非常强大的计算机和数据分析应用。专门设计的云API（云应用编程接口编码）帮助程序员访问这些服务并利用云技术的能力。云API根据它们允许访问的基于云服务的种类进行分组。这些服务包括软件（如文字处理包）和硬件（如存储空间）在内。

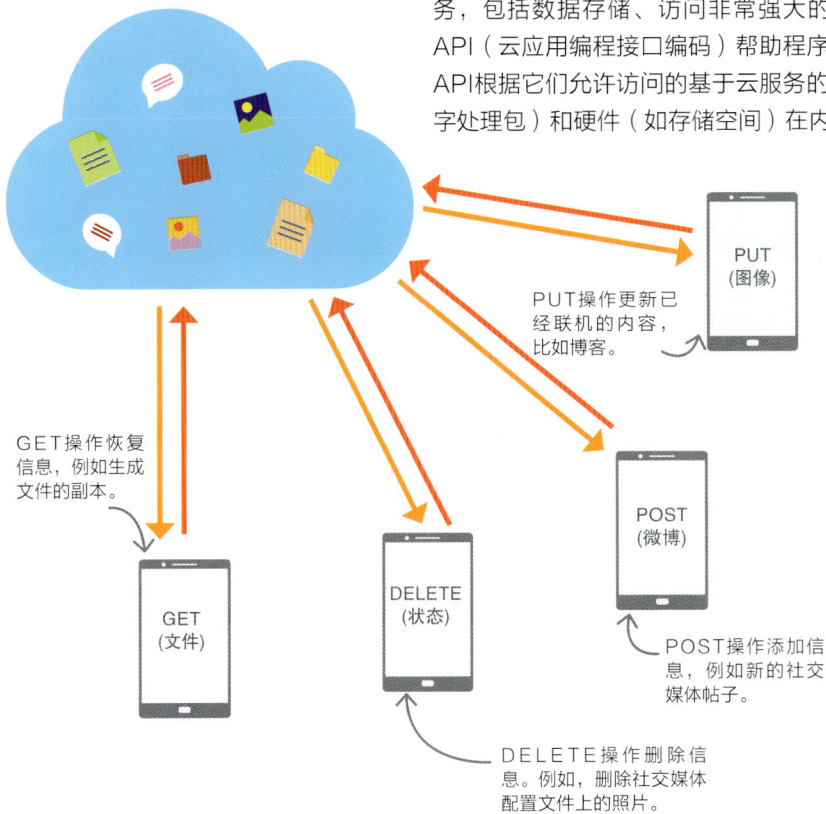

PUT
（图像）

PUT操作更新已经联机的内容，比如博客。

GET操作恢复信息，例如生成文件的副本。

POST
（微博）

GET
（文件）

DELETE
（状态）

POST操作添加信息，例如新的社交媒体帖子。

DELETE操作删除信息。例如，删除社交媒体配置文件上的照片。

预订酒店

在酒店预订网站上，你可以选择城市、入住日期和退房日期等。每个酒店预订网站汇总了很多不同酒店的信息。因此，当用户填完相关信息后单击"搜索"按钮，该网站就将连接每个酒店的API并与其进行交互，为用户提供确切的搜索结果。

表述性状态传递

提供服务的云计算机被称为服务器。其他设备（称为客户端）使用云API对这些服务进行请求。大多数云API都是使用表述性状态传递（REST）的格式创建的。这意味着每个函数都对数据执行四个标准的Web操作之一：GET、PUT、POST或DELETE。

API安全和物联网

物联网（Internet of Things）是用于现实世界中与互联网相连的物件的术语。这些物件都需要允许程序员与之交互的API，例如，通过由其控制项或检索创建的数据。这些API可能容易受到黑客的攻击，从而让黑客能够访问人们家中和汽车中的物品。为了防止这种情况，API必须有安全系统，限制有非法目的的用户访问。

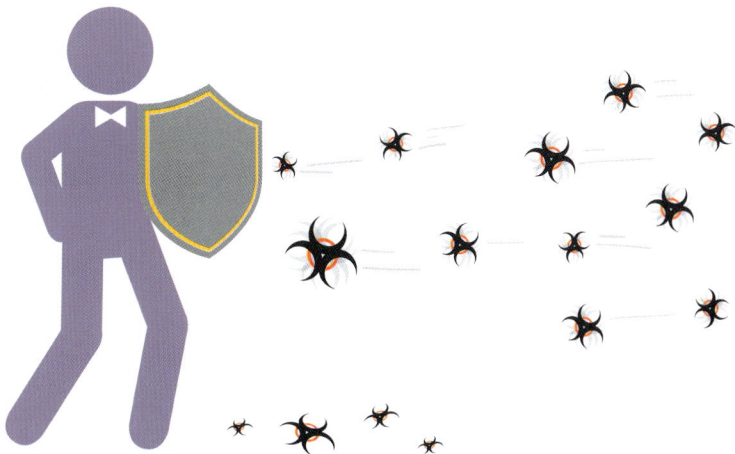

C语言和C++语言

命名奇怪的C语言和C++语言是目前最流行的两种编程语言。它们被用来创建我们今天使用的大量软件。

C语言

美国计算机科学家丹尼斯·里奇（1941—2011），是美国贝尔实验室的程序员，他于1978年发布了C语言。他在使用UNIX操作系统时开发了这种语言。UNIX是用汇编语言编写的，它把UNIX绑定到特定类型的计算机中。但这意味着愿意购买它的客户数量有限。里奇创建了C语言，这样就可以创建能在任何计算机上运行的UNIX新版本。

```
Claires–MacBook–Air:C claire$ clang –wall hello –o hello
Claires–MacBook–Air:C claire$ ./hello
Hello, World!
```

命令行

集成开发环境（IDE)

集成开发环境（IDE）允许程序员使用有图形界面的单个程序编写、编译和运行代码。IDE使编写大型软件系统的过程更容易管理。

```
#include <stdio.h>

int main()
{
    printf("Hello, World! \n");
    return 0;
}
```

IDE

它是如何工作的？

C语言是一种命令式编程语言，不允许面向对象或函数式编程。C语言使用大括号{}来封装代码块，在很多其他语言中都在使用。它是一种高级语言，不会脱离计算机的内部结构进行抽象。这意味着程序员可以直接访问计算机内存中的区域。

计算机操作系统　　机器人技术　　美国宇航局（NASA）的核心飞行系统　　Arduino微处理器

它是用来做什么的？

C语言结合了高级语言和低级语言的特性，使得它在编写操作系统时非常流行，特别是对于最基本的部分，通常会用到它。因为C语言灵活，所以它被用于各种各样的应用程序中。

C++语言

1979年，丹麦程序员本贾尼·斯特劳斯特卢普开始在贝尔实验室工作。他以前使用过的模拟语言67（Simula67）被认为是第一种面向对象的编程语言。模拟语言67能够让人们很容易地建模现实世界系统，但是斯特劳斯特卢普发现它运行得非常慢。他决定向C语言中添加面向对象的特性，以创建用于构建大型系统的快速语言。这就促使了C++语言的产生，C++语言于1983年发布。

Xcode集成开发工具的
编译程序

Run Without Building	^R ⌘
Test Without Building	^U ⌘
Profile Without Building	^I ⌘
Test	^R ⌥ ⌘
Test Again	^R ⌥ ⌘
Profile	
Profile Again Compile "main.cpp"	
	^R ⌘
Analyze "main.cpp"	^R ⇧ ⌘

```
#include <iostream>

int main(int argc, const char * argv [])
{
    std::cout << "Hello, World!\n";

    return 0;

}
```

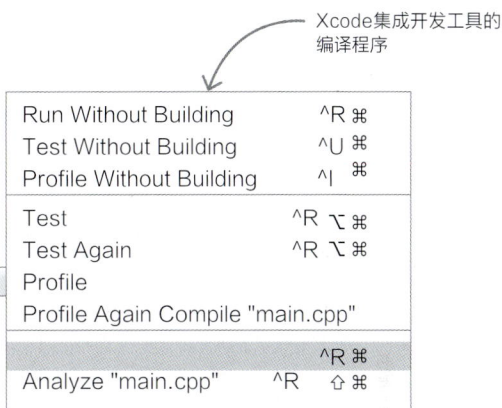

C++

编译

与C语言类似，C++语言被编译成在运行之前创建一个可执行文件。这可以在命令行上或通过IDE（如Visual Studio或Xcode）完成。

它是怎样工作的?

C++语言看起来与C语言非常类似，它也允许程序员以同样的方式访问计算机的硬件。然而，与C语言不同的是，它具有允许程序员从计算机硬件抽象出来而不减慢代码的特性。例如，数据结构是在程序中组织数据的方法。C++包括内置的数据结构，而C语言的程序员必须自己编码这些数据结构。

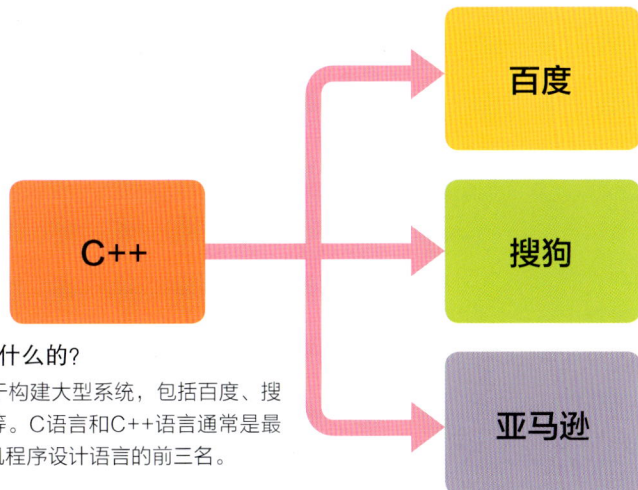

应用于电影中的C++语言

Autodesk的玛雅动画工具是用C++语言编写的。玛雅现在已经用于制作许多流行电影的视觉效果，其中就包括《星球大战1》《蜘蛛侠》《指环王》和《哈利·波特》。程序员可以在C++语言中编写自己设计的插件，为玛雅添加功能。

C++

它是用来做什么的?

C++语言用于构建大型系统，包括百度、搜狗和亚马逊等。C语言和C++语言通常是最流行的计算机程序设计语言的前三名。

C++ → 百度

C++ → 搜狗

C++ → 亚马逊

Java

Java是在1995年开发的，它让编写当时可用的计算机代码变得更容易。它在今天的计算机领域中依然很重要。

请参阅	
‹ 114-115 C语言和C++语言	
Python	118-119 ›
Scratch	124-125 ›
物联网	212-213 ›

背景

Java编程语言是加拿大计算机科学家詹姆斯·高斯林为美国太阳计算机系统有限公司的Java平台开发的，这是一个软件的集合平台，允许程序员开发各种系统。从托管在智能卡上的用于个人银行业务的微小应用，到设计供一个组织内许多人使用的大型系统，Java的应用范围很广。网页浏览器很快就能够运行Java的微型应用程序Java Applet。这提高了Java的受欢迎程度。

小产品的语言

Java背后的团队想要设计一种语言来为越来越多的电子产品编程，比如个人数字助手（掌上个人计算机）和网络摄像头。

个人数字助手

打印机

网络摄像头

游戏

汽车导航仪

智能卡

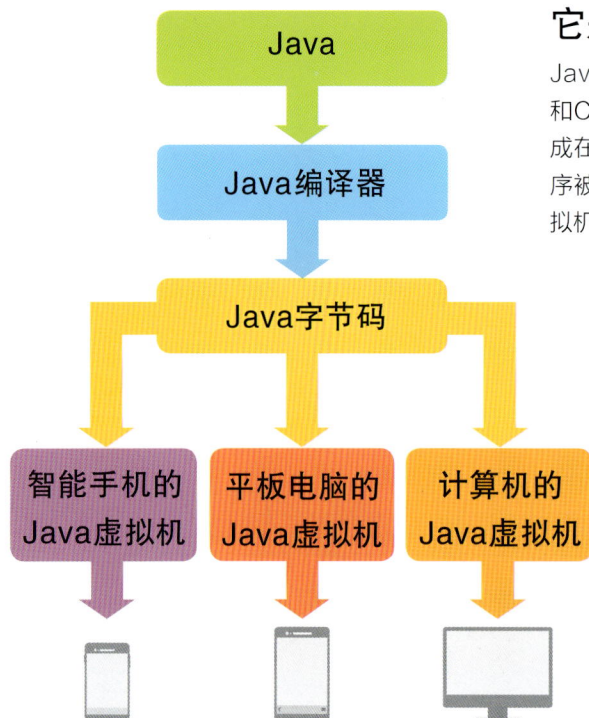

它是怎样工作的？

Java是一种面向对象的编程语言。它的语法被设计成类似于C语言和C++语言的语法，但是它不包含许多低级命令。Java程序被设计成在任何计算机上都以相同的方式运行。为了实现这一点，Java程序被编译成字节码。字节码是Java虚拟机（JVM）的机器代码，虚拟机是在用户的真实计算机上运行的模拟计算机。

Java虚拟机

Java虚拟机是一种抽象概念，可以让程序员编写代码时不用担心它将如何运行在各种不同的计算机上。

真实的世界

字节码校验器

用户可以下载包含字节码的文件，并在其计算机上的Java虚拟机上运行它们，这可能允许恶意用户发送可能对计算机造成伤害的字节码。为了避免这种情况，Java虚拟机的字节码校验器会检查每个字节码文件，它会检查它没有事先编译的操作，例如，访问它不应该访问的数据。

Java是用来干什么的?

Java在人们今天使用的许多系统中使用,包括微博社交媒体站点、电影流媒体站点和大量安卓手机软件中都有使用。许多大型银行和航空公司使用Java来对系统进行编码,因为Java可以创建并随后扩展执行大量数据库操作的系统。Java可能是世界上最流行的编程语言。

谁能使用它?

Java非常强大,它开辟了许多可能性,但它可能会让Scratch或Python学得很好的新程序员在一开始学习它的时候感到困惑。

```java
public class Countdown {
    public static void main(String[] args) {
        int count = 10;
        while(count > 0){
            System.out.println(count + "\n");
            count--;
        }
        System.out.print("LIFT OFF! \n");
    }
}
```

这段代码显示的是从10到0的倒计时。

当计数到0时,"LIFT OFF"就显示出来了。

物联网

物联网(IoT)是能够连接到互联网的、现实世界中日益增长的对象网络的名称。这些网络可以包括智能电器,如冰箱、用于监测动物健康的农场动物传感器、用于探测火灾的森林恒温器等。Java在编程这些连接到该网络的设备时有很多优点,因为它已经有了一个用于小型嵌入式和移动系统的Java版本。

类库

Java附带了各种类库,代码集合使程序员很容易完成特定的任务。这些库在编写IoT设备的代码时很有用。使用Java的程序员也为特定设备创建了库,其中许多设备可供其他编码器使用。

真实的世界

"我的世界"

流行游戏"我的世界"的原始版本是用Java编写的。用户可以编写mods(修改)来改变游戏世界的行为。这是通过编辑游戏的Java源代码或者上传他们自己的Java代码来完成的。微软最近收购了这款游戏,正在把它向C++语言版本转移,但目前仍只支持Java版本。

Python

Python是20世纪90年代发布的，它是世界上最流行的计算机编程语言之一。比起Scratch，学习Python需要的时间可能有点长，但Python可以用来建造任何东西。

请参阅

‹106–107 编程语言是做什么的

‹108–109 编程语言的类型

Scratch　　　　　　　　124–125›

为什么是Python?

Python是由荷兰程序员吉多·范罗苏姆编写的，是一种基于文本的编程语言。它非常通用，可以用来制作许多不同类型的程序，如应用程序、游戏和网站等。Python是开始学习计算机编程的一种很好的入门语言，被许多学校和大学用来教授编程。

> Python是以流行的英国喜剧《巨蟒剧团之飞行的马戏团》（*Monty Python's Flying Circus*）命名的。

简单且容易学习

Python是一种简单的语言，对初学者非常友好。代码由单词、数字和标点符号组合而成。其简单的语法允许初学者专注于学习编程概念，而不必关心太多的细节。

免费且开源

Python是FLOSS（自由/开源软件）的一个例子，这意味着它可以自由地分布，它的源代码可以读取和更改，它的代码也可以用于新程序。Python社区甚至鼓励人们贡献代码、参考资料和资源。

可移植

Python非常灵活，可以在各种硬件平台和操作系统上运行。具有这些特性的编程语言被称为"可移植的"编程语言。从Windows到Mac、Linux、PlayStation等，Python无处不在。它的接口看起来是一样的，程序在每个平台上都以相同的方式运行。

可嵌入

可以嵌入C语言或C++语言编码的程序，Python允许用户使用脚本功能来改进代码。它可以将代码插入到应用程序中，以提供可编程接口。它还可以用作构建大型应用程序的脚本语言。

扩充程序库

Python最大的优点是它的标准库，它支持许多常见的编程任务，例如连接到Web服务器、读取和修改文件以及使用正则表达式搜索文本。它还包含内置模块，这些模块使得构建程序更加容易且快捷。

强大的支持

Python为用户提供了全面且编写良好的文档。它有一个入门指南，一个解释事物含义的参考部分，以及许多示例代码。它活跃地支持社区，确保Python项目有详细且易于理解的技术文档。

IDLE中的应用

IDLE是与Python绑在一起的免费应用程序。它为初学者设计了一个基本的文本编辑器，也允许用户编写和编辑Python代码。它有两个不同的窗口——编辑器窗口（可用于编写和保存程序）和Shell窗口（用于立即运行Python指令）。Shell窗口给出即时响应，这使它非常适合于测试和探索。

文档的名字在这里显示。

编辑器窗口

程序被保存并从菜单栏中运行。

```
Animal Quiz
IDLE    File    Edit    Format    Run    Window    Help

def check_guess (guess, answer):
    if guess == answer:
        print('Correct answer')
print ('Guess the Animal!')
guess1 = input ('Which is the
largest animal? ')
check_guess(guess1, 'blue whale')
```

代码在编辑器窗口中输入。

代码验证

IDLE工作只需三个简单的步骤：编写代码、保存代码和运行代码。这个程序会向用户询问一个问题，然后检查答案是否正确。

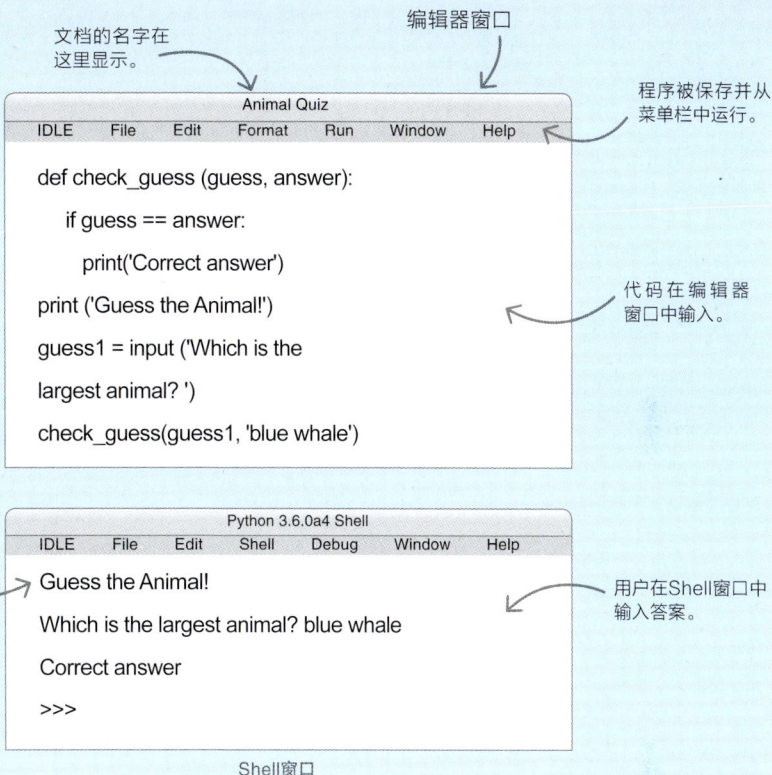

程序的输出显示在Shell窗口中。

```
Python 3.6.0a4 Shell
IDLE    File    Edit    Shell    Debug    Window    Help

Guess the Animal!

Which is the largest animal? blue whale

Correct answer

>>>
```

用户在Shell窗口中输入答案。

Shell窗口

Python的应用

Python是一种通用编程语言，在商业、医学、科学和媒体领域都有各种应用。它用于测试微芯片、为手机软件提供技术支持、构建视频游戏以及编写真实世界程序。

商业

Python的特殊库和易读的语法使它成为适合定制更大应用程序的编码语言。银行可以用它来跟踪交易，商店可以用它来为他们的产品定价。

Web发展

Python在互联网上被广泛使用，经常被软件开发人员用作支持语言，用于构建控制和测试互联网。

太空

软件工程师已经使用Python为美国宇航局任务控制中心创建工具。这些工具帮助机组人员准备和监测每个任务的进展。

游戏发展

Python具有支持计算机游戏开发的各种模块、库和平台。PySoy是一个3D游戏引擎，它支持Python，PyGame提供用于游戏开发的功能和库。

科学计算

Python可以用于科学计算，甚至有一些专门用于特定科学领域的库。它也可以用来编程机器人来执行棘手的操作。

Ruby

Ruby是一种基于文本的语言，它在过渡到Scratch的过程中，取得了很大的进步。Ruby主要设计成对程序员友好的语言，它的语法接近英语。

背景

Ruby于1995年由日本计算机科学家松本行弘发布，他想设计一种简单通用的脚本语言。松本希望他的语言实现以面向对象编写所需的所有特性。Ruby让程序员更容易执行任务，而不是让计算机更快地运行代码。

```
[irb(main):007:0> puts "Hello, World!"
Hello, World!
=> nil
irb(main):008:0>
```

交互式Ruby

Ruby有一个交互式解释器，称为交互式Ruby Shell或IRB。它允许程序员输入可以立即执行的单个命令。

提示符在每行开始出现。

命令的结果刚刚执行了。

```
[irb(main):014:0> apples = 3
=> 3
[irb(main):015:0> oranges = 4
=> 4
[irb(main):016:0> fruit = apples + oranges
=> 7
irb(main):018:0>
```

它是怎样工作的？

Ruby与大多数语言的使用方法有很大的不同。它几乎所有的东西都是对象，像数字和字符一样。这些对象有允许程序员使用它们做事情的方法。在Ruby中，可以使用命令式进行编程。新程序员逐渐掌握面向对象风格。

```
"Hello, World!".swapcase.reverse.chars
```

"Hello, World!"

↓ swapcase

"hELLO, wORLD!"

↓ reverse

"!DLROw ,OLLEh"

↓ chars

["!", "D", "L", "R", "O", "w", " ", ",", "O", "L", "L", "E", "h"]

链接

Ruby的目标是简洁。其中一个例子就是链接，如果它向对象应用了几种方法。方法名由点分隔，并从左到右应用。

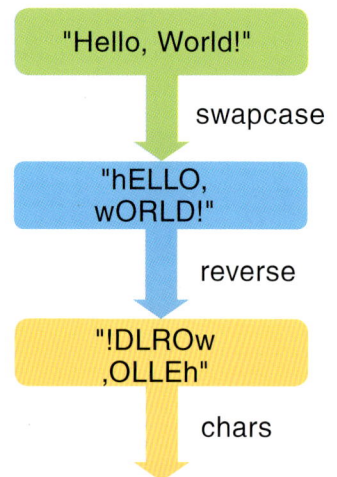

REPL（交互式解释器）

Ruby交互式解释器是REPL（交互式解释器）的示例。这是一个程序，一次只接收一个命令，然后运行它并显示结果。REPL是解释语言的一个共同特征，通常称为脚本语言。其快速反馈的功能意味着它可以是一个学习语言的有用工具。

Ruby的用途是什么?

Ruby被Ruby on Rails这个用于制作网站的框架所普及。它允许程序员创建连接到数据库的网站。Rails框架简化了从数据库中检索和显示数据的操作，并且允许用户通过网站输入数据。Rails将Ruby与Web编程语言（HTML、CSS和JavaScript）相结合。

这是用来测定定位并修复编写错误的。

bigdecimal (default: 1.3.0)

did_you_mean (1.1.0)

io–console (default 0.4.6)

json (default: 2.0.4)

minitest (5.10.1)

net–telnet (0.1.1)

openssl (default: 2.0.5)

power_assert (0.4.1)

psych (default: 2.2.2)

rake (12.0.0)

rdoc (default: 5.0.0)

test–unit (3.2.3)

xmlrpc (0.2.1)

通过Web来传输安全信息。

RubyGems

Ruby的库，即用于执行特定任务的现成代码的集合，被称为gem。它们可以使用RubyGems下载并安装，Ruby的内置工具是用于gem管理的。

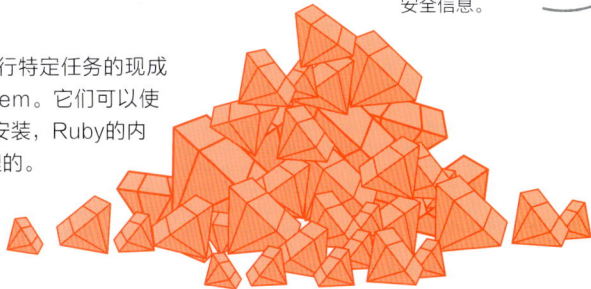

gem的列表

为什么使用Ruby?

Ruby被设计成反映人们如何看待问题，而不是计算机如何看待问题的编程语言。所有高级语言都脱离了计算机硬件的计算方式。Ruby特别关注这种方式，使得用户可以方便地以各种样式进行编程。

优　　点	缺　　点
命令通常比其他语言更接近人类语言。	与其他语言相比，在编程世界中可使用的区域更少。
多亏Ruby on Rails框架，Ruby成了发展最快的编程语言之一。	Ruby代码运行速度比编译语言（如Java或C语言）慢。
Ruby仍在积极开发中，它与新技术保持同步。	除了Web之外，用于编码的库更少。

音乐制作工具Sonic Pi

免费程序Sonic Pi是使用Ruby构建的。它把计算机变成一种乐器，可以通过击打代码来演奏。它的大部分命令是专门为允许用户执行音乐任务而创建的，但它也利用了Ruby的许多基本特性。

```
use_synth :piano

8.times do

  play :c4

  sleep 0.5

  sample :drum_cowbell

  sleep 0.5

end
```

JavaScript

JavaScript允许程序员创建用户友好型交互式网页。它还允许用户添加动画，并且在智能手机上观看网页时改变其网站的布局。

背景

20世纪90年代早期，用户除了阅读网页之外，无法与网页进行交互。网站软件那时常常由对新技术感兴趣的业余程序员编写，或者由具有艺术背景的设计师编写。JavaScript的设计允许这些用户向页面添加交互式元素。JavaScript这个名称很大程度上是一种营销策略。因为Java非常受欢迎，所以创作者觉得叫JavaScript有利于传播。

```
public class HelloWorld {
  public static void main(String[] args) {
    System.out.println("Hello, World!");
  }
}
```

Java

和Java是不同的

虽然你可能期望它们有些关系，但你可以从它们的"你好，世界！"的代码中看出来，Java和JavaScript是两种不同的编程语言。

```
function helloworld() {
  alert("Hello, World !");
}
```

JavaScript

它是怎样工作的？

JavaScript程序通常称为脚本。它与特定的网页相关联，并且每当有人加载该网页时都会运行。JavaScript是解释的，而不是编译的，类似于Python。它主要是一种面向对象编程语言，但看起来与C语言非常相似，因为它使用花括号和分号。

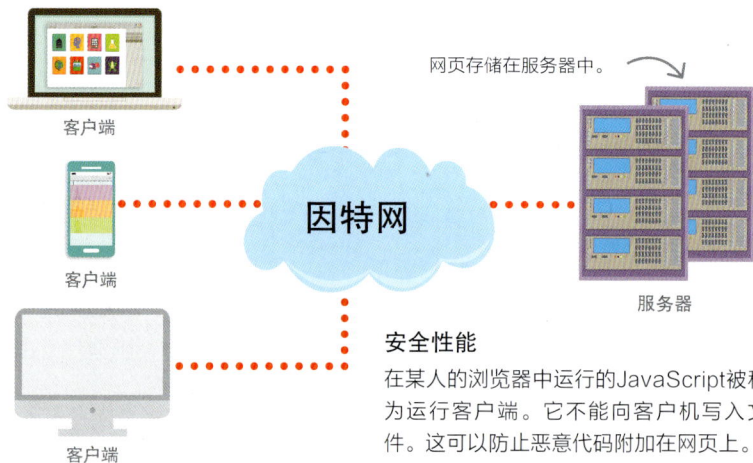

客户端

客户端

客户端

网页存储在服务器中。

因特网

服务器

安全性能

在某人的浏览器中运行的JavaScript被称为运行客户端。它不能向客户机写入文件。这可以防止恶意代码附加在网页上。

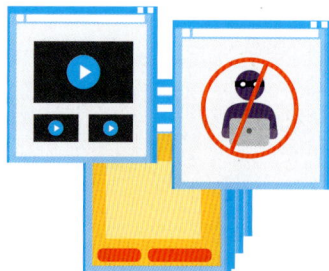

JavaScript的发展

专业开发人员最初看不起JavaScript，主要是因为它是为业余程序员设计的，并且主要由业余程序员使用。此外，与Java应用程序不同的是，JavaScript程序不能向服务器上的数据库移动数据。随着AJAX（异步JavaScript和XML）的引入，情况发生了变化。AJAX是包括JavaScript在内的一组Web技术，它允许网页连接到服务器。专业人员因此考虑将JavaScript作为一种有用的语言，而JavaScript的代码库也让许多任务的执行变得容易。

使用控制台

JavaScript程序非常通用。它们允许程序员编写构建网站的多个领域所需代码，如动画、用户输入、自动完成技术，使得用户界面从桌面到移动网站使用起来都平滑流畅。

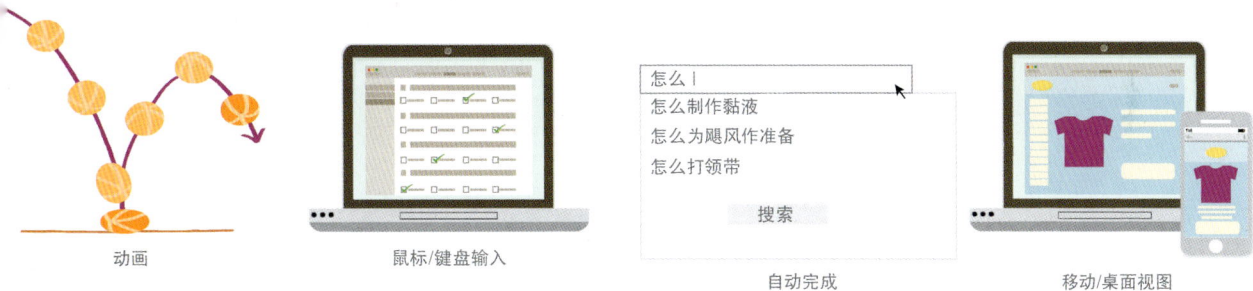

动画　　　　鼠标/键盘输入

怎么 |
怎么制作黏液
怎么为飓风作准备
怎么打领带

搜索

自动完成　　　　移动/桌面视图

为什么选择JavaScript?

对于刚接触Web开发的程序员来说，JavaScript是一个很好的起点。仅仅使用一个文本编辑器和一个网络浏览器，程序员就可以在他们的网站上添加一系列的非常简单或非常复杂的交互性程序和动画。也可以只使用JavaScript、HTML和CSS开发手机软件，称为Web手机软件。这些手机软件可以在任何带有浏览器的手机上运行。也有一些网站通过允许新手程序员查看更改JavaScript、HTML或CSS脚本的实时情况来帮助他们使用。

+

= 23 pets

"+"符号可以用来添加两个数字或两行代码。在这里，它添加了猫和狗作为一个行，并且如预期一样出现的是23，而不是5。

```
function pets() {
  var cats = 2;
  var dogs = "3";
  console.log("Number of pets:" + (cats + dogs));
}
```

缺点

变量的类型描述它是一个数字、字符，还是其他的类型。JavaScript对其代码类型没有严格的要求，但这有时会导致意外的结果。

这段代码存储猫和狗的数值，然后将它们的数值加在一起。

真实的世界
JavaScript游戏

许多浏览器的游戏，包括一种流行的数字拼图游戏——2048的原始版本，都是用JavaScript编写的。还有一些免费的JavaScript游戏引擎，允许程序员轻松开发浏览器游戏。甚至有些游戏玩家必须编写一些JavaScript来完成升级。

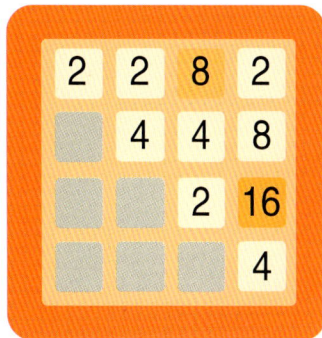

2	2	8	2
	4	4	8
		2	16
			4

2048游戏

Scratch

Scratch是许多孩子学习的第一门编程语言。它是一种可视化语言，不需要用户输入代码，其程序是使用表示命令的彩色块编写的。

请参阅

‹ 24-25 外围设备
‹ 106-107 编程语言是做什么的
‹ 108-109 编程语言的类型

背景

Scratch是由美国麻省理工学院（MIT）的终身幼儿园团队创建的。他们想让8~16岁的孩子更容易学会编码。Scratch强调了代码的创造潜力，允许儿童创建交互式故事、游戏、艺术等。

Scratch 猫是Scratch的吉祥物，也是项目中的默认字符。

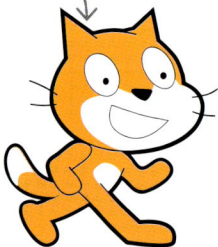

全世界范围内的Scratch

Scratch的设计既有趣，又有教育意义，它拥有一个全球用户社区，用户可以彼此分享自己的创作。

顶级技术

ScratchJr

这是针对5~7岁儿童的Scratch简化版本。它允许用户通过单击表示命令的彩色块来制作动画和交互式故事。彩色块主要以符号而不是文本为特征，并且比标准版本更少。它可以作为平板电脑软件而不是桌面程序使用。

Pop

Hi

1

它是怎样工作的?

为了"写"Scratch中的程序，用户将表示指令的彩色块拖在一起。控制图像和声音的指令所在的窗口区域被称为"界面"。Scratch不需要用户有以前的编程技能。所需的只是基本的阅读、算术以及用鼠标拖动块到所需的位置的能力。

Scratch 2.0 屏幕

Scratch中的程序称为项目，其窗口被分成几个区域，每个区域都有自己的特性。

SCRATCH 界面 ▼ 编辑 ▼ 小贴士

沙漠生活
by Vesper

界面

界面是代码告诉精灵操作的地方。单击左上角的蓝色矩形图标会使此窗口成为全屏。

精灵

被程序控制的对象叫作"精灵"（sprites）。精灵可以在界面上移动，并且彼此交互。精灵换"服装"就是一个简单的卡通效果。

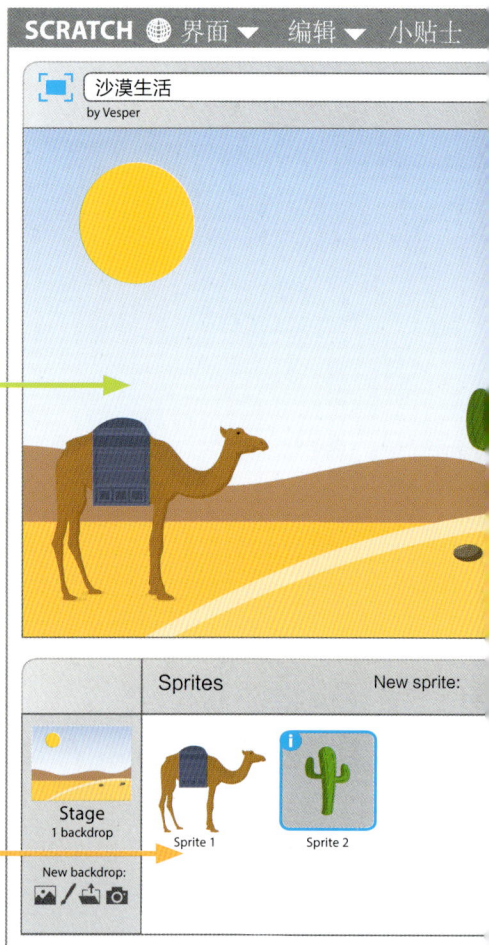

Sprites   New sprite

Stage
1 backdrop

Sprite 1   Sprite 2

New backdrop

使用Scratch

对于所有年龄段的新手程序员来说，Scratch是一种优秀的编程语言。它允许他们掌握编程的基本概念，而不会因为错误输入命令而导致程序错误。Scratch的"重新组合"其他用户的共享代码以创建新项目的精神也鼓励了探索。

优　点	缺　点
以动画和声音的形式提供即时和有趣的反馈。	只支持有限范围的计算概念。
查看和修改其他用户的共享代码的能力对学习非常有帮助。	不适合更高级的编程，因为它不包括函数。
不需要输入技能或记忆指令。	限制用户编写与其他系统集成的程序的能力。

控制代码

Scratch允许用户通过身体运动来控制他们的程序，也可以通过使用他们的计算机摄像头或者使用Kinect游戏控制器，又或者使用Leap运动传感器之类的设备来控制程序。这就产生了一些可能性，例如创建用户在不触摸键盘或其他类型的控制器的情况下玩的游戏。他们甚至可以创造出一种通过跳舞来演奏的新乐器。

Scratch扩展

有几个Scratch的扩展允许其应用到超出原始的使用范围。这些扩展包括用于控制电动机、LED的模块，以及来自"树莓派"和ScratchX的多个模块。ScratchX是一组允许用户控制机器人和其他设备的实验模块。

指令块

这些指令块组合在一起组成一个控制精灵的脚本。执行类似任务的块都是一种颜色，例如，"声音"块是粉色的，并且块上有文字标记。

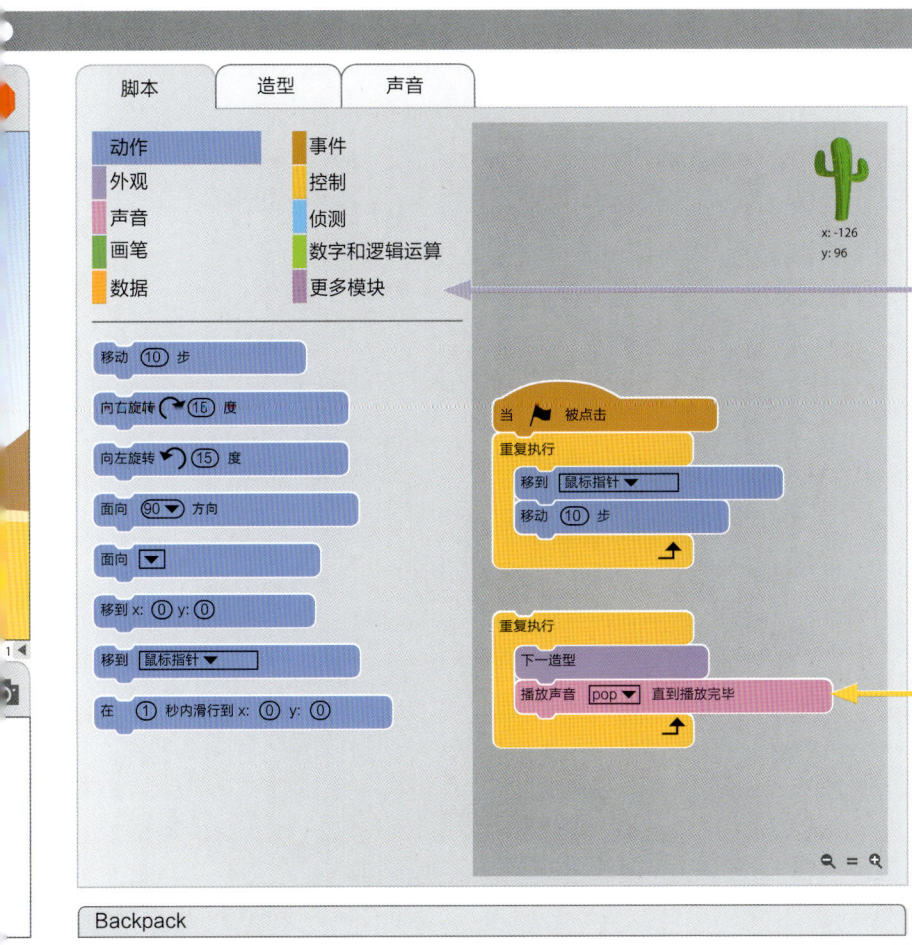

Kodu

Kodu是一种游戏中的编程语言。它允许玩家在微软的Xbox 360游戏机和Windows的PC上创建自己的3D游戏。

请参阅
‹ 50-51　游戏控制台
‹ 106-107　编程语言是做什么的
‹ 108-109　编程语言的类型

背景

Kodu于2009年首次发布，是微软Xbox 360游戏机的一个应用程序。20世纪80年代的游戏爱好者喜欢通过修改代码来修改视频游戏。因此，他们就觉得现代游戏剥夺了孩子们这样的机会，并决定设计一种语言，可以用来创造一个现代3D视频游戏世界。Kodu的目标是让孩子们把编程看作表达自己想法的创造性工具。

它是什么类型的编程语言？

Kodu是一种可视化编程语言。它也是面向对象的，因为游戏世界中的每个角色或项目都具有可识别或可更改的特征，以及可由它们执行或用户对其执行的动作。

这是Kodu的圆形视觉菜单之一。

它是怎样工作的？

在Kodu，用户通过创建游戏世界的新规则来编写程序。规则由表示项、动作和属性（如颜色）的图标组成。这些规则决定了游戏世界的人物如何对各种情况做出反应，并且每种情况都具有以下形式：当时（条件）、做（行动）。图标是使用鼠标或游戏控制器从圆形视觉菜单中选择的。

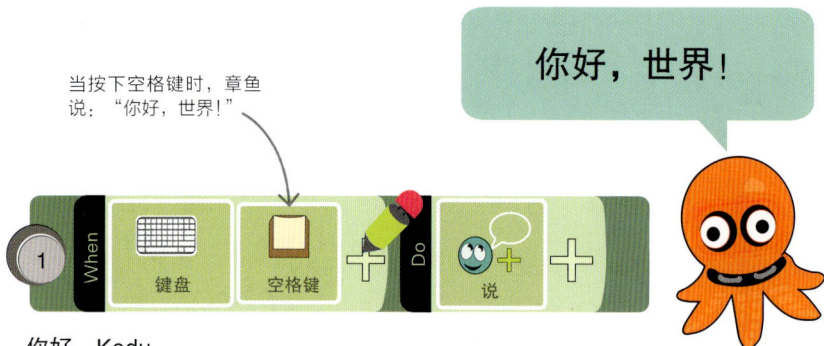

当按下空格键时，章鱼说："你好，世界！"

你好，世界！

| 1 | When | 键盘 | 空格键 | + | Do | 说 | + |

你好，Kodu

Kodu有一个"说"命令，用户可以在其中输入文本，文本显示在字符旁边的语音气泡中。

深层知识

内置物理学

大多数游戏程序员必须编写大量代码来创建控制游戏世界的规则。这些规则通常是现实世界的反映。Kodu的开发者决定，他们将为游戏世界提供工作实物，这样使用Kodu的孩子们可以自己动脑筋，而不用担心技术问题。

物理学的各个方面，比如重力，都是Kodu的一部分。

127

切换页面

Kodu的"切换页面"特性允许程序员把角色在游戏中的不同点表现得不同。例如，根据其程序中第1页的规则，一开始撞击海星可能使它离开。但在第1页上运行的另一个规则可能使程序在20秒后切换到第2页。第2页的规则可能会告诉海星在撞击时要发射紫色导弹。

地形

Kodu允许用户通过涂画不同的地形块来创建他们世界的地形，它同样也允许用户增添一些如水、山以及墙的特征。

这个游戏世界有不同的地形。

为什么是Kodu?

Kodu对孩子来说可能更容易，因为它比Scratch更具象征意义。它允许孩子们在创造游戏的同时发展计算思维技能。Kodu强调激发创造力，让创意变为现实，同时让孩子们建立复杂而详细的游戏。与Scratch一样，用户可以在Kodu社区共享他们的游戏。

这个程序没有操纵板就不能在计算机上工作。

限制

作为游戏中的语言，使用Kodu进行编程的范围比使用其他编程语言更加有限。可用的选项和命令只与游戏有关。

未来的语言

计算机编程语言在相对短的时间内取得了非常大的进步。五年后，程序员还会使用今天的语言吗？还是会找到新的编程方法？

请参阅

‹ 68–69 比特与数字化

‹ 100–101 汇编器、解释器和编译器

‹ 108–109 编程语言的类型

冉冉升起的新星

许多编程语言正在迅速普及。R语言被设计用于统计编程，并且对于处理大量数据的程序很有用。Go语言则非常容易阅读，并且适合联网。它被许多大型组织使用。Haskell是一种函数式语言，它鼓励更好的编程实践。Rust是基于C语言的，但也包括Haskell的元素。TypeScript是具有更严格规则的JavaScript版本，这会让代码更安全。

Java虚拟机

几种新兴语言可以在任何装有Java虚拟机（JVM）的计算机上运行。这是物联网的一个优势，因为JVM可以从运行不同编程语言的设备中获取输入。

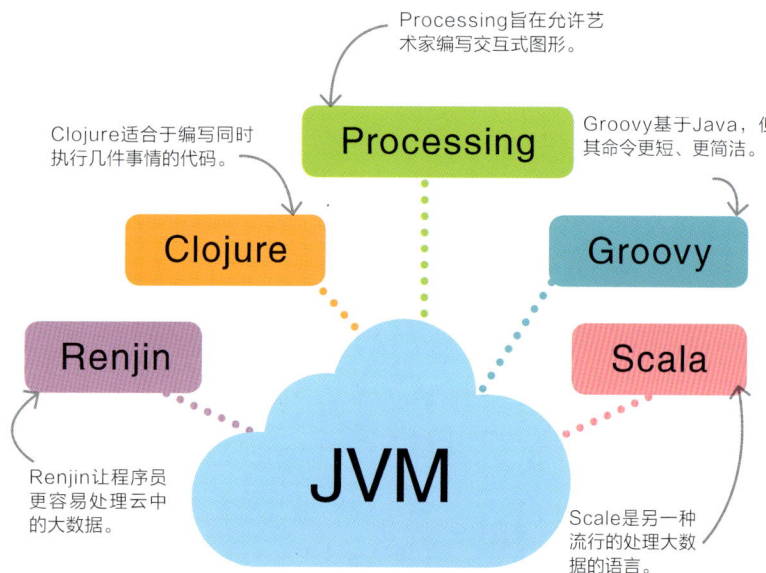

Processing旨在允许艺术家编写交互式图形。

Clojure适合于编写同时执行几件事情的代码。

Groovy基于Java，其命令更短、更简洁。

Processing

Clojure

Groovy

Renjin

Scala

JVM

Renjin让程序员更容易处理云中的大数据。

Scale是另一种流行的处理大数据的语言。

创造一种语言

在创建新的编程语言时，必须考虑许多因素，例如，它所允许的编程风格、它所要写入的现有语言，以及该语言是否将被编译或解释等。然后是为该语言创建语法。这是一组定义如何构造程序的规则。一旦定义了语法，就可以使用它来为语言编写编译器或解释器。

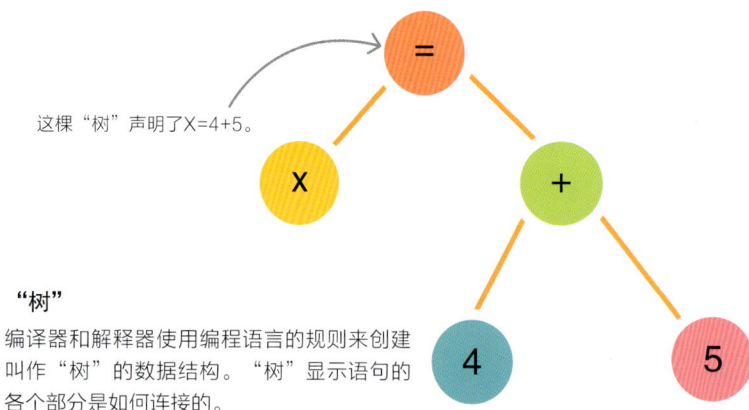

这棵"树"声明了X=4+5。

=

X

+

4

5

"树"

编译器和解释器使用编程语言的规则来创建叫作"树"的数据结构。"树"显示语句的各个部分是如何连接的。

特定领域的语言

程序员偶尔会创建特定领域的语言，这些语言被设计用来编写程序，进而解决一个专门领域的问题。其中一些例子就包括Verilog（一种硬件和计算机芯片设计者会使用的语言）、Logo（一种允许儿童在屏幕上移动乌龟形机器人的早期教育语言）和SQL（一种用于处理数据库查询和程序设计的语言）。

未来的编程语言

全新类型的计算机需要哪种语言来编写？量子计算机使用量子物理学的原理进行计算，因为它使用普通计算机计算要花费的时间十分漫长。量子计算机目前处于发展的早期阶段。但是，基于C语言的量子计算语言（QCL）已经为它们创建好了。

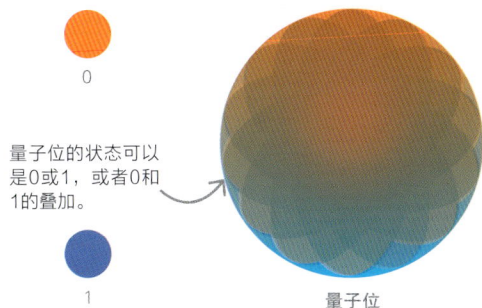

0

量子位的状态可以是0或1，或者0和1的叠加。

1

量子位

量子位

量子计算机中的位称为量子位。它可以是处于三种可能的状态中的一种：0、1，或者同时是0和1的状态。最后一个状态被称为量子叠加。

真实的世界
分子计算

美国麻省理工学院（MIT）的生物工程师最近开发了一种编程语言，使他们能够构建由DNA构成的生化电路。这种生化电路放置在生物细胞中，使细胞能够在特定的方式下对它们所处的环境做出反应。

通用语言？

编程语言不太可能走向一门语言万事通用的境地。就像物理工具一样，每种语言都有其特定的优点。机器学习，也就是计算机在不被特别编程的情况下自己学习新事物的能力很可能对未来的编程有影响，因为使用具有这种能力的工具可以节省程序员的精力。

printf("Hello, World!")

printf("Hello, World!\n");

Print "Hello, World!"

on the screen

std::count<<"Hello, World!\n;"

真实的世界
机器学习语言

虽然机器学习可以减少对传统编程技能的需求，但是机器学习系统本身必须由程序员编写。用于创建学习系统的最流行的语言包括Python、R语言和Java。

可转移的技能

编程包括采用一种算法，并使用计算机能够理解的指令来表达它。这是一种可以从一种编程语言转移到另一种编程语言的技能。传统的"你好，世界！"问候语可以用不同的编程语言编写，但是其结果相同。

网　络

什么是网络

网络是一组连接设备，它可以连接计算机、智能手机、打印机、路由器和硬盘等。它的目的是共享资源和数据。

它是怎么工作的？

网络节点是通过网络发送或接收数据的任何设备。根据用户的需要设计创建的网络可大可小，也可以是公共或私有的，并且可以具有不同的安全级别。例如，互联网是一个跨越整个世界的庞大的公共网络。

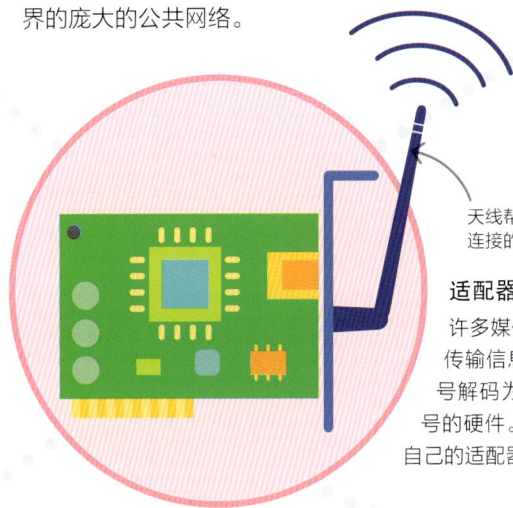

铜线是用于传输的旧的标准介质。

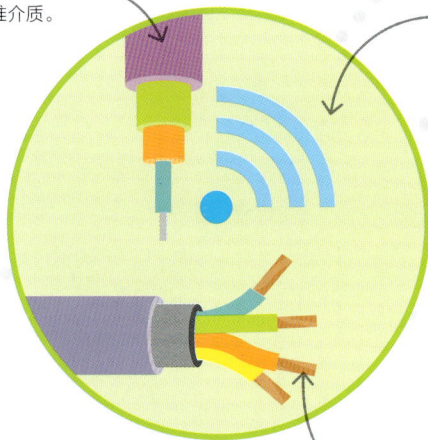

无线信号是最实用的短距离媒介。

连接器

在两个节点之间需要一种媒介传输信号。铜线是常见的连接器，无线电波（如Wi-Fi、3G和4G）也是如此。发射塔、卫星和海底电缆都是通信基础设施的一部分。

天线帮助网络适配器连接的无线网络。

光纤电缆用于长距离的快速传输。

适配器

许多媒体，如电话线，是以模拟格式传输信息的。网络适配器是将模拟信号解码为计算机可读取的数字格式信号的硬件。每个有网络连接的设备都有自己的适配器。

术语

通信协议

当两个设备进行通信时，协议规定轮到谁发送数据，发送什么类型的数据，以及如何格式化这些数据。协议：管理设备之间数据传输的一组规则。HTTP（超文本传输协议）：用于访问网页。HTTPS（安全超文本传输协议）：具有安全性的超文本传输协议。DHCP（动态主机配置协议）：所有的计算机都用它从路由器获取IP地址。

路由确保计算机通过最短路径连接。

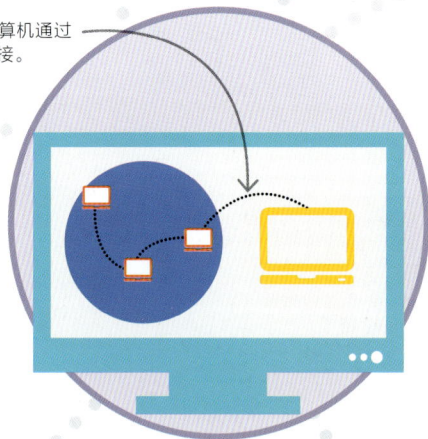

路由

世界上某个地方的计算机是不能只用一条线就与另一个地方的设备连接的。计算机之间的长距离通信包括从一个节点跳到另一个节点，直到达到目标。找到两个设备之间的最短路径称为路由。

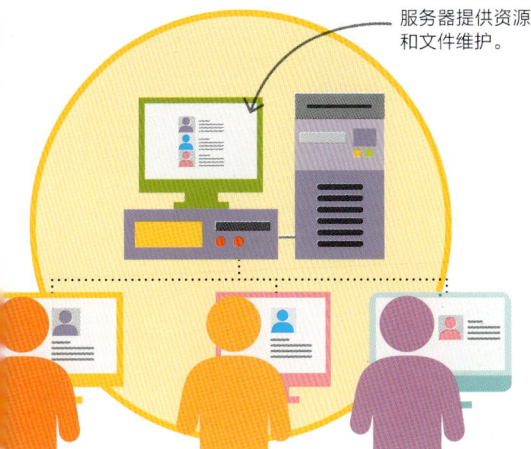

客户端–服务器网络

服务器提供资源和文件维护。

一台普通的计算机或"客户端"是被设计用来与用户交互，完成诸如文本编辑、照片浏览等任务和视频流的。另外，服务器又被设计成与客户机交互。服务器运行专门的软件，并有专门的操作系统。它们可以用于托管网站和数据库。

学校中的客户端–服务器模式

在学校网络中，成绩存储在服务器的中央计算机上。每位教师的个人计算机都可以连接到这个主服务器来访问成绩并进行更改。

家庭网络

家庭网络通常是P2P（对等网络）。一台计算机可能连接到打印机，另一台连接到扫描仪，而第三台计算机则可以连接到电视并且存储所有视频。

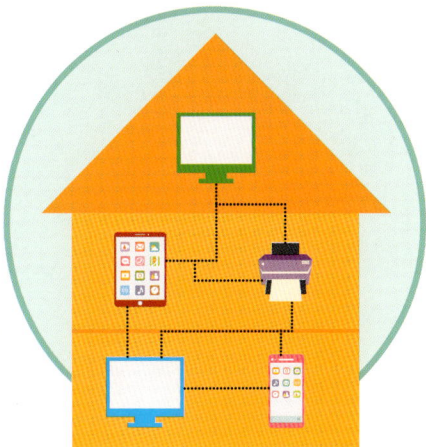

对等网络

对等网络(P2P)没有专门的服务器。相反，每台计算机在扮演客户机和服务器的角色之间进行交替。P2P网络容易建立，但是很难维护，因为每个设备都需要不断地运行。如果一台计算机崩溃了，那么它的所有资源和文件都会被切断。

网络的使用

无论是共享软件、数据还是访问硬件，共享资源都是省钱的好方法。设想一下，如果大楼里的每台计算机都需要自己的打印机，就会很麻烦。不过不幸的是，网络带来了安全风险。保护网络不受外界影响是很容易的，但是一旦进入网络就很难设置障碍。

优　点	缺　点
通过网络进行协作和通信更容易。	网络要花钱。网络越复杂，建立网络就越昂贵。
文档存储在中心位置，每个人都可以访问它们。	网络需要不断地进行故障排除、软件更新和管理。
由于每个文件只有一个副本，所以版本不能脱离同步。	如果中央集线器故障，整个网络就会中断。
可以限制进入网络，并且可以控制对文件的访问。	通过网络，病毒和恶意软件更容易传播。
很容易确保重要数据被正确地保存和备份。	流式传输会消耗带宽，所以单个设备可以减慢每个人的网络速度。

网络的类型

虽然有很多方法可以对网络进行分类，但是两个最常见的网络分类标准是大小和拓扑（布局）。小型家庭网络与全球网络（如因特网）的组织差别很大。

网络的大小

网络的大小指的是其节点之间的物理距离。最常见的不同大小的网络是局域网（LAN）、城域网（MAN）和广域网（WAN）。距离会影响所需的路由器的数量、用于连接节点的媒体类型以及网络上共享的信息类型。

局域网（LAN）

局域网是一种小型的有线或无线网络。通常，所有的设备都在单个建筑物中，甚至在大型建筑物中的单个房间中。局域网中的计算机太多，可能导致发送和接收信息的延迟。

城域网（MAN）

城域网是覆盖城市的网络。本质上，它比局域网大，但比起广域网，它又因为太小而不能被认为是广域网。大型大学校园有时在建筑物之间有光纤连接的城域网。

广域网（WAN）

广域网是一个覆盖超过48千米的网络。它使用铜线、卫星或光纤电缆连接设备。像谷歌、微软和脸书这样的大公司就需要广域网，因为他们在不同的城市都有办公室。互联网是现存的最大的广域网。

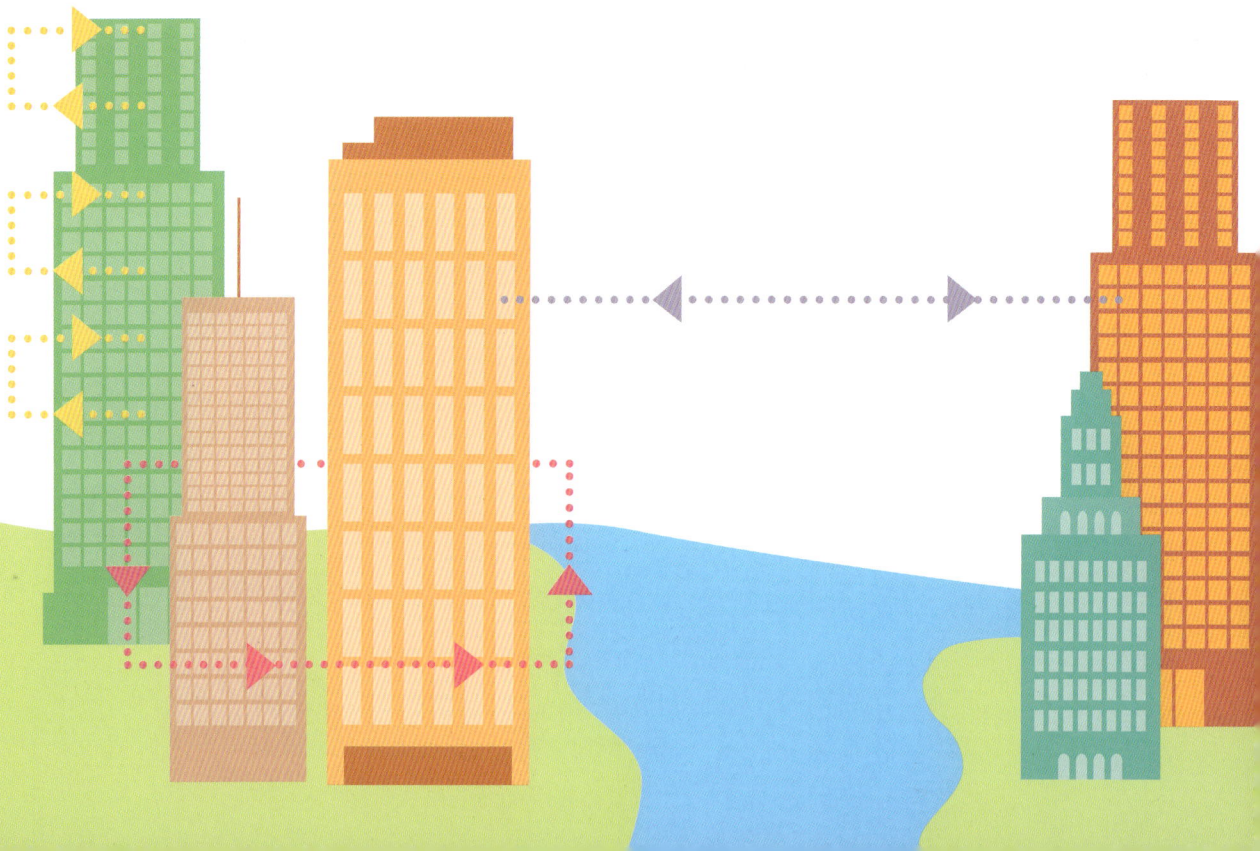

拓扑

网络的拓扑结构也称其为布局——是将设备连接在一起的策略。设备的布局取决于共享的信息类型、通信量以及设备需要如何存储数据。每个布局既有优点，也有缺点。

许多网络是混合的，是通过组合多个拓扑创建的。

总线型拓扑

在这种拓扑结构中，设备连接到骨干或总线的单一主线。如果计算机需要一些数据，它就会向网络中的所有设备发送请求，但是只有目标设备响应。总线型拓扑结构廉价且易于设置。但是，如果主干线中断，网络就没用了。现在，总线型拓扑已经过时了。

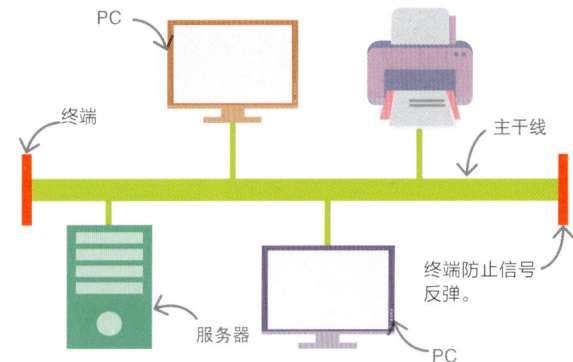

PC

终端

主干线

服务器

终端防止信号反弹。

PC

环型拓扑

在这种拓扑结构中，设备连接到数据在单个方向上流动的中心环上。当计算机发送请求时，信号沿着环形流动，并访问每个设备。环型拓扑比总线型拓扑能处理的东西更多，也可以跨越更远的距离。然而，它也更昂贵，并且像总线型拓扑一样，也过时了。

PC

服务器

PC

PC

星型拓扑

在这个拓扑中，每个设备都连接到单个集线器，通常也就是路由器。所有的通信都经过这个集线器。星型拓扑也可以称为章鱼型拓扑，因为集线器可以有许多连接器（"触角"）。它既便宜又容易扩展，而且处理起来也很好。当然，如果集线器坏了，整个网络就断了。

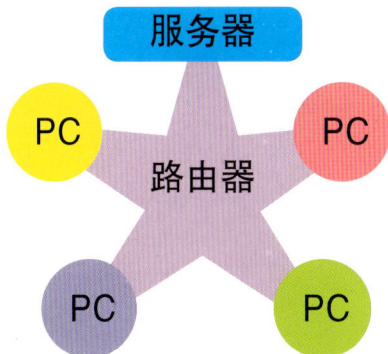

服务器

PC

PC

路由器

PC

PC

网状拓扑

在这个拓扑中，每个节点都连接到所有其他节点。比起其他拓扑，它能更好地处理中断，因为数据可以在任意两个设备之间采用许多路由。网状拓扑非常昂贵，需要大量的电缆。它通常不用于局域网，但对于城域网或广域网来说可能是一个很好的布局。

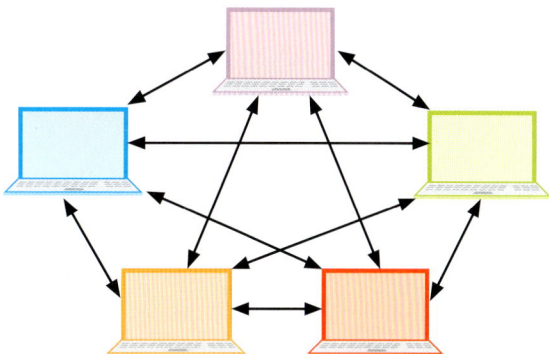

网络的连接

连接网站和交换数据涉及许多步骤。无论两个设备是相邻的，还是处于不同大陆，这个过程都是一样的。

连接到网站

每个数字通信都涉及来自客户端的请求和服务器的响应。每个消息的格式和内容都由通信协议决定，该协议由预先使用的设备商定。HTTP是最著名的协议，也是互联网上最常用的协议。

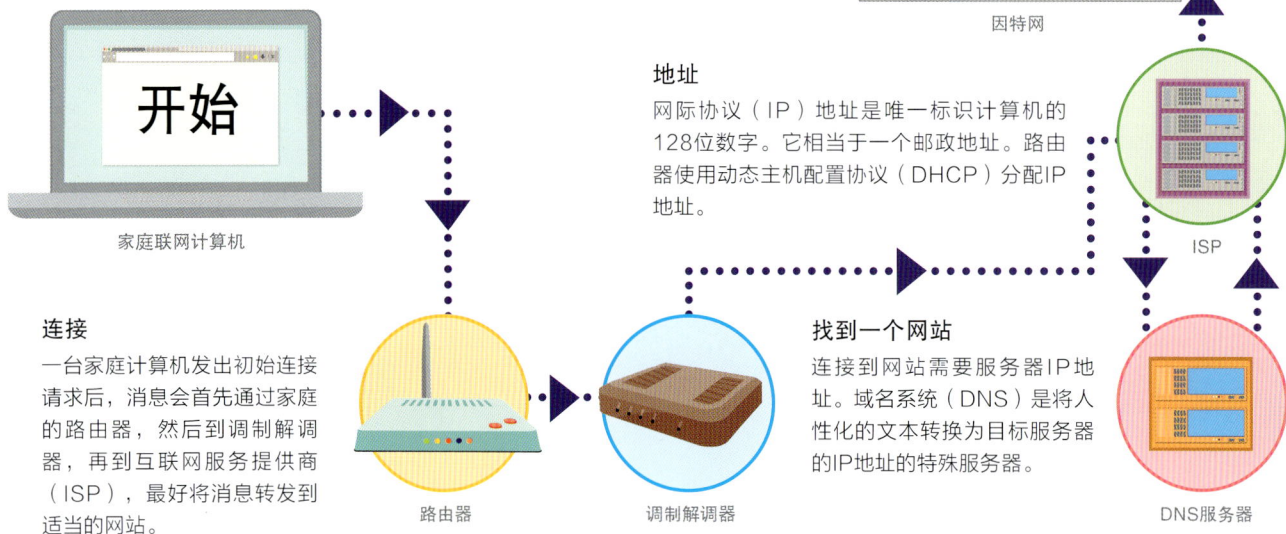

因特网

开始

家庭联网计算机

地址

网际协议（IP）地址是唯一标识计算机的128位数字。它相当于一个邮政地址。路由器使用动态主机配置协议（DHCP）分配IP地址。

ISP

连接

一台家庭计算机发出初始连接请求后，消息会首先通过家庭的路由器，然后到调制解调器，再到互联网服务提供商（ISP），最好将消息转发到适当的网站。

找到一个网站

连接到网站需要服务器IP地址。域名系统（DNS）是将人性化的文本转换为目标服务器的IP地址的特殊服务器。

路由器

调制解调器

DNS服务器

统一资源定位符（URL）

URL（统一资源定位符）也称为Web地址，是一种用于在世界范围内定位和识别内容的标准化系统。每个URL可以分成四个不同的部分。如果你在百度上搜索"网络"，你可能会在你的浏览器中看到这样一个例子。

Scheme语言指示你正在使用什么协议进行通信。

路径指示你要访问的页面或标识特定文件。

https://www.baidu.com/s?wd=network

主机是您想要访问的网站的名称。这是DNS转换为IP地址的名称。

查询字符串是一种发送数据的简单方式，包括搜索引擎查询和搜索用户信息。

数据包

一次性传输大文件会堵塞网络，并且阻碍其他计算机发送或接收消息。为了解决这个问题，大多数协议将数据分解成小数据包。图片、文本消息，甚至基本的HTTP请求都被逐个切片和传输。每个数据包都有一个包含其目的地IP地址和返回IP地址的首端。

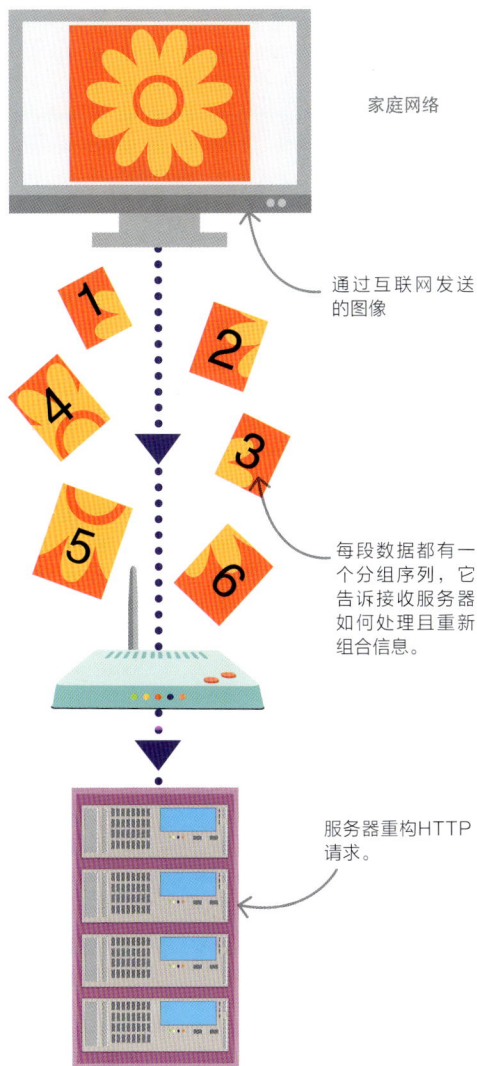

家庭网络

通过互联网发送的图像

每段数据都有一个分组序列，它告诉接收服务器如何处理且重新组合信息。

服务器重构HTTP请求。

传输控制协议(TCP)/互联网协议(IP)

在TCP/IP协议中，会为每个数据包分配一个编号，以帮助目标计算机将数据包重新组装成原始消息。

路由

发送消息有点像接力赛。在每个消息转移点，当前路由器会检查消息的目标IP，并确定将消息发送到下一步的最佳路由器，直到消息到达目的地为止。因此，有可能来自同一消息的数据包最终采取不同的路线到达同一台计算机。

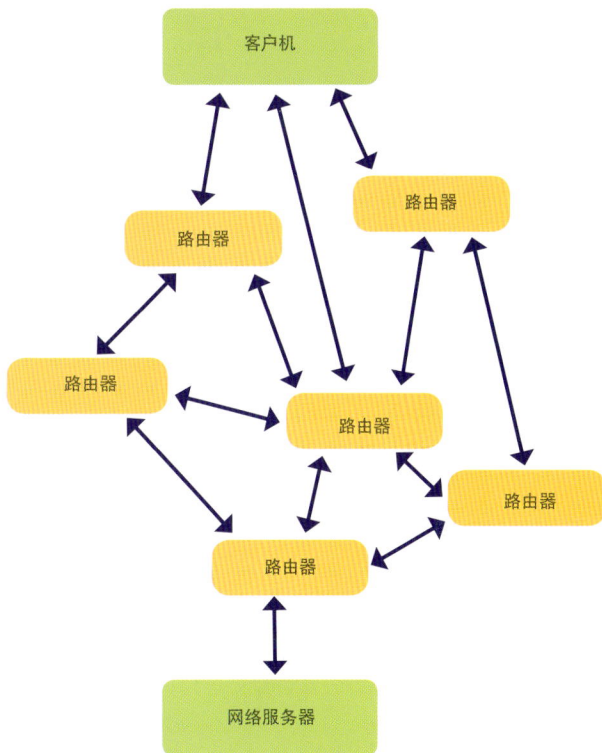

CSMA（载波侦听多路访问）

CSMA（载波侦听多路访问）是一种处理通过有线传输分组过程的低层协议。它检查路线是否清晰，并帮助避免信号冲突。

深层知识

安全和加密

由于数据包经常通过陌生的路由器走复杂的路线，所以黑客有很多方法拦截消息。加密是一种保护数据的简单方法，其基本思想就是使用密钥将消息转换为胡言乱语。只有具有匹配密钥的授权人才能恢复消息。这样，即使黑客设法窃取了所有数据包，这些信息也是无用的。一些协议，例如HTTPS，就有内置的加密。

互联网和万维网

人们经常互换地使用术语互联网和万维网。实际上，它们是两个独立的概念：一个是网络，另一个是文件系统。

互联网

互联网是一个巨大的全球网络，由数十亿设备连接而成。其术语是指硬件设备及其连接和交换数据的能力。据估计，2017年，全世界有51%的人上网，这表示超过了35亿人。每个大陆的每个国家都有互联网用户，而且网络规模越来越大，速度也越来越快。

历史

1969年，美国高级研究计划署网络（ARPANET）使用电话线连接了美国西海岸的四所大学。到20世纪70年代末，更多的大学和私营企业加入进来，使得ARPANET遍布美国。在20世纪90年代，个人也开始连接网络，促使网络变得更加商业化。

万维网

万维网就像一个运行在互联网上的全球归档系统。这个归档系统中的每个条目都是一个网站，它可以由许多网页组成。每个网页将代码、文本和多媒体文件放在一起。超链接是网页之间的特殊互连，帮助用户浏览全球网络。

历史

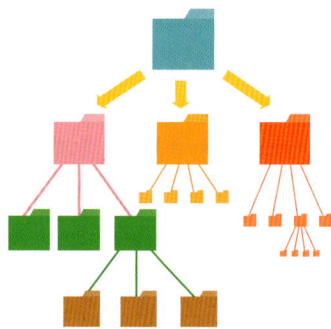

文件存储在树型结构中
structure

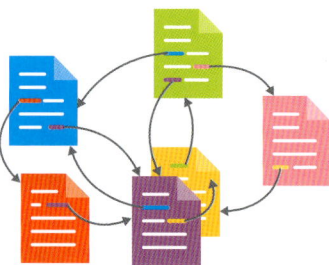

与超链接连接的文档

随着互联网的发展，人们变得很难找到信息。数据存储在树型结构中，也就是文件存储在个人计算机上的方式。1989年，英国工程师蒂姆·伯纳斯·李（1955）提出了一个解决方案，就是让相关文件通过可点击的超链接相互链接，来对树型结构中的文件进行加密。这意味着，为了找到一些东西，用户可以简单地从一个相关文档跳到下一个相关文档，而不是只能在迷宫般的文件夹中回溯。

它看起来是什么样的？

无线连接

云计算中心

在某种意义上，互联网是实体的、具体的东西，可以看到，也可以触摸到。它由计算机和智能手机等设备以及诸如云计算中心等存储数据的部分组成。发射塔、家庭路由器、通信卫星、电话和光纤电缆把这些设备和存储数据的地方连接起来形成互联网。

今天的互联网

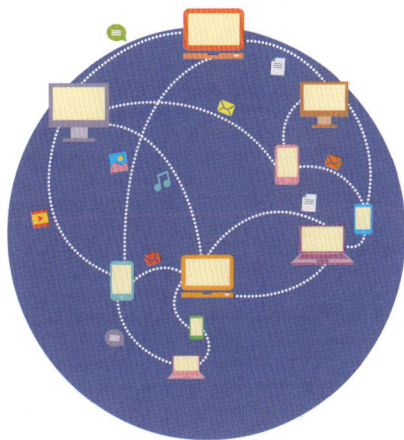

美国高级研究计划署网络（ARPANET）的目标是改善通信。现在，随着越来越多的设备连接到互联网，其通信的结果几乎恒定。不管你是住在隔壁，还是隔海相望，你随时都可以和任何人交谈。几乎任何主题的信息都可以在瞬间找到。图片和视频可以很容易地和朋友分享。简而言之，互联网改变了人们社交、工作、学习和购物的方式。

它看起来是什么样的？

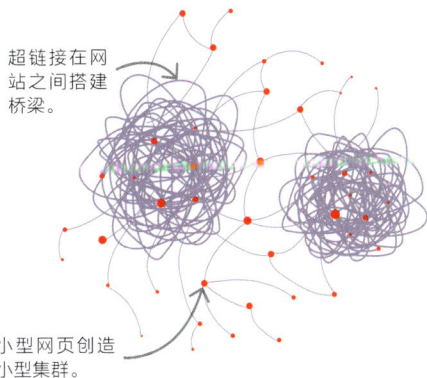

超链接在网站之间搭建桥梁。

小型网页创造小型集群。

顾名思义，如果可视化，万维网看起来就像一个难以置信的复杂的缠结。一个网页将是一个点，并且超链接就是将两个网页链接在一起的一行。受欢迎的网站看起来令人难以置信地打结在一起，这是因为他们有许多来自各地的网页链接。

今天的万维网

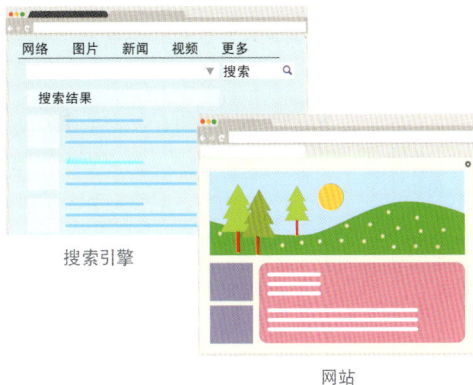

搜索引擎

网站

如今，互联网上有超过10亿的网站。要将所有这些信息存储在CD-ROM（只读光盘存储器）上，需要一堆摞起来高度能到达月球的磁盘。百度、搜狗和Bing等搜索引擎都是非常有用的工具。用户可以在广告、社交媒体和艺术内容的海洋中找到相关信息。

云计算

大约从20世纪50年代开始，"云"就是一组通过互联网提供服务的专用计算机，它可以用来存储文件、租赁软件和访问硬件等数据。

云存储

将文件保存在"云"中，也就是通过将文件存储在云提供商的计算机上，并通过网络连接访问它们，可以帮助用户节省计算机上的空间。云存储提供商购买大量硬盘，然后向客户销售或租用一些，使得客户能够根据需要升级或降低存储大小。

如果我能弄到更快的服务器，我的计算机中就不需要硬盘。

——美国苹果公司联合创始人，史蒂夫·乔布斯（1955—2011）

混合云存储

在混合云存储中，每个文件的副本都存储在硬盘上，而第二个副本则保存在"云"中。副本被同步并频繁更新。

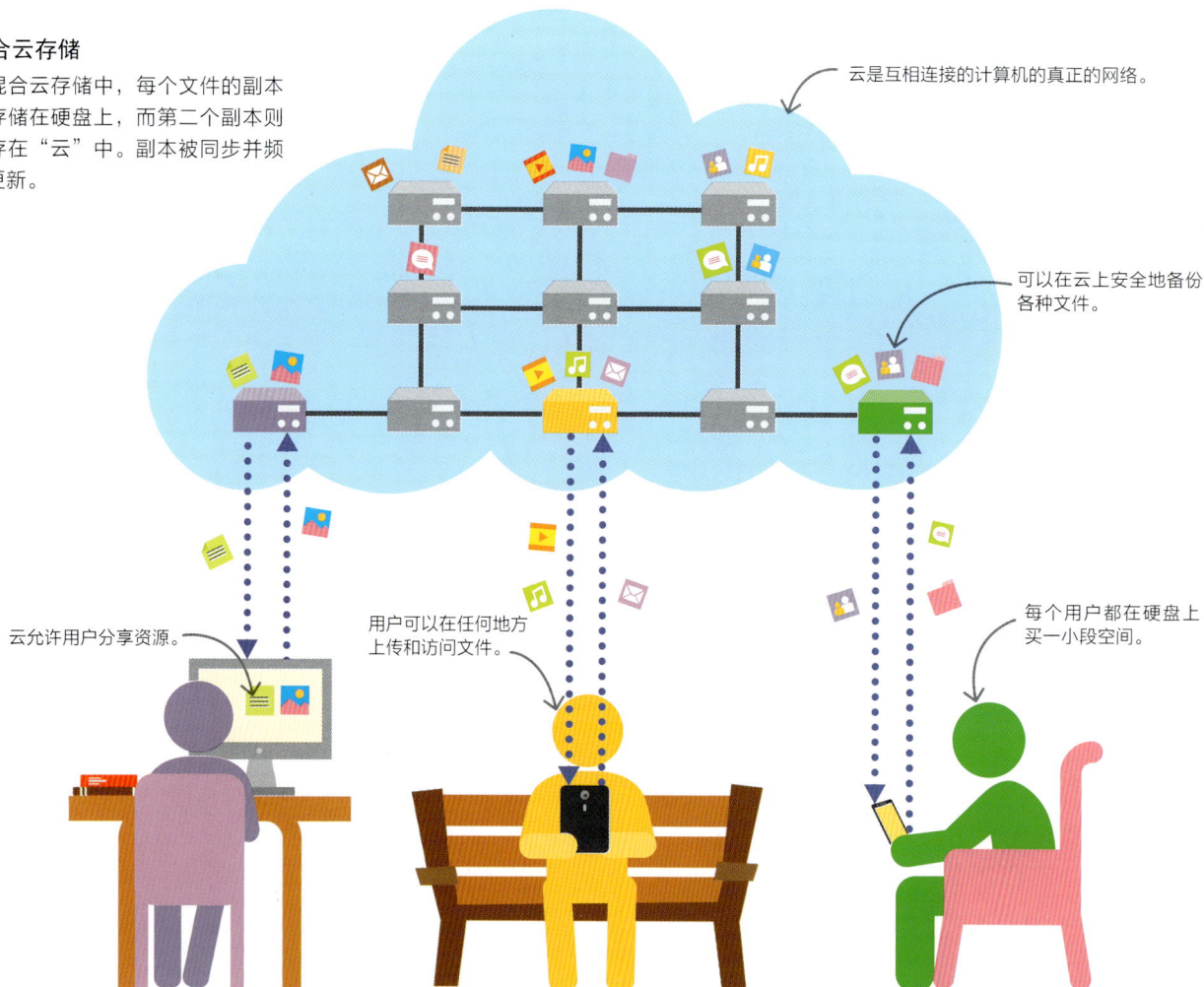

云是互相连接的计算机的真正的网络。

可以在云上安全地备份各种文件。

云允许用户分享资源。

用户可以在任何地方上传和访问文件。

每个用户都在硬盘上买一小段空间。

你的文件有多安全?

云存储提供商负责维护它们存储的文件的备份。由于大公司在安全性上的花费通常比他们的客户多,存储在云中的数据一般非常安全。然而,如此庞大的受保护数据量更可能成为黑客攻击的目标,他们希望获得对数据的访问权,以便从中获利。每次用户通过网络同步一个文件,就有可能被他们截获信息。

失控文件经常会恢复。

我丢了个文件!

别担心!这些文件在多个云中进行了备份。

多个数据中心

云中的文件副本存储在世界不同地区的多个数据中心。即使一场自然灾害摧毁了一个特定的数据中心,文件也不会丢失。

其他云服务

除了存储之外,根据互联网的需要,还有软件租赁和访问专用硬件等服务可以提供。这些服务通过资源共享帮助用户降低成本。与传统软件不同,基于云的程序可以用于任何类型的操作系统。此外,多人可以访问同一个文件,这使得协作变得容易。

用于租赁

资源共享

对于复杂的CPU密集型计算来说,用户可以暂时租用别人的系统,并通过互联网访问它。对于小公司来说,租用相对于购买要划算。

深层知识

利弊

云服务是有用的,但它们对个人和公司来说并不总是正确的选择。

利处:

- 如果设备丢失、损坏或被盗,则文件或程序仍然安全。
- 任何地方都可以访问文件。
- 当操作系统改变后,没有可移植性的问题。

弊处:

- 云服务需要连接快速的互联网。
- 安全性和备份依赖于云服务提供商。
- 即使采取诸如加密之类的预防措施,通过网络发送信息也总是带有风险。

流式传输

只要有可靠的网络连接，流式传输允许用户根据需要立即享受音乐或视频。对于内存有限的设备来说，这是一个方便的替代下载方式，也是一个很好的选择。

请参阅

‹80-81 音频和视频编码

‹132-133 什么是网络

‹136-137 网络的连接

它是怎么工作的?

流式传输通过将流媒体分解成小段数据来工作。这些数据以结构化的方式通过网络发送，从而允许用户的设备一秒一秒地重建媒体。一旦播放了媒体片段，则丢弃其对应的数据。这个过程类似于将一只手浸入小溪中——新的水不断地从手中流过，但是一旦水离开，也就消失了。

> 接下来的10年中增长的用户将会来自流式传输。
>
> ——美国Netflix联合创始人，里德·哈斯廷斯

带宽越小，网络越慢。

带宽

带宽是可以流入网络的数据量。换句话说，它是计算机每秒接收的比特数。

TCP VS UDP

TCP和UDP是用于传输数据的协议。与UDP不同的是，TCP在计算机之间建立链接，这使得它更慢，但也更可靠、更安全。

单播VS组播

组播允许信号一次发送到多个设备。而单播将每个传输限制为单个接收机。

缓冲

当进行流式传输时，计算机会在已经播放的内容之前存储一些数据。而缓冲通过控制实时流的速率来防止不规则、不稳定的播放。

当前的流式传输技术

流式传输不仅仅用于视频和音频上。一些游戏系统也允许家庭内进行流式传输，其音频和视频被发送到玩家的系统上，但游戏正在其他地方的设备上运行。流式传输最大的挑战是确保网络连接速度缓慢不会造成延迟。为了解决这个问题，许多流式传输服务以不同的分辨率提供内容。

调整质量

许多现代流式传输服务使用自动检测带宽的高级协议。该协议允许他们调整正在发送的数据的大小和质量。

电梯音乐

流媒体起源于电梯音乐，也就是我们所知的Muzak（穆扎克）。穆扎克的创始人，乔治·奥斯奎尔少将（1865—1934），于1910年发明了一种通过电缆传输音乐的方法。后来，他创建了一个订阅服务，让企业播放穆扎克的平淡、不敏感的背景音乐，每月收取一小笔费用。

流媒体允许用户实时观看现场视频。

为什么选择流式传输？

随着多媒体文件越来越大、越来越好，流式传输成为一种更合理的选择。不想重复观看相同视频的人不需要花费大量的时间和空间下载它。也就是说，流式传输有时可能比直接购买内容更昂贵。而且，使用流式传输技术，客户永远不会拥有相关内容的副本。右边的表格列出了流式传输的一些优点和缺点。

优　点	缺　点
用户不必等待很长时间才能完成下载。	在整个流式传输过程中，需要一个良好的互联网连接。
流式传输对移动设备特别有用。	为了再次观看视频，用户必须从头开始进行流式播放。
它帮助防止盗版，因为没有文件可以复制和粘贴。	它最终会消耗更多的成本，因为它会消耗带宽。
内容质量可以适应网络速度。	如果提供商决定删除内容，则不能再次访问它。

恶意软件

恶意软件是获得非法访问数字设备的有害程序。它们可以通过电子邮件附件或未受保护的网站进入计算机或设备。

恶意软件的类型

恶意软件可以入侵计算机并对其造成破坏。这些程序可以减慢设备的速度、发送垃圾邮件，甚至窃取或删除个人数据。恶意软件是根据它如何进入计算机，以及它入侵计算机之后的行动来分类的。以下是可以攻击数字设备的不同类型的恶意软件。

病毒

病毒是预先依附在文件上然后潜入设备的微小的代码。例如，电子邮件附件。病毒的目标是在尽可能多的系统上传播到尽可能多的文件。它们破坏数据并让操作系统减慢。

蠕虫病毒

与病毒类似，蠕虫也通过合法下载而移动。它们可以自我复制，并且可以通过网络传播。蠕虫通常是通过自动电子垃圾邮件传播。与病毒不同的是，蠕虫是独立的软件。它们不需要人类触发器，并且只在每台计算机上安装一次。

Rootkits

Rootkits隐藏在操作系统中。它们获得用户允许，从而进入计算机并且修改关键文件，这样可以降低计算机安全性并让其他的恶意软件进入。因为它们隐藏在操作系统中，所以它们很难被移除和毁灭。

间谍软件

间谍软件是一个通用术语，用于任何未经许可就跟踪数据的程序。例如，键盘记录器（跟踪用户按下什么键，以便访问密码和其他信息的程序）或复制浏览器历史和百度搜索的程序。

木马病毒

以希腊传说命名的特洛伊木马病毒，是一种看起来安全的恶意程序。一旦下载完毕，木马程序就会将其有效负载安装在计算机上。其很可能是键盘记录器、后门或任意数量的恶意程序。

僵尸网络

僵尸程序是一种在互联网上自动执行相关功能的软件应用。僵尸网络是由受僵尸病毒感染的计算机组成的网络。虽然受感染的计算机可能正常运行，但是其上的软件允许"控制计算机软件"劫持计算机。僵尸网络可以用来存储非法内容，或者在用户不知情的情况下进行网络攻击。

受感染的计算机传播恶意软件。

僵尸网络的源头

计算机受到攻击。

僵尸网络可以用来进行非法活动。

DDoS（分布式拒绝服务）攻击

DDoS表示的是分布式拒绝服务。DDoS攻击通过向服务器提供数据（通常由僵尸网络发送）来压倒服务器。服务器因为接收的请求过多而无法正常工作，有时，这还会导致崩溃。

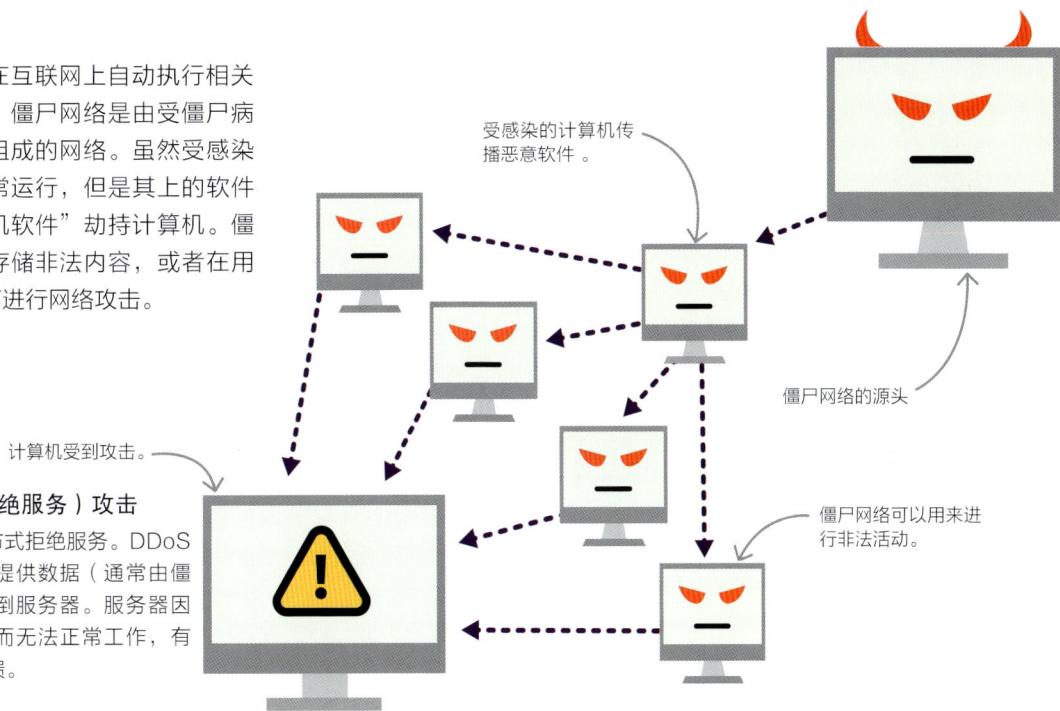

后门

后门允许用户绕过所有常规的安全检查，例如密码和权限设置等。有时，当开发人员在一个软件中留下漏洞时，就偶然创建了后门。而其他时候，它们是通过恶意代码安装的。

勒索软件

勒索软件偷偷溜进计算机并对文件进行加密，以获得赎金。除非攻击者得到报酬，否则计算机上的所有内容都是不可访问的。勒索软件使用强加密协议。它的代码几乎不可能在不输入访问密钥的情况下被破坏。

混合病毒

具有多种恶意软件特征的程序称为混合病毒。蠕虫可以把病毒植入计算机，也可以表现得像木马一样。病毒分类为识别和防御病毒提供了起点，但是每个威胁都必须单独消除。

深层知识

Cookie

Cookie是存储在浏览器缓存中的小文件，它是下载文件的临时存储位置。网站将Cookie发送到计算机上以跟踪会话，从而可以登录和退出在线账户。然而，一些Cookie跟踪跨多个站点活动。虽然Cookie不包含个人信息，但黑客可以通过拦截它们来窃取会话。这可以让他们访问存储在用户账户上的信息，如信用卡的详细信息等。

深网

深网是互联网中被隐藏的部分。它有时被称为无形的互联网，因为大多数人从来没有去过那里，或知道它的存在。

深网VS黑网

深网的网页在普通搜索引擎中是找不到的。这些网页包括私人社交媒体账户和公司数据库。然而，黑网更难访问。要访问这些受到严格限制的网站，需要使用诸如洋葱之类的特殊浏览器来隐藏计算机的身份。

常规网

90%~99%的互联网是隐藏的。剩下的1%~10%是人们每天浏览的内容。

深网

普遍认为，90%~99%的互联网都是深网。要找到深网网页，你需要知道不会被列在传统搜索引擎上的网页的一个特定URL。

黑网

深网最受限制的部分被称为黑网，用户需要专门的网络浏览器软件才能找到它。那里有很多犯罪活动发生，因为它完全是匿名的。

洋葱路由技术

洋葱路由是允许用户不用进行身份验证就可以浏览互联网的软件。通常，窃听者可以使用各种方式来跟踪用户在线在做什么。洋葱使用加密的方式隐藏数据，并使用复杂的路由来混淆窃听者。监视网络的人只能看到数据包进出，但他们不知道用户正在联系哪个服务器。洋葱网络有自己的计算机，称为节点，由世界各地的志愿者运行。

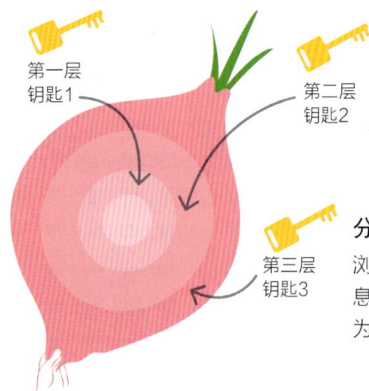

第一层
钥匙1

第二层
钥匙2

第三层
钥匙3

分层加密

浏览器使用不同的密钥多次加密消息。这些特别加密的数据包被称为"洋葱"。

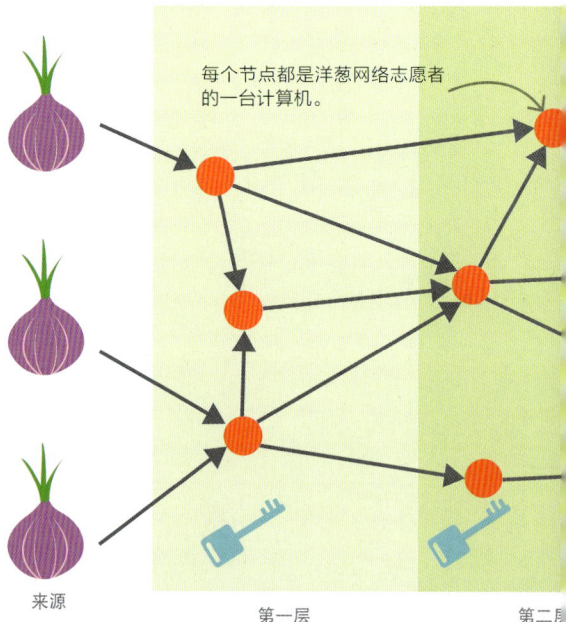

每个节点都是洋葱网络志愿者的一台计算机。

来源

第一层

第二层

黑网

由于黑网不受管制，访问者的计算机在捕捉病毒和恶意软件上具有更高的风险。诈骗和僵尸网络也很常见。虽然访问犯罪网站不是犯罪，但是在犯罪网站上购买东西是非法的。简言之，黑网不是你想去的安全地方。然而，黑网也有重要的用途，尤其是在政府限制互联网接入的国家。

匿名浏览器

使用匿名浏览器不同于访问犯罪网站。有些人使用这些浏览器来阻止政府或公司监控他们的浏览习惯和收集个人数据。

逃避权威组织追踪的人
积极分子和受迫害的少数群体可以利用黑网组织，而不会被可能伤害他们的人或组织追踪。

贩卖货币
制造假币的罪犯经常利用黑网的匿名性来寻找顾客。

贩卖人口
在黑网上绑架和出售人口的活动还在增加。犯罪分子还利用黑网出售人体器官，这在世界大部分地区都是非法的。

举报人
举报人是指泄露有关某个组织的秘密的人，因为他们认为该组织的一些活动是非法的或不道德的。如果没有匿名，举报人将立即被逮捕。

药物贩卖
违禁药物的贩卖组成了黑网的大多数交易。因此，警方当局以黑网市场为目标，将它们关闭。

网络武器
虽然网络武器贸易规模相对较小，但非法武器落入不法分子之手会造成很大的损失。

复杂的路径
浏览器通过多个节点向目标设备发送"洋葱"。每个节点只能解密一个层。由于没有一个节点同时知道源地和目的地，因此它们不能确定谁正在与谁交谈，但是消息在另一端被编译。

> 黑网上的交易货币通常是比特币——近些时日的一种新的数字货币。

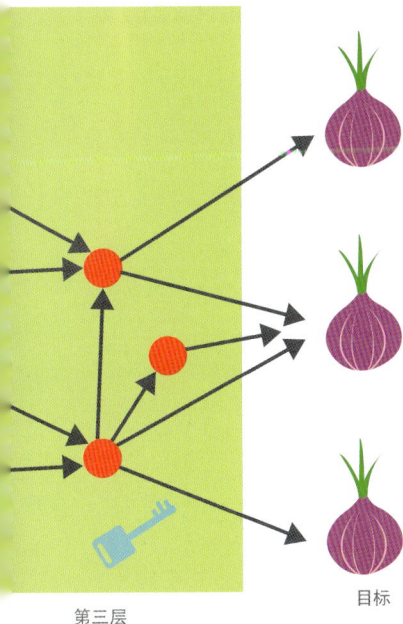

深层知识
黑网的利弊

利处：
· 防止数据采集和数据盗窃。
· 帮助保护真正需要匿名的人，如积极分子和举报者。

弊处：
· 额外的安全预防措施使洋葱比其他浏览器慢得多。
· 洋葱路由器需要大量的用户。如果只有一个人使用网络，那么很明显就知道哪些数据是他的。

第三层　　目标

网站和应用
程序建设

HTML(超文本标记语言)

超文本标记语言（HTML）是用于创建万维网上
每个网站的三种编程语言之一。

网站的基础

如果把一个网页比作一座房子，那么HTML就是奠定基础，层叠
样式表（CSS）则负责装饰，JavaScript就负责技术的补充，
如电和管道。这三种语言中的每一种语言都是专门用于执行一组
特定的任务的。

特定任务

在编写网站代码时，保持三种语言之间的清晰边界是确保一切正常运行
的关键。这是最佳的办法，因为它使代码更容易理解，同时也确保网站
显示的方式不是一团糟。

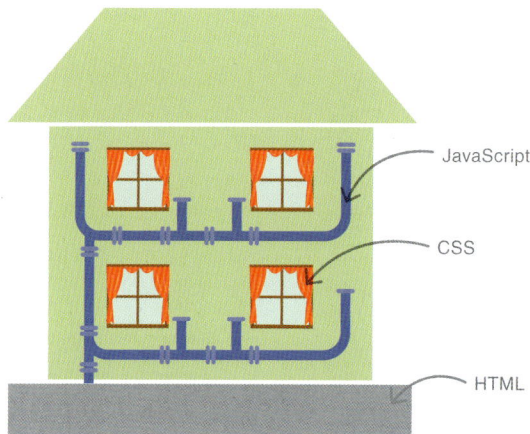

JavaScript

CSS

HTML

它是怎么工作的?

当导航到网站时，服务器向用户发送一堆HTML、CSS
和JavaScript代码文件。浏览器通过渲染引擎将这些内
容转换成图形化的交互式网页。渲染引擎中的差异也可
能会导致屏幕显示中的小差异。

标准

为了确保每个网站被正确显示，万维网联盟（W3C）创建
了一系列编写和呈现网络语言的国际标准。

怎样查看网页的HTML

查看网页上任何页面的HTML是可能的。大型网站的HTML
经过优化，可能很难理解。然而，如果检查较小的网站，一
些细节是可能识别的。

1. 自己选择打开一个网页浏览器

2. 挑选一个你想查看的HTML网站

3. 鼠标右击网页上的任何地方

4. 单击"查看网页源"

HTML元素

HTML代码可被划分为包含特定类型内容的元素。HTML页面和手提箱差不多，手提箱中有用于衣服、化妆品和旅行文档的单独部分。这些子元素使得用户可以按想要的方式更容易地找到和安排行李箱中的东西。

深层知识

标记语言

HTML被认为是一种标记语言，这意味着它受限于常规的编程语言，并且不能用于编写3D游戏或智能手机软件。相反，标记语言可用于帮助处理和格式化文本。它们指定诸如字体、间距和颜色之类的内容。它们还用于注释文本，使其他语言更容易操作"节"。这类标记语言的实例有XML、XHTML和LaTEX。

标记

⟨ ⟩ ⟨ / ⟩

HTML主要是用带角括号的标记编写的。每个开始标记都必须有一个匹配的结束标记，其中要包含内容。常见的HTML标记包括段落(<p>)、表(<table>)和链接(<a>)。"开始标记+内容+结束标记"的组合统称为元素。

```
<html>
  <head>
  </head>
  <body>
    <header>
    <title>Welcome!</title>
    </header>
    <div id="main">
      <h1>Welcome!</h1>
      <p class="centered_text">Welcome again...</p>
      <img class="fun_style" src="/Welcome.jpg"></img>
    </div>
    <footer>
    example.email@example.com
    </footer>
  </body>
</html>
```

语义

HTML标记是语义，其标记的类型指示它所包含的内容的类型。例如，"页眉"标记的存储内容显示在页面首端，而在底部显示"页脚"标记。不同类型的标记使得渲染引擎更容易构建最终的网页。对于程序员来说，读取代码也更容易。

属性

⟨ ___ = " ___ " ⟩

图像标记可能有"规模"属性和"来源"属性，而字体标记可能有"颜色"属性。属性用于向渲染引擎传递详细信息。属性的值称为修饰符。"Id"和"类（class）"是帮助渲染引擎快速定位网页上需要的元素的特殊属性。它们对CSS代码尤其重要，CSS代码使用id和class来区分样式。

嵌套标记

组织良好的HTML是一系列标记，每个标记都比上一个标记更具体。

层叠样式表

层叠样式表（CSS）描述如何在浏览器中显示HTML元素。这包括布局、背景颜色、边框样式、字体权重，以及动画等特定内容。

请参阅

‹ 150-151 HTML （超文本标记语言）

软件的开发和设计   156-157 ›

计算机科学相关职业   226-229 ›

可读性

直到1996年，网页的样式已经联机了，里面包含每个单独的HTML标签。这使得代码冗长而杂乱。创建CSS是为了将样式与内容分开，从而开发人员可以专注于代码的一个方面，而不会被其他细节所束缚。样式表写在HTML样式标签内部或者写在它们自己的外部样式表的独立文件中。

```
<p id="main_text" style="color:blue;
background-color:black; font:12px arial;">…</p>
```

Before CSS

```
<style>
        #main_text {
                color: blue;
                background-color: black;
                font: 12px arial;
        }
</style>
```

After CSS

再循环

单个样式表可用于多个不同的HTML文件。这不仅使得它更容易理解，而且节省了开发人员大量的时间。

灵活性

想象一个主题是独角兽的包含200个网页的网站。有一天，店主会认为20世纪80年代的计算机主题更适合他们的产品。如果没有CSS，店主将不得不遍历200页，一次更新一个页面，以便进行切换。这就很容易忘记一部分或者犯一个小错误。使用CSS，就只需要更改样式表。如果对于多个页面只有一个样式表，那么工作就会变得更加容易。

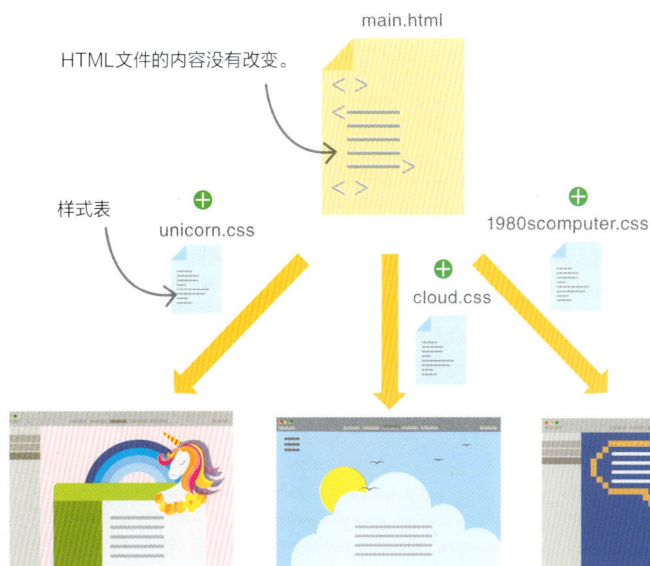

HTML文件的内容没有改变。

main.html

样式表

unicorn.css

1980scomputer.css

cloud.css

CSS把平淡无奇的文本改装成了彩色的视觉网站。

改装

不同的样式表可以彻底改变相同的HTML。这对于为网站的移动版本创建单独的布局也是有用的。

CSS语法

CSS可以分为两部分：选择器和声明块。选择器标识网页上的哪些元素将被样式所影响。声明块（花括号内的代码部分）则包含样式。假设你和一群猫一起工作。为了确保它们看起来不一样，你就需要将它们分成几个组。CSS提供了几种实现此目的的方法。

猫可以通过名字、品种和颜色来识别

选择选择器

选择元素的正确方法取决于样式有多普遍、需求有多详细以及使用什么样式。

身份证明（ID）

每只猫都有一个唯一的名称，类似的，每个HTML元素都可以有一个唯一的ID。这允许开发人员完全控制单个元素的样式。然而，一次一个样式元素需要的时间较长。

元素

正如猫可以通过品种来选择一样，选择元素的最简单方法是使用标签。HTML示例包括主体、段落、表和图像标记。这是一种快速而简单的方法，但不太灵活。

类

一个类可以赋予多个元素。由于类是用户定义的，因此可以创建无限的变化，并且可以给单个元素提供多个类。猫科动物的例子有"室内猫"或"白猫"。

哪个选择器会赢？

如果一个元素被多次选择并继承了样式冲突怎么办？文本不能同时是红色和蓝色的，图片不能同时向右和向左对齐。为了确定元素的最终样式，CSS具有复杂的优先级顺序。其中一个好的经验法则是，最特定的选择器胜过通用的选择器。内联样式被认为比ID更具体，ID胜过类，而类又胜过元素。然而，这仍然可能混淆。

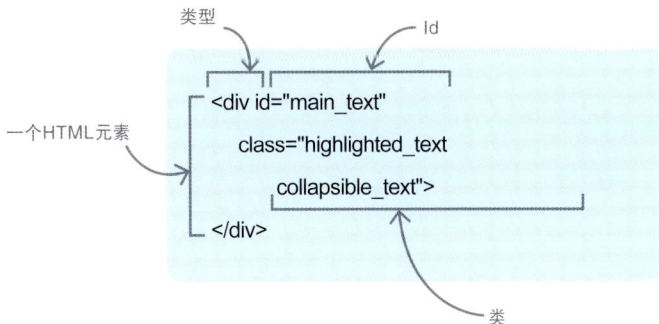

类型

Id

一个HTML元素

```
<div id="main_text"
    class="highlighted_text
    collapsible_text">
</div>
```

类

内联 ▸ ID ▸ 类 ▸ 元素

内联式

一般来说，内联式使代码变得杂乱无章，效率低下。然而，它是最特定的选择器，所以在现代网页开发中仍然不时地使用它。

使用JavaScript

随着网页的演变，设计师想让网页的交互性更强。因为这种想法无法用HTML和CSS实现，另一种编程语言就应运而生了。

请参阅

‹ 94-95 存储和检索数据

‹ 150-151 HTML（超文本标记语言）

‹ 152-153 层叠样式表

它是怎样工作的?

脚本标记将JavaScript（JS）添加到HTML网页中，并且与CSS类似的是，代码既可以写在标记内部，也可以写在单独的文件中。每个用户的浏览器都充当JavaScript的解释器。其最大的优点就是JS可以不用再将信息传送回服务器，而可以独立进行运算，并且进行决定。这样的确节省了大量的时间，但是，如果有人在浏览器中禁用JavaScript，代码就不会运行了。

深层知识

JavaScript的诞生

1995年，美国技术专家布兰登·艾奇受聘于网景（当时流行的网络浏览器），为浏览器创建编程语言。JavaScript的第一稿只用10天就完成了。但结果是该语言有几个奇怪的地方，这些地方因引起开发人员的沮丧而闻名。

JavaScript任务

· 在发送表单之前，请检查是否已经以联机形式填写了所有字段。

· 检查确认密码字段不是空的。

· 折叠和扩展文本框而不用重新加载页面。

· 根据需要一次加载一个图像，而不是同时加载所有图像。

· 允许用户个性化他们的账户。

· 交互式图形。

· 视频流。

JavaScript语法

完整的编程语言需要变量、函数、条件和循环。由于Java的流行，网景要求JavaScript语法同它类似，包括括号和分号。除了这个小细节之外，这两种语言是完全不同的。比起如Scheme等传统语言，JavaScript的设计更灵活。

限制性

JavaScript的灵活性也使它变得缓慢和不易管理。而手机照片软件和科学程序可以用JavaScript编写，但它不是最适合这项工作的语言。

41%

术语

什么是脚本?

脚本是由除计算机处理器之外的程序执行的代码文件。其指令写在一个文件中。通常，脚本是用于快速、直接的任务的，而更结构化的语言则用于构建大规模的软件应用程序。因此，您可以编写一个脚本来自动更改数千个图片文件的名称，或者将Excel文件中的数据转换为Word文件，或者处理网页上的动画。

安全问题

因为JavaScript是运行在浏览器上的、特性全面的语言，所以它有可能出错。恶意网站可以向浏览器发送窃取Cookie或篡改用户账户的脚本。在还不太清楚是否是恶意脚本的情况下，浏览器会运行脚本。然而，禁用JavaScript不是解决方案，因为这会阻止浏览器访问大多数现代网站，包括小米和魅族等网站。

JS可以用来窃取个人信息。

跨站脚本

跨站脚本（XSS）利用JavaScript中的漏洞来操纵合法网站，并使它们发送恶意的脚本。

兼容性问题

网络是建立在假设浏览器可以运行JavaScript的基础上的，但情况并非总是这样。首先，每个浏览器运行的JavaScript引擎都有点不同，这就导致很多问题出现，甚至网站也会崩溃。现在，每个人的计算机中几乎都是最新的JavaScript。然而，编程语言在不断变化，如果一个网站使用JavaScript的最前沿的特性，那么它的代码可能不适合所有访问者。

htttp\: www.ABC.com

404 错误，对不起，您搜索的页面不存在。

▶ 返回前一页

老浏览器

随着网络技术的不断发展，保持浏览器的最新状态并安装最新的安全补丁程序非常重要。因为这将最大化其兼容性和安全性。

JavaScript插件

JavaScript插件是JavaScript的扩展。它们可用于各种各样的事情，如制作动画、绘制图表、创建交互式地图等。在技术层面上，JavaScript插件是一个JavaScript代码文件，它可以下载、添加到其他代码文件中，并链接到HTML页面。任何人都可以编写JavaScript插件。为了防止安全漏洞，检查你是否是从合法源下载插件是非常重要的。

JS工具箱

可以将插件看作工具箱中的额外工具。在基础包和默认包中包括专用工具是没有意义的。因为那会使工具箱变得不必要的笨重。

软件的开发和设计

好的软件不是凭空出现的。客户、软件概念和强大的编程团队是最终产品的必要组成部分。但是，它们是如何结合在一起的呢？

SDLC（系统生命周期）

这是一系列从头到尾的创建软件的步骤。遵循SDLC（系统生命周期）可以帮助开发人员避免陷阱，比如避免开发人员过于野心勃勃，或者创建只适用于少数用户的软件。

计划

顾客描述他们想要的产品。项目经理提出问题，以便清楚地了解顾客的需求。例如，如果顾客需要一个新网站，那么最好知道他们需要多少单独的网页以及他们需要展示的内容类型。

分析

开发团队将一般需求转化为细节，例如，网站将包括10个网页，其中包含50幅图像、10个视频、易于更新的新闻部分和在线商店。所有这一切都在讨论中。

设计

接下来，就是团队选择编程语言和软件架构的时候了。这些选择不仅要考虑在不久的将来网站将用于什么，也要考虑到在更遥远的将来该网站是否还能适用。然后将特定的任务分配给每个开发人员。

完成

在这个阶段，代码已经编写、整理好了。然后一个接一个地添加特性，直到软件或多或少类似于客户的初始描述。通常，在这个阶段结束时已经对原始需求进行了许多更改。

测试

开发人员测试所有特性是否工作良好。他们会预测软件即将被如何误用，并添加了防止这种误用的机制。有时独立的质量保证团队负责这一步骤。测试结束后，向客户展示该软件。

维持

一旦最终产品发布，开发团队会继续监视硬件并处理可能出现的任何漏洞。他们会回复客户寻求帮助的电子邮件和电话，并根据反馈，在客户的批准下创建新的功能。

管理团队

软件项目主要有两种管理方式。敏捷开发中有一些小的、一到两周的开发过程周期，称为最小迭代周期。每个最小迭代周期都包含整个小型的SDLC。敏捷开发允许团队灵活，并具有响应性。相比之下，瀑布模式是一种线性的传统方法。其每个步骤只执行一次，并且按顺序进行。

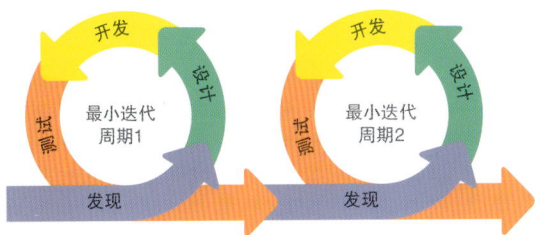

敏捷

在敏捷风格下，强调的是以小增量工作，而不是按计划来设定目标。在每次最小迭代周期结束时，都会产生一个原型。敏捷项目可以对客户需求的变化或开发过程中出现的问题做出反应。但其不利之处在于开发时间不可预测。另外，为了添加新特性，它通常会忽略一些合适的参考资料。

瀑布开发模式

采用瀑布开发模式风格，更容易专注于主要目标。然而，瀑布开发模式设计并不灵活，因为每个阶段必须按照一定的顺序进行。此外，客户的需求可能随着时间而变化；公司可能花费几年时间开发代码，而结果可能是得到的软件却不再适合客户的需要。

代码协作

多人不能同时编辑同一个文件。类似的，每个文件不能被限制给单个开发人员，因为许多特性在代码内重叠。但是，如果某个更改中断了程序的一部分，会发生什么情况呢？为了解决这些问题，公司使用多种环境和特殊的版本控制软件。

编程环境

每个编程环境都有自己的硬件和代码版本。开发包括程序员当前正在编辑的代码。分段包含稍微旧一些的版本，其特性不会导致明显的崩溃。生产则包括保证将流畅、专业、无错误的代码出售给客户。

Git

Git允许程序员保存他们正在处理的代码的不同版本。它还可以突出显示两个版本之间的差异，这样能够容易地查看每个程序员的更改。如果出现错误，Git可以将代码恢复到以前的版本。

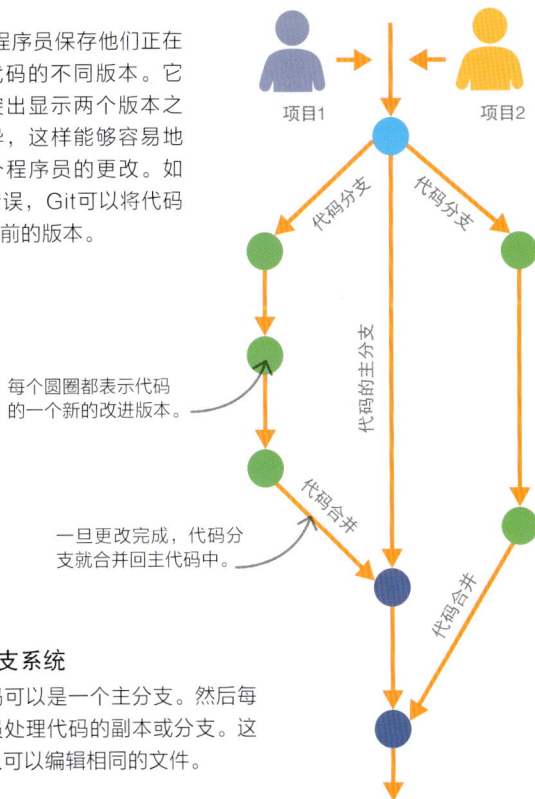

每个圆圈都表示代码的一个新的改进版本。

一旦更改完成，代码分支就合并回主代码中。

Git的分支系统

开发代码可以是一个主分支。然后每个程序员处理代码的副本或分支。这使得多人可以编辑相同的文件。

提前计划

编写软件是在以正确的方式做事情和按时完成事情之间的权衡。这里有几种设计技术有助于实现正确的平衡。

请参阅

‹ 150-151 HTML(超文本标记语言)

‹ 152-153 层叠样式表

‹ 156-157 软件的开发和设计

计算机科学相关职业　　　　226-229 ›

三大陷阱

孩子们使用塑料建筑砌块来建造各种各样的物体，如城堡、船只、宇宙飞船等。飞机上使用的塑料块以后可以用在汽车上。一切都是灵活的、多功能的、多用途的。记住这些品质有助于避免将来可能出现的常见陷阱。

深层知识

面条式（Spaghetti)代码

这是一个名字看起来以及读起来都像"意大利面条"一样乱糟糟以及扭曲成一团的代码术语。你有没有试过从一堆意大利面条里拉出一条面条，结果却弄碎了？或者，当你小心翼翼地取下面条时，才意识到它比预期的要长得多？这两者都不是调试代码时你想要经历的。

缩放比例

网站和应用程序逐渐获得更多的流量。软件和服务器应该被设计成能够适用于未来用户数量增加的情况，或者至少使其易于升级。

新特性

公司一直在调整他们的产品。好的代码应该足够灵活，以便开发人员在不破坏整个程序的情况下进行更改。

新的开发人员

人们可能会搬家、退休或升职。单个项目有开发人员进进出出，因此代码应该以最清晰的方式编写，以便不熟悉它的人可以轻松地理解它。

设计模式

在计算机科学中，设计模式是对一个常见问题的可重复的解决方案。它可以被看作是一种使代码更像构建块的策略。从创建对象到协调消息和保护数据，每种棘手的情况都有一种模式。每个模式都隔离特定的行为，并将它们分配给特定的对象或者文件、函数和代码块，以便使代码尽可能灵活多用。

修改部件

修改由塑料建筑块制成的飞机的机翼，不必将整个飞机摧毁。而只需要拆下其翅膀，再安装新的翅膀，并把它们扣紧即可。代码创建中的设计模式有助于使这个过程尽可能没有漏洞。

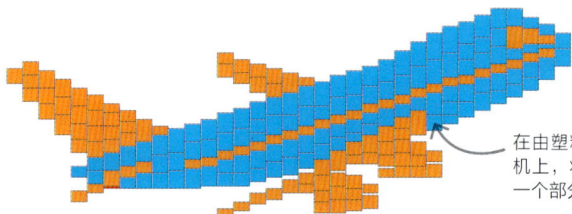

在由塑料建筑块制成的飞机上，将一个部分换成另一个部分很容易。

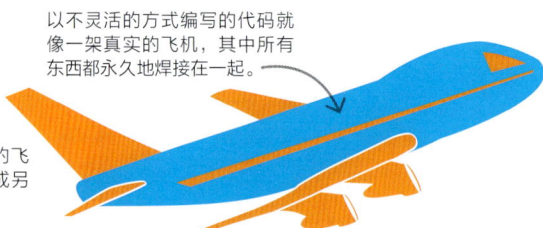

以不灵活的方式编写的代码就像一架真实的飞机，其中所有东西都永久地焊接在一起。

设计模式的例子

设计模式现在已经成为行业标准。大多数大型程序都有这种能力,可以"捕捉"某些行为并"捕捉"替换。然而,模式并不是完美的解决方案,因为每个模式都有其缺点。一些程序员对设计模式很挑剔,因为它们有时可能是不必要的,并且不适合手头的问题。

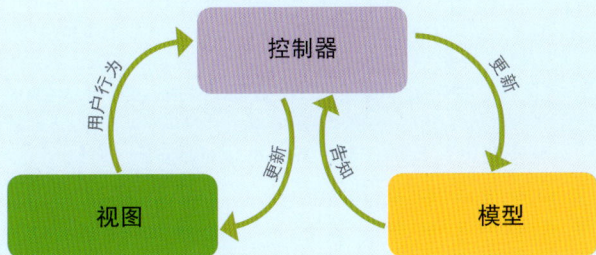

> 适配器需要将USB电缆插入插座

适配器(包装器、翻译器)

当一个源头产生的数据格式不能与另一个程序或程序的一部分所需的格式一起工作时,适配器会填补这个空白。适配器获取输入数据并以可以使用的方式输出它。这与适配器插头将一种类型的插头转换为另一种插头的方式类似。

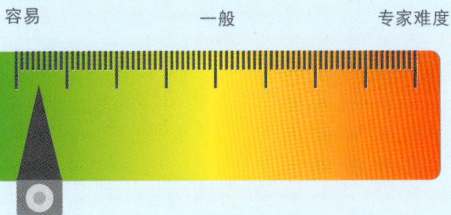

模型–视图–控制器设计模式

模型–视图–控制器设计模式非常常见。例如,它被每个Web浏览器使用。本质上,它将应用程序划分为三个相互连接的部分。而模型是基础信息。它类似于网页的HTML代码。视图是模型的可视化表示。对于网页来说,这与CSS类似。控制器是用户和系统之间的链接——信息显示的方式,而这是网络浏览器所做的。

> 容易　　　　一般　　　　专家难度

策略设计

计算机游戏通常有不同的难度水平。策略设计模式使得编写和组织不同的代码更加容易,因此玩家可以选择AI的难度水平。

为事情出错所准备的计划

开发人员会设想他们的软件可能会被什么人滥用:用户名很长的人、没有密码注册的客户、点击错误按钮的人。为了处理这种情况,他们可能会显示错误消息,或者可能将用户带回主页,又或者使程序崩溃。

输入确认

输入确认用于检查用户提供的数据。如果需要的是电话号码,它就应该只包含数字,不包含字母或符号。这样可以防止线路崩溃。

> | 姓 | 名 |
> |---|---|
> | 詹姆斯 | 卡特 |
>
> | 地址 | 公寓 |
> |---|---|
> | 内德大街 | 28 |
>
> | 国家 | 城市 | 州 |
> |---|---|---|
> | 美国 | 马里市 | 加利福尼亚 |
>
> 号码
> 434–343–328A　　此框只能填写数字

综合用户反馈

随着技术的发展,开发过程也会随之变化。随着智能手机的普及和互联网速度的提高,越来越多的软件可供下载,公司也更容易得到反馈。随着开发人员将用户评论集成到新特性中,产品有发布越来越快和不断更新的趋势。这意味着软件正变得越来越有响应性和协作性。客户能够得到他们想要的确切特性的软件。

测试

从界面混乱到崩溃，软件中很多事情都会出错。开发人员遵循一个多步骤的测试过程来覆盖尽可能多的基础。

请参阅

‹ 102-103 软件错误

‹ 156-157 软件的开发和设计

维护和支持　　　　　　　162-163 ›

单元测试

这些目标指向一小段代码（通常是一个函数），并确保它在所有条件下都能工作。以可打印格式显示票证的程序将首先测试1张票，然后测试2张票，接着测试10000张票。每个典型情况以及边界情况都被覆盖。边界情况虽然不太可能出现，但仍必须检查，以防止将来出现问题。

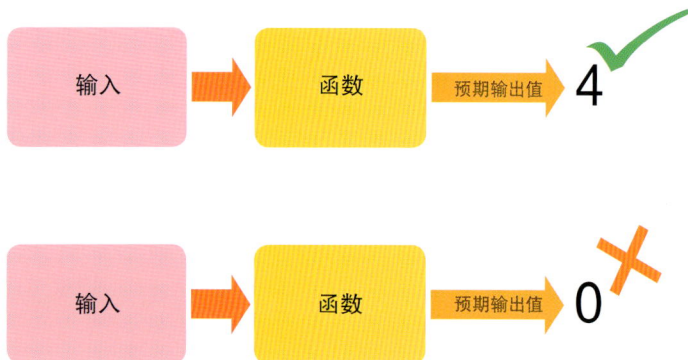

术语

功能测试VS非功能测试

功能测试检查代码是否工作。非功能测试检查代码的工作情况。虽然功能测试更容易编写，但它们不足以证明软件满足其所有需求。

测试人员编写的内容

测试是一种特殊的小脚本。开发人员为程序的每个段编写单元测试，指定输入并检查实际输出是否与预期输出匹配。测试通常使用与主软件相同的语言编写。

模拟数据

某些函数需要特殊的结构化数据。如果数据是用户提供的，那么它在测试用例场景中不可用，因此开发人员创建模拟数据以模拟用户可能输入的内容。碰撞试验假人是一个现实生活中的例子。

集成测试

单元测试使用独立的代码片段。当这些代码片段装配在一起时，有时会出现新问题。而其他时候，漏洞是在程序的功能中发现的。集成测试是更长、更复杂的测试用例，这些测试用例组合了代码的不同部分，并确保所有内容都按预期工作。测试的目标是对软件将如何实际使用进行建模。

模拟

为了测试虚拟的纸牌游戏，您可以创建模拟玩家，然后模拟他们来玩几轮假的纸牌游戏。

回归测试

有时，在修理机器的过程中，机器的另一部分可能会被破坏。机器在每次新的升级之后会运行回归测试，以确保原始软件处于适当的状态。回归测试会一个接一个地重新运行所有单元测试和集成测试。由于回归测试可能需要很长时间才能运行，所以必须对测试用例进行优先级排序。首先测试更新的文件，然后测试更有可能崩溃的关键系统。

导致新的问题

解决一个问题后有时会导致其他地方产生其他问题。回归测试的设计是为了确保所有代码都按预期工作。

用户验收测试

没有模拟可以和测试代码的人类相比。软件测试生命周期的最后阶段是用户接受测试，其测试就是一组人递送几乎完成的产品并请求反馈。这些反馈被传回给开发人员，以便他们能够修复人类测试人员发现的所有问题。

Alpha测试和Beta测试

用户验收测试有多轮。Alpha测试通常由其他开发人员在内部完成。Beta测试（现场测试）由一组选定的外部客户或志愿者完成。

如何处理错误？

在测试团队的成员发现错误后，他们会提交错误报告。报告包括问题的描述、错误消息以及关于如何重现漏洞的说明。有时错误是不可再现的，这意味着触发漏洞所需的条件太难或者太随机，无法重新创建。在这种情况下，该漏洞将被搁置，直到出现更多的信息。开发人员定期被分配来梳理漏洞列表并修复它们。

深层知识

测试图形用户界面

测试图形用户界面（GUI）很棘手。其中一种解决方法是使用自动化程序。这些程序记录开发人员与网页的交互，然后根据命令重新运行记录。如果更新导致按钮在页面的中间移动，则记录将无法完成，并且其错误会被检测到。

问题跟踪

大多数团队使用问题跟踪软件来跟踪漏洞报告。这允许他们按漏洞的严重性来对其进行优先级排序，并在修复时对它们进行排序。

维护和支持

在一个完美的世界里，软件是无错误的，客户会喜欢它，并且不需要维护和支持。但在现实中，软件在开发人员和客户交互的指导下不断演进。

请参阅

‹ 4-5 自己使用计算机

‹ 102-103 软件错误

‹ 132-133 什么是网络

服务台

记录软件问题的第一步是联系服务台。支持人员通过电话、电子邮件或聊天提供帮助。其任务可能包括遍历基本设置、排除兼容性问题或发现新漏洞。大公司通常有专门的支持人员，而小企业则由开发人员轮流待命。当然，用户也可以在服务台获得个人帮助。

支持渠道

有许多选项可以连接用户与支持人员。通常，问题的紧迫性决定了需要帮助的人将使用哪一个选项。

电话

邮件

聊天

视频聊天

软件文档

通常，新软件带有用户指南或用户手册。有些还可能附带教程或操作视频和文章。这些都称为文档。对于客户来说，文档中包括软件的基本任务和常见问题，例如如何重置密码或更改配置文件图片。开发人员还可以让软件中包含文档，以供其他开发人员查看，从而给出软件代码的概述。然而，许多公司把文档看作一种额外内容而忽略了它，而偏向于漏洞修复和新特性。

对于客户来说

好的文档涵盖了所有的基本知识。大多数客户应该能够通过查看这些在线资源来解决他们的问题。虽然支持团队很重要，但他们只能同时帮助少数客户。

文档是独立于代码的文件。

对于开发人员来说

文档讨论系统的逻辑和设计。它帮助新团队成员了解代码，并且为有经验的开发人员提供刷新服务。文档是独立于代码内注释的资源。

软件维护

在项目的早期阶段，开发人员编写大量代码并设计新系统。一旦细节被敲定并且软件成熟，开发就变成了调整小问题。对老程序进行改进可以分为三个主要类别。

问题跟踪软件帮助开发人员组织他们发现的问题。

用户故事

用户故事是用于描述软件新特性的简单格式。它用于敏捷开发，主要关注客户以及他们为什么需要该特性。

漏洞

开发人员、测试人员和用户每天都会报告漏洞。当提交报告时，开发人员会考虑漏洞的重要性以及修复需要多长时间。

零日漏洞

零日漏洞是一种特殊类型的漏洞，黑客可以利用它来在目标攻击中入侵计算机。修复它们是最重要的。

更多问题类型

问题跟踪软件有许多选项用于分类问题，其中包括任务、子任务、故事、漏洞、事件、服务请求、更改和问题。

更新

一般的更新包括几个新特性的更新以及开发团队所能修复的尽可能多的漏洞。新代码打包成一个"包"，这样客户就可以下载它。该包仅包含指令已更改的代码文件。

手机软件

有些手机软件会自动更新，而有些则通过弹出对话框请求用户的权限。设备的更新管理器负责用新文件替换旧文件，并重新启动软件。

更新的文件在刷新时被发送到用户的浏览器上。

网站

通常，网站可以在不打扰用户的情况下更新。只需保存对HTML文件的更改或替换脚本即可。

升级

虽然保持软件良好的维护很重要，但公司希望限制投资于过时程序的时间。即使是最可靠的计算机也不能永远运行。升级到有更新和改进的特性更好的模型是迟早的事。与更新不同的是，升级是全新代码的全新软件。它的设计完全取代了旧的程序。

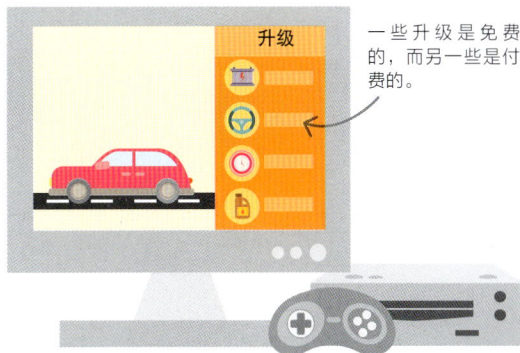

一些升级是免费的，而另一些是付费的。

数字行为

在线身份和数字身份

我们在网上看到的世界，使得我们对自身的思考已经变得复杂了。每个人的内心总是有很多"身份"；互联网其实只是使这一点变明显了。

身份

一个人的身份认同有许多要素：在家里的身份、在学校或工作中的身份、作为儿子或女儿的身份、作为父母的身份、作为雇员的身份。这些"身份"是人们如何生活、与谁交往的基础。它们对于人们的自尊心和心理健康也是至关重要的。有些人可能会惊讶地发现这些因素已经被引入虚拟世界。

什么是在线身份?

在线身份就是我们呈现给在线世界的人的身份。它是我们在数字交互中策划和培养的"人"。

什么是数字身份?

数字身份是相关组织用来验证我们是谁的一组标识符，从而让我们可以访问他们的服务。

早期的在线身份

互联网允许用户控制与他人共享信息的种类和细节。这在早期的在线通信中发送图像、音频和视频花费大量时间时尤其如此。因此，用户只能依靠其他用户对自己的评价作为在线交互的内容，这导致许多人尝试使用他们的在线身份。随着互联网的发展，尤其是随着社交媒体的出现，人们已经不再是尝试，而是更多地自我表现。

Alex: ASL?
Trevor: 14 M Dublin

A/S/L（年龄/性别/地址）

在早期的聊天室中，当基于文本的通信开始链接陌生人时，人们很难知道如何交互。于是就出现了一个快捷的身份标识符：A/S/L（年龄/性别/地址）。

多个身份

互联网可以让每个人都可以有许多不同的身份。如今，一个人可以瞬间在多个不同的身份之间转换，在一个窗口中聊天，在一秒钟内更新状态，并在第三个窗口中回复电子邮件。

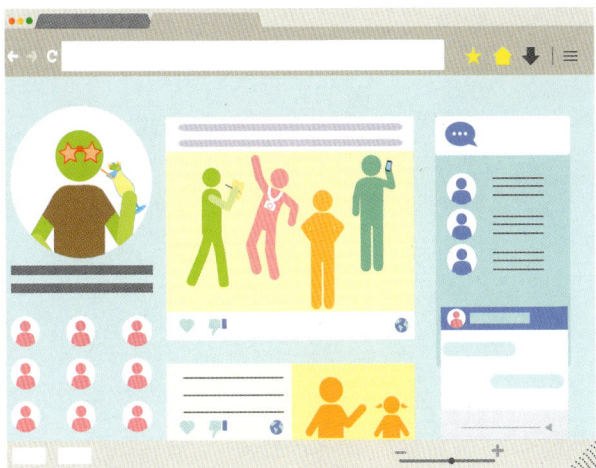

个人社交媒体身份 identity

专业的社交媒体身份

不同的在线身份

如今，人们在生活的许多方面都会使用到互联网。大多数人都有一个社交媒体档案，在那里他们显得有趣和悠闲，他们还会有一个专业的身份，在那个他们雇主可以看到的地方，他们表现得认真且勤奋。

数字身份

数字身份是相关组织用来识别使用其服务的人的信息的。随着越来越多的服务变得数字化，并且为了方便在线移动，这些服务需要一种快速识别每个用户并获取其信息的方法。由于个人数据应该一直保密，公司必须对被允许访问的个人数据负责。这导致了访问电子邮件或社交媒体账户的多因素认证，或者需要生物特征数据，例如指纹扫描，以验证试图访问信息的人是否是账户持有人。

我接受······

EULA（最终用户许可协议）

数字身份可能与在线身份一样复杂。大多数软件要求你在使用之前同意EULA（最终用户许可协议）合同，但大多数人从未阅读过它们。这可能是危险的，因为它可以在用户不知情的情况下签署权利并侵犯用户的隐私。

人物简介

马克斯·施莱姆

2012年，奥地利学生马克斯·施莱姆斯起诉了脸书。他希望这家总部位于美国的公司公布收集到的有关他的数据。2015年，欧盟最高法院站在施莱姆一边，撤销了安全港法允许美国公司收集和保存有关外国人的数据的权利。

保持平衡

智能手机和平板电脑正在改变我们相互交流的方式。虽然它们对我们是有帮助的，也是方便的，但是养成好的习惯很重要。

请参阅

‹ 40-41 智能手机和平板电脑

网络欺凌   176-177 ›

社交媒体平台   184-185 ›

设置界限

随着科技和计算机渗入到日常生活中的各个方面以来，我们与数字设备的互动越来越难以设置界限。除了有时会变得不礼貌之外，过度使用数字设备还会导致身体疼痛并影响睡眠。我们可以尝试一些简单的步骤来限制数字设备的潜在缺点。

短暂的休息

长时间看屏幕会导致眼睛和肌肉紧张。出去散散步，或者只是稍微把目光集中在别的事情上一会儿会有所帮助。

晚间的使用

研究表明，睡前看屏幕会影响你的睡眠模式，所以在睡觉前一个小时尽量避免看屏幕。

长时间使用时

如果需要经常观看屏幕，那么改善环境非常重要。充足的光线，舒适的家具和外围设备都可以帮助到你。

问题和解决方法

如果你拥有的信息丰富，又有随时可用的潜在的娱乐设施，那么就很容易分散你的注意力。万维网从不休眠：几乎有无数的事情需要被通知并且与之交互。当人们将网络生活置于现实生活之上时，或者当他们因自己的网络经历而感到沮丧时，就会导致一些问题出现。下面是一些常见的问题和可行的解决方法。

> 科技可以是好的仆人，但也可以是糟糕的主人。
>
> ——美国作家，格雷琴·鲁宾

问题

注意力分散

因为某些人允许他们的数字设备优先于现实世界连接的信号，进而不能长时间专注于谈话、学校学习、讲座或工作。

自恋

在社交媒体上频繁地发布自我介绍或状态更新，往往是一个对自己有不健康困扰的人的征兆。

解决方法

打破习惯

与他人交流或者需要你全神贯注的时候，尽量不要使用任何设备。更改通知设置，以减少收到的通知提醒。

"我需要发布吗？"

每次发布东西时，花点时间问问自己，你是想从中得到些什么。信息重要吗？社交媒体是解决问题的正确途径吗？你的"观众"对此感兴趣吗？

假新闻

虽然谣言和耸人听闻的报道并不新鲜，但全球网络已经加速了所谓的"假新闻"的传播。这个术语本身已经变成了通用货币，许多人不加区别地使用它来标记他们不喜欢或不同意的东西。从它的原意来说，这个词是指新闻报道或文章不是基于研究事实，而是假的。"假新闻"经常被那些想利用人们的无知来对某事或某人建立某种认知的人所传播。

识别"假新闻"

- 查阅来源：谁报道的消息？它们可靠吗？

- 这个消息在其他地方被报道过了吗？

- 消息是否太耸人听闻，难以置信？

- 消息的来源可以查到吗？

- 会有人或公司从该消息提供的信息中得到什么吗？

真实的世界

非法内容

几乎任何事情都可以在网上发布，甚至一些高度非法的内容也会出现在流行的网站上，比如百度和搜狗。如果你看到过让你感到害怕、烦恼或担忧的事情，就和成年人谈谈。他们可以解释它，或者配置你的互联网浏览器或搜索引擎，以便过滤掉成人内容。如果情况更严重，大人可以帮你报告。你可以报告给网站本身，或者如果你怀疑看到的内容违反了法律，可以向警方报告。一些在线的地方，很有可能就在学校里，可以帮助那些受到网络内容伤害的孩子。

情绪低落

网络有可能是个消极的地方，因为它可以让一些人情绪低落。这些人情绪低落可能是因为他们受到了批评，或者人们没有以他们想要的方式回应他们，又或者他们看到一些令人不安的事情。

保护自己

你不需要把挑衅、辱骂性的评论记在心里。如果情况没有改善，最好举报他们，并在今后避免进入这些网站。

被动使用

在无聊或分心时使用技术是被动使用数字设备的一个例子。当参与集体活动时，数字设备也会分散其他人的注意力，比如有人会用它分享一顿饭或者看一场电影。

积极地使用

使用数字设备的最佳方式就是积极地使用它们：在你开始使用它们之前，给自己一个明确的任务，任务完成后，就把设备收起来。

即时满足

万维网的即时、即用的可访问性使得人们期望随时得到娱乐。人们容易觉得信息的速度往往比其精确度更有价值。

从容不迫

膝跳反应常常是不准确且过于简化的。理解一个复杂的想法，或者看到别人的观点虽然需要时间，但是这样，你可以学到更多。

成为数字公民

在网上做一个好公民与在现实世界中做一个好公民非常相似。这两种情况的重点都是尊重他人和他人的财产。

数字公民

我们在工作和休闲方面与人的互动越来越多地是在网上进行。一个好的数字公民的行为就是了解数字世界的规则、规章和习俗，并遵循它们。优秀的数字公民应当欢迎新人，并且向有关部门举报霸凌等不良行为。

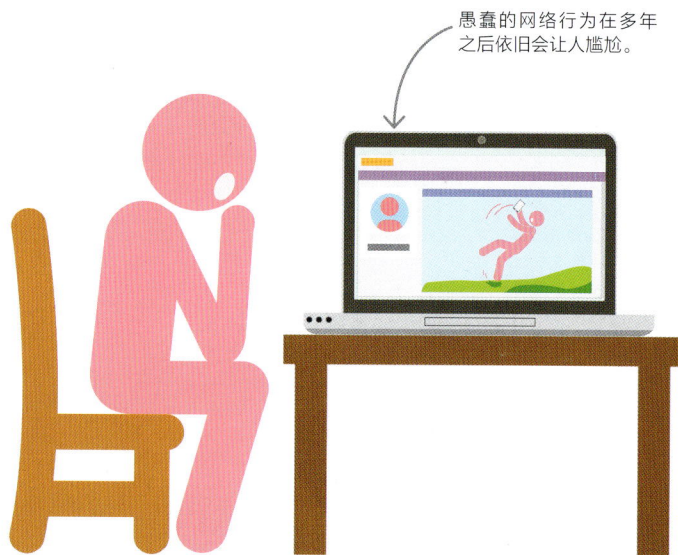

愚蠢的网络行为在多年之后依旧会让人尴尬。

在线身份

在网上成为一个好公民有助于建立在线身份和在线声誉。网络身份和良好声誉可能被不愉快、虐待或危险的网络行为破坏，这些行为可能会持续很多年。

数字世界

数字世界允许人们做一些在现实生活中无法做到的事情，比如联系那些遥不可及的人，或者访问信息和研究。虽然这些可能性在很大程度上是积极的，但它们也会影响人们的行为，并允许他们用非正常的方式行动。其中一个潜在的危险就是，人们会试图说出他们不会在现实中亲口说出的话。有些幽默的评论也很容易被认真对待。

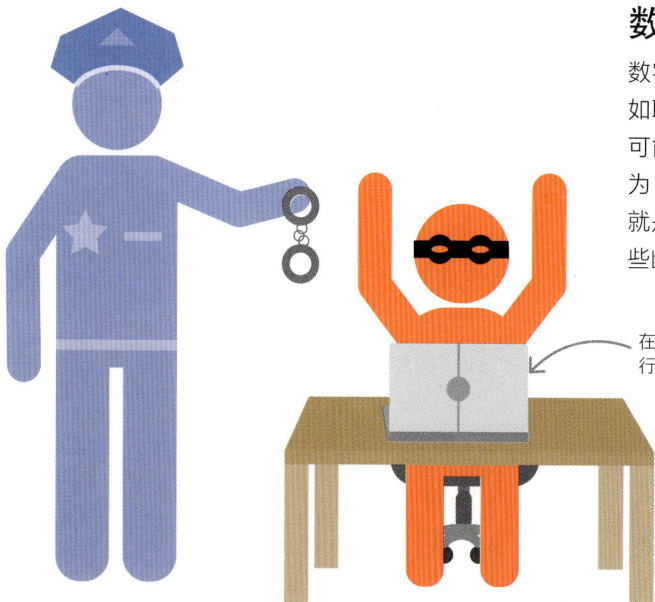

在一些国家，网络虐待行为可能会被逮捕。

数字世界的法律

许多人不知道自己在数字世界的行为会触犯所在国家或另一个国家的法律。在社交媒体上，这是一个越来越普遍的问题，它甚至会导致人们被起诉。

数字财产

在线内容，如照片或音乐，通常由其创建者拥有。其他人未经允许，不得共享，或者声称自己是其创建人。乐于让其他人使用、重新改编和分享其工作的创建者可以在"知识共享"协议下发布它。

> 不要在网上说任何你不想贴在广告牌上的东西。
>
> ——营销专业人员和作家，埃林·伯里

未经许可使用他人成果是不良的在线行为，还可能违反法律。

偷窃来的娱乐

人们不太可能认为不付钱就消费数字音乐或电影是偷窃。然而，这样做仍然剥夺了创作者的工作报酬。

未经许可，不是原作的创作者不得使用。

My Blog

摄影师有权利决定谁可以使用他们拍的照片。

偷盗想法

只要被许可，引用别人的作品是可以的。请求许可使用某人的作品通常能够成功，尽管这可能要付费。

在线交互

在网上与人们交流是交流观点和想法的好机会。然而，由于大多数在线交互都是使用文本进行的，这就增加了对话的难度。看不到人们的面部表情或听不到他们的语调容易导致误解。人们可以通过遵循这些在线交互的基本规则来最小化遇到问题的风险。

记得礼貌、真诚、体贴。因为没人会喜欢粗鲁或撒谎的人。

在论坛或网站上发表评论时，要遵守其规定的任何规则。

当某人帮助过你或帮助过别人时，记得对他或她表示感谢。

评论时保持积极。别说什么不友善的话。

辩论时要尊重别人，不要诉诸人身攻击。

试着对网上发生的一切保持良好的洞察力。

在线交流

软件和互联网为交流开辟了许多途径。现在，人们可以在几秒钟之内与世界各地的人们交谈、发送音频、文本和视觉信息，并且接收即时回复。

即时消息

即时消息是一种快速而简单的通信方式，它是从一个用户向另一个用户发送实时的、基于文本的消息过程。使用共享软件客户端，两个或两个以上的人可以通过网络（通常是互联网或发射台）发送消息。作为最流行的在线交流形式之一，它甚至允许用户创建聊天室、共享链接以及发送照片和视频。

用户需要点击"发送"来传递他们的消息。

在智能手机上发送消息

在线聊天主要是通过网络传输消息。在某些情况下，用户甚至可以看到其他人在打字，以及他们是否已经收到以前的消息。

视频聊天

这是一种流行的实时交互方式，使用因特网来传输和接收音频−视频信号。视频聊天（或者视频通话）允许用户相互实时通信。它可以在计算机、平板电脑或智能手机上进行，并且需要摄像头和特定的应用，例如Skype或FaceTime。

使用网络摄像机

网络摄像机是一种输入设备，可以连接到计算机上进行视频流式传输或拍照。

发送电子邮件

Emails（电子邮件）是"electronic mail(电子邮件)"的缩写，是数字化的等价物。它们是基于文本的消息，任何人都可以用电子邮件账户发送或接收消息。用户可以创建一个独特的电子邮件地址，消息可以从该地址来回传送。电子邮件甚至可以包含附件，如文档、图像和视频等。发件人可以选择"抄送"电子邮件给额外的人，或者"盲抄送"给他们，这可以向其他收件人隐瞒发件人的身份。

@符号

电子邮件地址可以通过@符号识别。电子邮件的第一部分称为地址的本地部分。@符号后面的部分通常是托管电子邮件程序的域名。

全世界每天发送的电子邮件超过2050亿封。

建立联系

现在有许多网站和应用程序可供使用，人们可以非正式地交流、找人并分享类似的兴趣。这些平台允许用户根据用户群体、兴趣和位置直接与他人连接。对于大多数这样的网站来说，用户必须遵循一个简单的在线注册过程，并创建一个用户配置文件来表明他们的详细信息。

虽然有多种沟通方法可以帮助人们提高人际沟通的速度，以及让人们能够和多人沟通，但也可能导致误解和其他负面问题。

优点：

- **灵活性**：只要有互联网连接就可以每时每刻从任何位置访问。
- **可存档**：与口头交流不同，在线交流是可以存档的，可以随时重访。
- **更容易发表意见**：在现实生活中通常不说话的人可以在网上不受干扰地说出他们想说的话。
- **社区**：创建社区不必考虑地理距离如何。

缺点：

- **安全威胁**：信息可能会被病毒或黑客破坏或窃取。
- **信息过载**：在线信息量有时会让人难以集中注意力去倾听。
- **误解**：由于它是不发声的，在线交流缺乏能够帮助阐明意义的人际交流语境。
- **连接性问题**：在线交流需要持续的互联网访问——这并非总是可行的。

博客
一个在线的个人日志。博客用来记录和分享个人的意见、故事、文章以及链接网络。

微博客
微博客一般是在社交网站上发布非常短的内容或更新。微博客网站允许用户订阅其他用户的内容、直接发送消息并公开或私下回复。

视频共享
这包括发布视频来共享它们。它还允许用户在博客或社交网络帖子中嵌入媒体。

照片共享
这些网站和应用程序允许用户发布他们的数码照片。这些照片可以公开或私下与其他人共享。

众包
这个过程需要通过从大量的在线用户那里寻求小的贡献来获得服务、资金、想法或内容。

安全上网

互联网在社交和教育上都是一个有用的工具，但它也有缺点。用户必须意识到它的危险并且想办法避免。

保证设备安全

确保在线安全的第一步是确保计算机和移动电话的安全。所有设备都应该有最新的病毒防护。如果在图书馆或学校等地方使用公共计算机，记得在离开之前要注销账户。

摄像头

黑客有可能未经许可就控制你的摄像头。所以在不使用摄像头时，用贴纸、磁带或封面覆盖计算机或手机上的摄像头。

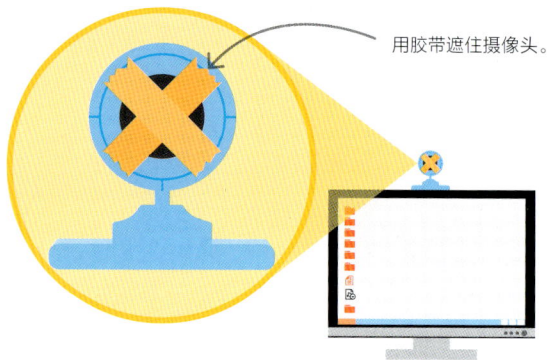

用胶带遮住摄像头。

危险的内容

互联网能让许多年轻人访问家长们不想让他们看到的网站。这些网站包括仇恨网站、种族主义网站、鼓励厌食症或自残的网站以及色情网站。与年轻人讨论这些问题有助于消除这种负面的影响，鼓励他们批判性地评价所读的内容，并与其他信息来源进行比较。

真实的世界
分享个人信息

对于年轻人来说，在网上交流时培养一种健康的不信任感是很重要的，尤其是当网站或别人向年轻人索取个人信息时。电子邮件地址、电话号码、家庭住址和学校等联系方式都不应该告诉陌生人。因为所有这些都可以用来识别某人的位置，从而可能使他们处于危险之中。

不当的信息源

年轻人在属于他们的地方通常会急切地想找到一个可以融入的群体。但这会使他们成为令人不快的意识形态的牺牲品。提倡种族主义或性别歧视，或鼓励歧视少数群体，如同性恋者的网站会助长他们的不良行为，在某些情况下还会导致犯罪行为。

毒品

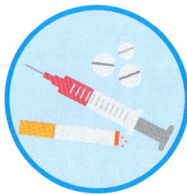

黑网是互联网的一个地下部分，在那里非法药物很容易获得。同样，在黑网上也很容易获得被称为"法律高点"的潜在危险物质。

自我伤害

那些处于压力之下或正在与精神问题做斗争的年轻人特别容易受到鼓励自残或自杀的网站的威胁。鼓励厌食症的网站也存在，可能会危害脆弱的青少年。

色情文学

XXX

年轻人很容易在网上浏览到色情内容，因为许多网站不需要付费。父母可以在家庭中通过对设备和互联网连接的控制，限制孩子对这些网站的访问。

社交媒体

虽然这是和朋友联系的积极方式，但是社交媒体常常会给年轻人带来压力。以某种方式看，这可能是不切实际的压力，又或者是因为他人的不友善的评论导致的。此外，私人信息或图片被广为流传也有危险。父母可以通过让孩子意识到这些问题并讨论避免感觉不适的实际方法来帮助他们，增强孩子的自信，让他们意识到自己有权利说不，这也会是有帮助的。

Privacy settings（隐私设置）

社交媒体隐私设置允许用户隐藏他们的帖子，这样陌生人就不能访问他们。禁用位置设置可以阻止人们定位一个人在哪里。

主页	Profile		
通用设置	可见		
隐私设置		所有人 仅朋友 仅自己	
发博客			
消息设置			
公开设置	地理位置		
支持		关 开	

假身份

虽然在网上与陌生人聊天是交朋友和联系有共同兴趣的人的好方法，但这也可能带来一些危险。所以，人们不必使用自己的真实照片或者自己的真实姓名，也不必说实话。虽然这可能是用户探索其身份的一种方式，但不幸的是，罪犯也可能利用这种方式接触年轻人。

虚假资料

那些想在网上侮辱或对抗他人的人——也称为"键盘侠"，经常会用假名建立新的身份，所以很难追溯到他们的活动。因此，通常与之相对的是，比较容易发现这些社交媒体的资料。

虚假的个人资料通常不包括照片或使用过度被人修饰的通用照片。

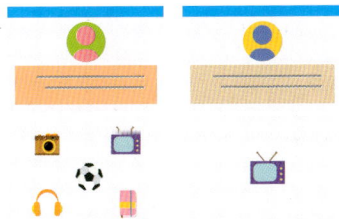

虚假的个人资料不包括太多的个人信息，而真实的个人资料则列出了用户的兴趣或工作等信息。

拥有极少数的朋友或追随者是另一个值得警惕的特征。

假资料有时是由一列随机字母和数字组成的昵称。

仅发布滥用内容的账户很可能是伪造账户。

网络欺凌

随着即时在线交流的兴起，网络欺凌行为也在增加，但是来自父母和老师的支持确实可以帮助青少年消除令人不安的互动。

什么是网络欺凌？

用互联网连接的设备威胁某人或使某人尴尬，都被称为网络欺凌。网络欺凌有多种形式，包括发送威胁或不愉快的短信，冒充某人在线以获取信息，未经某人同意张贴个人信息，建立关于某人的投票，传递秘密，以及威胁公开信息等。

受害者的感受

网络欺凌会使受害者感到害怕和孤立。他们可能会因为人们对他们的评价而感到尴尬和惭愧，这可能使他们更难寻求帮助。

什么使其与众不同？

不幸的是，欺凌在学校和年轻人群体中相当普遍，但是网络欺凌的特征却与众不同。其中一些欺凌能够让人更容易地识别，同时，也更容易处理。但有些欺凌却会让问题变得更难处理。

任意时间的

网络欺凌可以昼夜不停地发生，甚至可以发生在受害者的家中，在互联网和移动设备出现之前，他们本来可以安全地免受这种虐待。

匿名的

网络欺凌者能够匿名，这让我们追踪其来源可能非常困难，这意味着受害者不知道该信任谁或责备谁。

受众大

网络欺凌者可以非常迅速地接触到大量的受众，增加受害者的痛苦。许多人可能通过传递欺凌者的形象或言论而成为同谋。

处理网络欺凌问题

处理网络欺凌问题有多种方法。年轻人应对这个问题的最佳方式是阻止社交媒体上的欺凌者，并向网站举报攻击行为。

保存包含欺凌性信息或图片的网站的在线对话和截图作为证据。

联系一个帮助热线，帮助那些正在欺凌问题上战斗的年轻人，从而获得建议和支持。

告诉家人、朋友或老师，因为他们可以为你提供支持和实际帮助。

如果欺凌者使用社交媒体或公共网站，就组织并举报他们。

不要报复或回复欺凌者，因为这可能只会鼓励他们欺凌。

真实的世界
网络欺凌和法律

在大多数国家，网络欺凌不是一种特定的刑事犯罪，但是通常有与行为或通信相关的法律可以适用。随着问题越来越普遍，警察和检察官开始发布有关这些法律的指导方针。在社交媒体上发表的言论也可能导致人们在民事法庭上被控诽谤。

匿名发表评论的能力常常最让人们感到糟糕。

证据

在欺凌者不是匿名的情况下，其在线信息或欺凌事件是欺凌行为的证据，我们可以将它们展示给老师或警察。

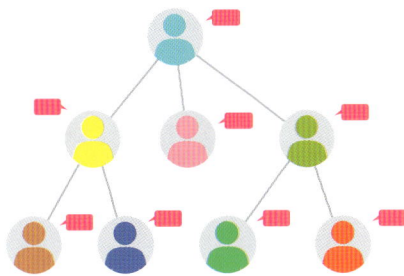

欠考虑的言论

有些网络欺凌事件并非是有意的。一句粗心的话可能会在被许多人分享之后无意中伤害到某人。

深层知识
为什么人们会这样做？

有很多原因可能让年轻人卷入网络欺凌行为。如果他们曾经是欺凌的受害者，或者是家庭有问题，他们就可能会把问题发泄到别人身上。有些人认为这是一种以牺牲他人为代价来增加自己受欢迎程度的方法。年轻人可能对参与一个挑别人的团体感到不舒服，但是没有信心指出并制止这种不良行为。

黑客与隐私

每个互联网用户创建的数据都可能被出于恶意目的而收集。为了最小化风险，发现潜在的陷阱是很重要的。

没有什么是隐私的

根据经验法则，假设互联网上发布的任何内容都不会保密，那么账户设置可能会限制谁可以查看社交媒体上的帖子，但是下载图片和截图是很容易的。然后这些照片可以在任何时候共享并重新上传。许多网站也有自动备份，所以只会从主网站目录中删除内容，并不一定会删除副本。

网络隐私

为了安全起见，不要在网上发布任何让陌生人知道后会让你感觉不舒服的内容。

图片可以在多个设备上保存并复制。

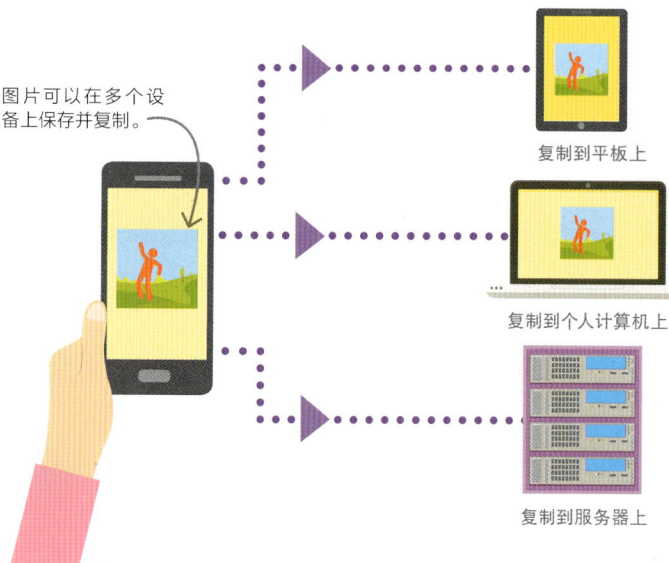

复制到平板上

复制到个人计算机上

复制到服务器上

黑客

让一项技术去做一些违背其设计初衷的事的人就叫做黑客。其中一个常见的例子是绕过软件安全非法访问别人的账户。黑客有很多类型，但是都有正确的预防措施可以避免黑客攻击。

钓鱼网站

欺骗某人将其证件号输入欺诈网站。其模型通常模仿的是合法的社交媒体网站或银行。

User ID
Password

社会工程

研究一个人的社交媒体账户以获得可用于帮助猜测的信息，也可以盗取密码。

恶意浏览器扩展

诱骗某人下载可以跟踪浏览习惯或者可以登录账户发布帖子的恶意浏览器扩展。

密码抓取

如果用户习惯对许多网站重复使用相同的密码，那么从低安全性网站窃取一次密码，就意味着他们可以访问所有其他用这个密码访问的网站。

Password
****

键盘记录器

一旦下载，键盘记录器就会记录用户按键，并将数据（如密码）发送给黑客。

REC

浏览行为

在线浏览可以比作扔面包屑。扔一块面包屑没什么大不了的，但是如果扔很多块面包屑就会造成一团糟。大多数用户甚至不知道他们在浏览互联网时会泄露什么信息。而持续地获取这些小的、无害的数据可能会导致严重的隐私泄露。为了防止这种情况，了解如何创建和监视用户数据非常重要。

Cookies（存储在用户本地终端的数据）
Cookies是网站用来存储用户浏览会话信息的小块数据。除了IP地址和搜索历史之外，它们还可以用于创建用户习惯和兴趣的详细描述。

隐私设置
在安装新应用程序时，许多人没有阅读软件许可协议就会点击"我同意"按钮。这使得手机软件可以在用户允许但用户不了解的情况下收集个人信息。

IP地址
IP地址是32位或128位的用于识别计算机的唯一数字。网络上的窃听者可以使用这个IP地址来监视用户正在访问的网站。

真实的世界
针对性的广告

有针对性的广告旨在向人们展示他们感兴趣的内容。如果某人的浏览历史包含很多旅游网站，他们可能会看到航班折扣和假期套餐的广告。虽然有针对性的广告并不侵犯隐私，但它揭示了通过研究搜索历史可以获得多少信息的现象。

防止数据盗窃

显而易见，防止数据盗窃的最佳方法就是：只访问可信赖的网站；对社交媒体帖子要有选择性；如果发现或怀疑有问题，就立即解决。对于高级保护，考虑双因素身份验证（2FA）和加密服务。虽然在网上采取额外的安全措施可能会令人烦恼，但从长远来看，为维护隐私和防止问题发生所付出的代价会变小。

匿名浏览
在私人或隐匿窗口中浏览时，是不会存储Cookies的。搜索历史、下载历史和搜索查询没有记录，因此就不会被盗。

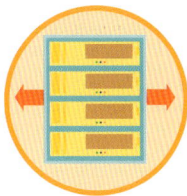

代理服务器
这些服务器用于隐藏IP地址，可以让用户正在访问的网站很难确定。这就像用别人的电话叫出租车，出租车也会出现，但是他们没有关于您的信息一样。

清除数据
在使用常规浏览器时，请确保定期清除浏览历史、缓存和Cookies。你还可以将浏览器设置为在每次浏览会话之后自动清除相关数据。

深层知识
父母的建议

保证孩子在网上的安全就意味着要教会他们形成负责任的浏览习惯。更新浏览器设置可以阻止成人内容，并定期检查他们的浏览历史。同时，同孩子进行关于网络安全的对话。年幼孩子的父母可能想要获得孩子的密码，但对于青少年来说，在安全和隐私之间有一条细线。如果你决定使用GPS跟踪应用程序或监控软件，最好向孩子坦白。

社交媒体

什么是社交媒体

虽然它看起来像是一个新概念，但是社交媒体实际上是一个城市广场的全球网络版本。社交媒体创造了人们相互交流的虚拟场所。

使用社交媒体

社交媒体平台或社交网络是允许用户相互连接的网站和应用。它们还允许用户以文本、图像、音频和视频的形式上传他们自己的内容。现实生活中有多种社交媒体平台，就其工作方式和中心内容而言，每个平台都有自己的风格。社交媒体平台自20世纪初问世以来，已经越来越成为日常生活的一部分。

> 互联网正在成为"明日地球村"的城市广场。
>
> ——美国微软联合创始人，比尔·盖茨（1955

商业

许多企业会因在社交媒体平台上宣传他们的产品和服务而支付社交媒体公司费用。社交媒体允许人们分享他们所看到的内容，这其实有助于企业接触到新客户。

娱乐

在社交媒体上可以找到各种娱乐活动，比如看视频、参加辩论以及和其他人一起玩计算机游戏等。

建立社区

人们通过社交媒体很容易在当地找到志趣相投的人。

用户生成的内容

社交媒体的生命线在于用户创建其内容的能力。用户通常通过智能手机上传图像、视频或文本。

详细资料和信息流

无论使用手机软件还是网站，社交媒体平台的布局都类似。用户可以上传自己的图片，这让他们能够被其他人识别。当用户登录时，他们会因为上次连接的设备登录时上传到站点的内容而得到一个新闻反馈，有时还会推送关于站点上最近流行的新闻。那里可能也有广告或赞助的帖子。许多平台还为用户提供了私下交谈、一起玩游戏、参加比赛以及其他事情的机会。

信息反馈

联系人和聊天栏

头像

http://top10sforkids.com/

适合孩子的十大博物馆

Shreya

Chat
Suefa
Sunita
Steven

嗨!
最近怎么样?

很好! 你呢?

交互

网站上发布的每条内容通常都向用户提供一种可以让他们以某种方式做出反应、评论和分享的途径。

媒体分享

用户通常可以在社交媒体上评论任何不受限制的内容，也可以与他们自己有些关系的人分享。当一些内容在短时间内被很多人分享时，就可以说它已经"病毒式传播"了。

交流

社交媒体的即时性使得朋友和家人不管彼此的距离有多远，都能够很方便地保持联系。

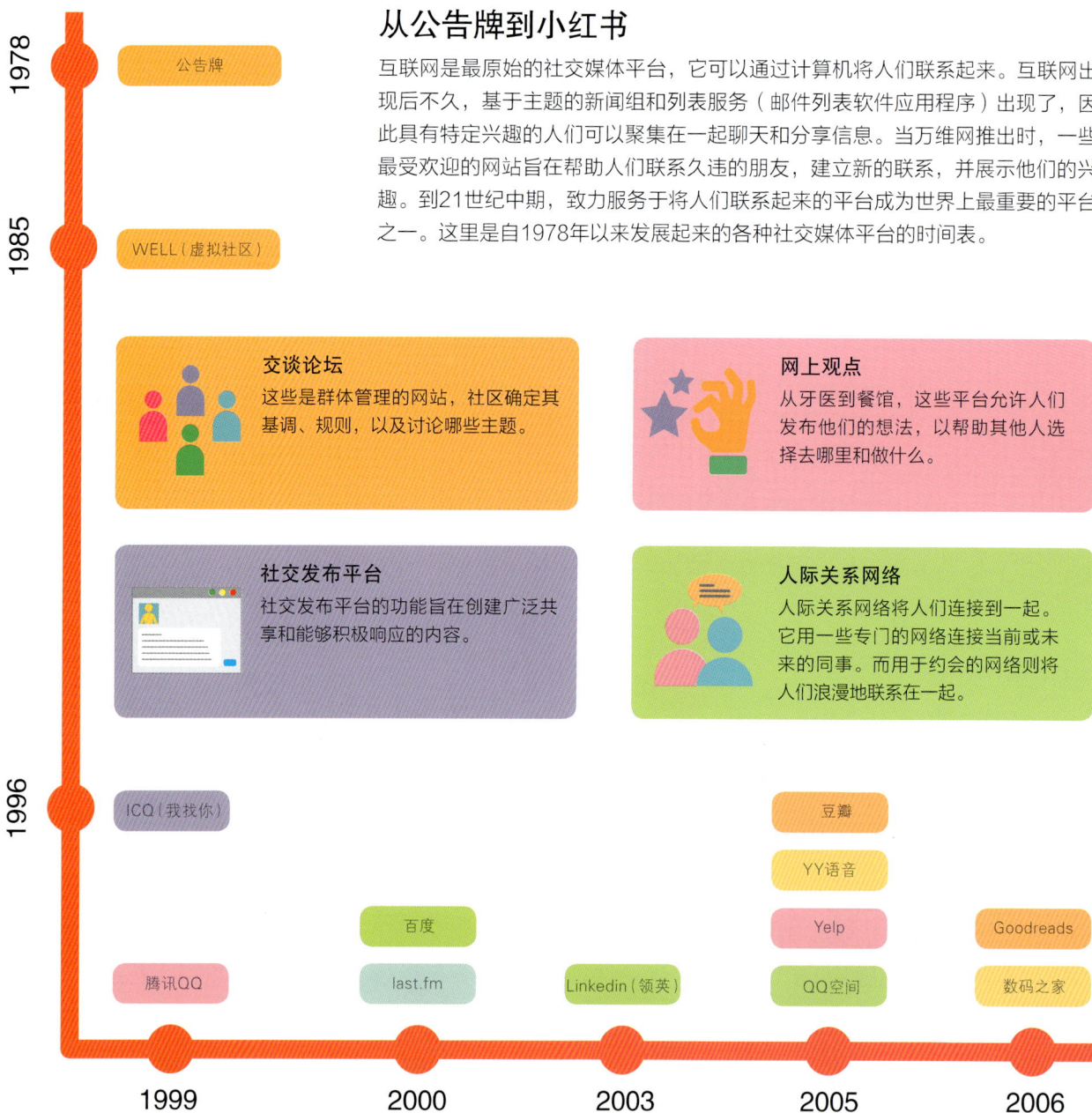

社交媒体平台

社交媒体平台是一个在线平台，社区可以在此聚集、建立联系并共享用户生成的内容。社交媒体平台有很多种类型。

从公告牌到小红书

互联网是最原始的社交媒体平台，它可以通过计算机将人们联系起来。互联网出现后不久，基于主题的新闻组和列表服务（邮件列表软件应用程序）出现了，因此具有特定兴趣的人们可以聚集在一起聊天和分享信息。当万维网推出时，一些最受欢迎的网站旨在帮助人们联系久违的朋友，建立新的联系，并展示他们的兴趣。到21世纪中期，致力服务于将人们联系起来的平台成为世界上最重要的平台之一。这里是自1978年以来发展起来的各种社交媒体平台的时间表。

1978

公告牌

1985

WELL（虚拟社区）

交谈论坛
这些是群体管理的网站，社区确定其基调、规则，以及讨论哪些主题。

网上观点
从牙医到餐馆，这些平台允许人们发布他们的想法，以帮助其他人选择去哪里和做什么。

社交发布平台
社交发布平台的功能旨在创建广泛共享和能够积极响应的内容。

人际关系网络
人际关系网络将人们连接到一起。它用一些专门的网络连接当前或未来的同事。而用于约会的网络则将人们浪漫地联系在一起。

1996

ICQ（我找你）

豆瓣

YY语音

百度

Yelp

Goodreads

腾讯QQ

last.fm

Linkedin（领英）

QQ空间

数码之家

1999　　　2000　　　2003　　　2005　　　2006

马克·扎克伯格

马克·扎克伯格(1984)是脸书的创始人，脸书是近年来最流行的社交网络。扎克伯格一开始发明它只是把它用作约会程序的，但是很快他就发现脸书的社交功能更大。脸书一开始只是趋向于给少数大学的大学生使用的，但在2006年，它开始向所有人开放。它允许所有13岁以上的人创建个人资料，并且与世界上所有的人连接起来，同时分享内容。

社交媒体共享网络

社交媒体共享网络允许用户发布视频、图像和音频，并将用户与受众和协作者联系起来。

因兴趣聚集的网络平台

这些网络连接那些分享爱好或需要特定信息的人。这可能是一种特殊的文学类型的网络或者是可以找到社会服务的地方。

小红书

2013

新浪微博

哔哩哔哩　　米聊　　微信

2011

2009　　2010

不同的平台，不同的身份

每个社交媒体平台都是不同的。由于这个原因，一个人的兴趣和个性的不同方面可能在一个平台上表现得多，而在另一个平台上表现得少。工作本身就可能在一种媒介上展示，而蛋糕烘焙技巧也可能在另一种媒介上展示，分享这两种不同内容的用户却是同一个。社交媒体允许每个人创建不同的身份，并以他们自己的方式发现和表达自己。

多个身份

人们在不同的平台上表现得各不相同，而网络世界则让这些角色茁壮成长。

有用的术语

社交网络：一个社交媒体平台，向用户展示用户和用户朋友的地方。

Web 2.0：一个术语，有时用来指互联网和编程语言的发展，它使得用户与网站进行交互更容易。

私信（DM）：社交网络上一个用户发送给另一个用户的私人消息。

潜水者：喜欢阅读他人在社交网络上的帖子，但自己很少发布的人。

信息流：用户的联系人创建的内容列表。

内容分享

人们发布的内容在社交媒体领域是最重要的资产。它被社交媒体用来建立客户和保持联系，公司则用它来更好地了解他们的潜在客户。

请参阅

‹ 6-7 和别人一起使用计算机

‹ 132-133 什么是网络

‹ 138-139 互联网和万维网

走向世界

设计万维网是为了解决英国计算机科学家蒂姆·伯纳斯·李的一个问题。蒂姆·伯纳斯·李想要一个地方，在那里他可以不必站起来穿过房间或者打电话给别人，就能得到关于计算机系统的信息。他创建了一个超文本协议，允许任何人创建网页，并存储所有人在任何地方都能够访问的内容。

网络

网络由内容创建者、内容的存储空间以及访问它的人员组成。每个人和每件事物都直接或间接地彼此连接，从而形成一个非常有弹性的网络。

人物简介

蒂姆·伯纳斯·李

英国科学家蒂姆·伯纳斯·李（1955）是万维网的创始人。20世纪90年代，他于CERU（欧洲核研究组织）创造了信息共享系统，这个系统可以让网络用户通过计算机得到信息。他创建的超文本协议（HTTP）让那些不能进入大数据库或计算机主机的人们的网络有了更多的可用空间。今天，他的公司仍致力于保持对网络信息的免费访问。

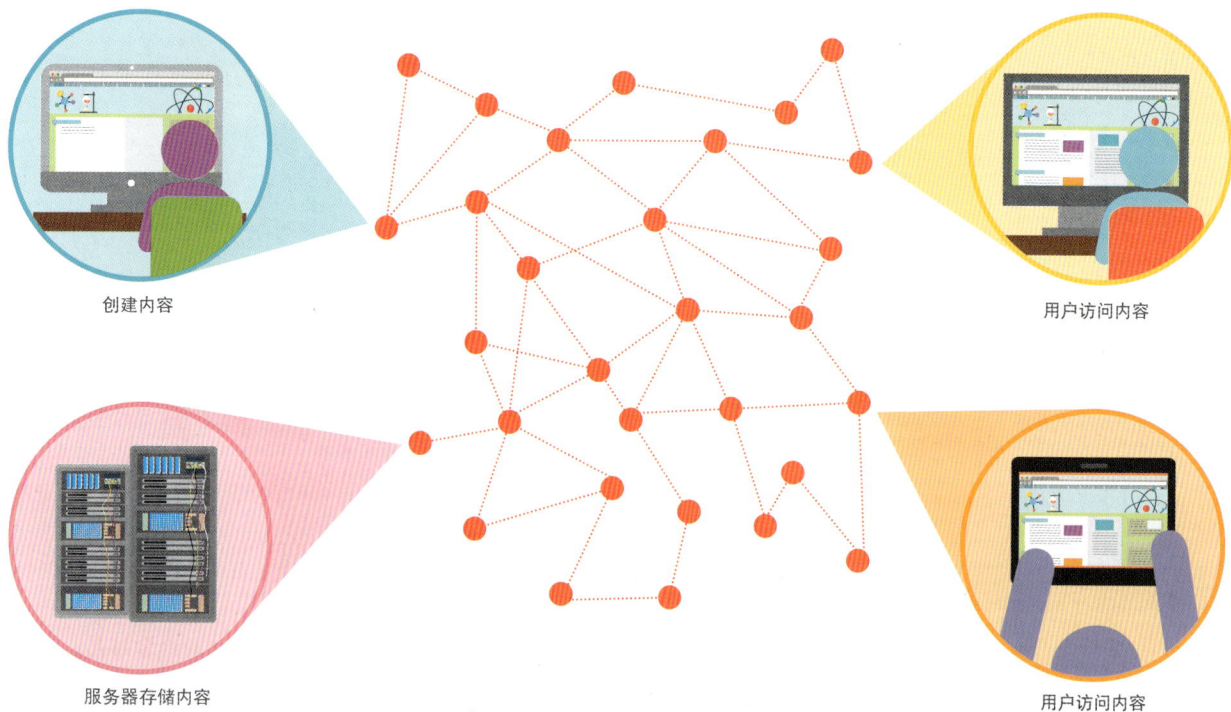

创建内容

用户访问内容

服务器存储内容

用户访问内容

分享内容需注意

网络世界主要是由文本、图像和视频组成，这使得表达情感变得困难。用户可以通过与好友共享信息而与好友建立联系。虽然这是一件非常积极的事情，但是值得记住的是，有些东西可能不应该在网上发表。

交朋友

在网上交朋友与在线下交朋友非常相似。人们需要见面（无论是在线上世界还是在线下世界），也需要花时间一起参加活动。

过度分享

有时，人们发布的某些关于自己或他人的信息，其实最好不要发布出来。这就是所谓的过度共享。这些信息可能是其他人根本不需要知道或看到的个人观点、图像或视频。

分享的东西是永存的

当某些东西与另一个人分享时，它是属于他们的。但当它在网上被共享时，它就由你所发布信息的第一个地方的相关公司存储了，所以在网上发布消息要小心。

内容控制

网络就像一个巨大的复印机，可以复印现实生活中的大多数东西，其中就包括他人拥有的内容。它也很容易广泛共享内容。这打破了传统上依赖知识产权的行业：他们失去了控制内容并从中赚钱的能力。

知识共享

知识共享是内容的分享许可证，允许创建者确定谁可以访问和发布他们的作品。它可以是完全自由和开放的，甚至允许其他人从内容中赚钱。或者它也可以是完全封闭的，当然，也可以介于两者之间。

> 真实的世界
> ### 被遗忘权
> 并非所有在线的信息都是准确的，也不一定所有的信息都代表了其相关人员的观点。为了保护人们免受这种信息的侵害，一些国家已经实施了"被遗忘权"法，允许个人清除搜索引擎中有害的或不准确的信息。虽然它可能从搜索引擎的最佳结果中消失，但它并没有从网上删除。如果使用了正确的搜索术语，或者用户记住了承载信息的特定网页，则内容仍然可查看。

最小的限制 · 最严的限制

类别一			类别二		类别三	类别四
分享	改编	用于商业	分享	改编	分享	保留所有版权

社交媒体手机软件

社交媒体的日益普及改变了人们相互交流的方式。多亏了各种社交媒体手机软件，现在可以让人们一直与家人和朋友保持联系了。

请参阅

‹ 6-7 和别人一起使用计算机
‹ 182-183 什么是社交媒体
‹ 184-185 社交媒体平台

移动优先

在互联网的早期，人们使用台式计算机或笔记本电脑上网。如今，诸如智能手机和平板电脑等手持设备已基本投入使用。并且能访问网络。这些东西普及的好处是，无论人们在哪儿，总是能互相保持联系，也能捕捉、上传和下载内容。然而，其缺点就是这可能导致信息过载。

随时随地
社交媒体可以让人们在任何地方访问。便携式设备与台式计算机一样强大，它们允许用户随时保持网络连接。

下载社交媒体手机软件

连接到社交媒体手机软件的方法有很多。第一步是从应用程序商店下载应用程序。手机软件可能由腾讯或网易等知名开发者发布，也可能由小公司发布。大多数手机软件都是免费的，但有些可能具有付费服务功能。请记住，有些手机软件有年龄限制。华为应用市场、苹果应用商店和微软应用商店是比较大众化的分发平台。

苹果应用商店
苹果应用商店是iOS设备的社交媒体软件下载地址。苹果应用商店对于上传的应用程序有非常严格的规定，每个程序都必须经过严格的测试。

华为应用市场
安卓用户可以从华为应用市场下载社交媒体手机软件。从华为应用市场下载的软件都是正版，因此不用担心质量问题。

微软应用商店
智能手机和平板电脑上使用的是Windows系统的人可以在微软应用商店下载软件。虽然大型社交媒体公司通常在微软应用商店上提供他们的手机软件，但一些较小的公司可能需要一段时间才能为微软设备提供所需版本。

使用社交媒体手机软件

大多数社交媒体手机软件都不像它们的网络版本那么灵活和复杂。有些可能提供交互性减少的手机软件版本或需要下载单独的手机软件来使用诸如私信之类的功能。移动社交媒体手机软件比起线上社交媒体软件更容易与社交媒体直接接触。当实时向其他人提供重要信息时，这可能是一件好事，如对自然灾害做出反应。然而，如果用户发布某些内容时不优先考虑其即时性，那么这种即时性可能是一件坏事。

> 随着用户用以移动应用为中心的生态系统取代对网络的使用，手机就成了重心。
>
> ——英国技术企业家，基思·特亚律（1954）

注册

一旦在设备上下载了应用，访问它的第一步就是将其与新的或现有的账户链接起来。相同的账户可以用在不同的设备上查看应用程序。

双重身份验证

许多社交媒体应用需要双重身份验证。这意味着，除了用户名和密码之外，用户还必须输入唯一代码来证明他们的身份。这样做是为了使未授权人员侵入账户的可能性最小化。

离开社交媒体应用程序

删除手机软件不会删除你的社交媒体账户。不同的手机软件需要不同的条款和条件来注销账户。通常，这是通过查看手机软件设置来完成的。

真实的世界

位置跟踪

通过便携式设备访问社交媒体应用程序的好处之一是，用户可以根据其当前位置获取信息。应用程序创建者可以跟踪用户的位置并创建更多根据其客户兴趣打造的特定的功能。然而，这有一个缺点：应用创建者可以把这个位置信息卖给第三方，以让自己获得利益。

使用社交网络

社交网络是人们与朋友和家人联系的最大众的方式。但是不能因为每个人都在使用它们，就觉得不需要谨慎。

请参阅

‹6-7 和别人一起使用计算机
‹166-167 在线身份和数字身份
‹182-183 什么是社交媒体

从社交网络中你获得了什么?

社交网络是结识新朋友、与朋友和家人保持联系的地方。它们也是我们获取大量新闻、发现我们当地发生的事情，以及发现我们感兴趣事物的新趋势的地方。一些社交网络的主要目的是帮助用户找到工作。还有帮助用户找到新朋友等其他用途。在线社交网络几乎可以做任何事情。

深层知识

数字足迹

你在社交网络上所做的一切都会由运营它的公司收集。这些信息被称为你的数字足迹，它被公司用来显示你可能感兴趣的信息，比如广告。这个足迹可以在公司之间共享，以便创建你和你有关系的人的更详细的资料。这是一件有争议的事情，世界各国政府都在努力解决谁应该拥有用户的数字足迹数据的问题——是用户还是他们使用的服务的公司?

你的个人资料

你的个人资料在社交网络中是最重要的:它告诉人们你是谁（或者，你想告诉别人你是谁），并且它显示和你相关的东西、人以及你发布的内容。

管理社交网络上的关系

随着用户与更多的人联系，他们的社交网络会扩展。为了建立连接，一个人向另一个人提供连接请求。如果被接受，则进行连接。但是就像离线一样，保持这种联系也是很重要的，因为这可以共享信息并且响应他们的信息，也可以创建对他人有用的内容。社交网络连接也可能中断。如果有人选择切断联系，他们的信息将不再被其他人看到。

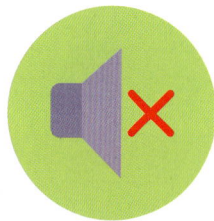

屏蔽

如果有人使用社交媒体联系你过多，你可以屏蔽他们。虽然这不会阻止他们发表言论，但他们的帖子将不再对你可见。

不友善的人

当相互之间的联系断开时，用户的内容发送给以前的朋友将不会收到反馈消息。但有时候，不友善的人仍然会看对方的内容。

在社交媒体上发布内容

人们可以通过链接或分享评论将发布在社交媒体上的内容发送给互相联系的人。如果用户发布的内容被其他人认为是有价值的，那么他们的声誉就会提高，并且成为他人的宝贵资源。从这个角度来看，社交媒体就像一场流行性的竞赛。

成为"超人"

人们倾向于创建一个"超人"，或者比在社交媒体上发布时稍微好一点的人。他们可能分享他们最好的节日快照，或者分享他们吃过的美食。然而，他们发布的东西并不能完全反映现实。

公共聊天VS私人聊天

研究表明，通过私人信息沟通的两个人比只通过公共"墙"沟通的人更接近。也就是说，有些人喜欢公共聊天，因为每个与他或她有联系的人都能看到。

深层知识

自我比较

有些人利用在社交媒体上看到的内容——不管它是由家人、朋友、运动员、电影明星还是其他名人创造的，来消极地反映他们自己的生活。值得你注意的是，社交媒体用户将他们生活的编辑版本呈现在网络上，但这不是真实的生活，而只是某人想让你看到的生活。

社交网络和新闻

社交网络的主要用途之一是在朋友和联系人之间分享一些新闻故事。社交网络上的联系人可能对相同的事物感兴趣，所以共享新闻故事是共享信息的一种简单方式，这对于网络可能是有用的。新闻和其他媒体组织很快学会了这一点，并成为这些网络的活跃成员，创建了易于在这些平台上分享的内容。

你所处区域的社交网络

你可以将你的社交网络配置为仅根据你的本地区域发送新闻和信息。你所在的区域可以是你所处的国家、城镇或城市，甚至你所处的街道。通过这种方式，你就可以过滤掉不需要的信息。

社交媒体不只把我们联结在一起——还联结着我们的现在与过去。

——《经济学人》杂志的数字编辑，汤姆·斯丹迪奇

游戏和社交网络

社交网络和计算机游戏已经结合起来了，大多数游戏给玩家一个与他人在线玩耍的机会，并且许多社交网络提供嵌入式游戏。

社交网络游戏

许多社交网络允许他们的用户在自己的网络中玩游戏，并与他们社交媒体上的联系人分享他们的进步。这些简单的游戏通常通过Flash动画在网站或应用中运行。这些游戏倾向于以简单的任务为特色，例如农业或建筑，这些任务需要时间来开发，并激励用户返回站点检查他们的进度。

微交易

玩家可以在游戏中购买物品，以提高他们玩游戏的能力：这些物品通常是为了加速时间，或者给他们设定一段时间的特殊能力。

持续的目标

这些游戏的特点是游戏的目标越来越难。达到这些目标也可以相对简单，只是可能需要时间或游戏中的金钱。

成就

每完成一个目标都会得到一些奖励或反馈，从而鼓励玩家继续比赛。在这些游戏中通常没有胜利的条件，但得到奖励就是玩家"赢"的方式。

深层知识

微交易

无论是社交媒体游戏还是应用，许多游戏都为玩家提供解锁特殊能力或升级的能力。这些游戏内商品的购买被称作"微交易"，并被记入持有人账户中。如果其他人正在使用他们的设备购买，他们应该知道这一点。通常，通过查看设置或账户菜单，微交易可以在所有主要的游戏平台中禁用，或者你可以要求运营商提供密码，以便进行应用程序内购买。

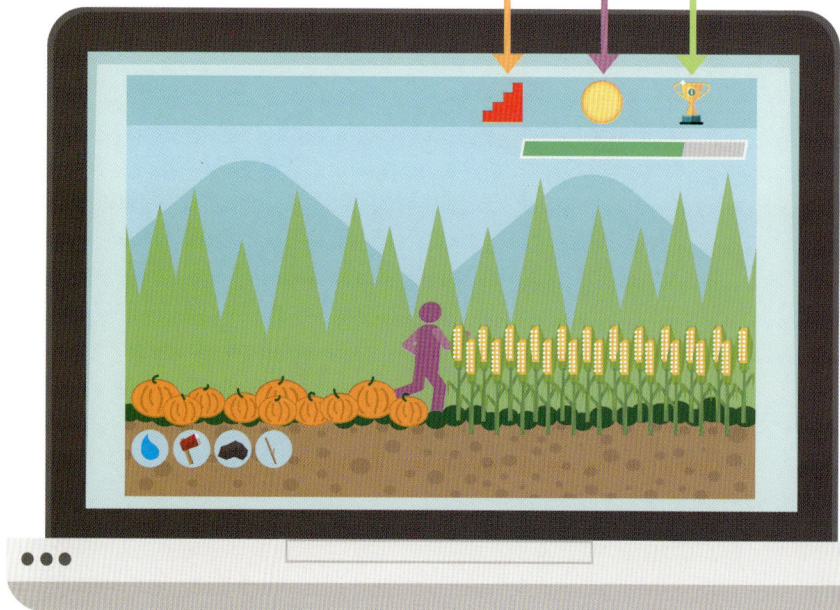

游戏网络

互联网使人们在世界上的任何地方，都可以一起玩游戏。专门的游戏网络还允许用户购买游戏、上传他们玩游戏的视频，以及分享其成果。

Steam

Steam是一个销售游戏的数字商店，允许玩家在Windows、Mac和Linux操作系统上在线玩这些游戏。它始于2003年，举行了七场比赛，但目前拥有数万个冠军。

PSN

PlayStation网络是全球最大的游戏平台，拥有1.1亿会员。它被允许索尼PlayStation游戏机的玩家通过游戏、电影和音乐相互影响。

Xbox Live

Xbox Live被设计成能够在微软的Xbox控制台上运行，它允许用户在线一起玩游戏，同时还可以使用一系列应用程序，包括视频流、体育、音乐和视频聊天等。

在线游戏的优点

在线游戏可以被认为是一个以玩游戏为中心的社交网络。在大型在线游戏网络上，玩家可以创建一个化身并交朋友。一些网络和游戏针对一些特别的年轻玩家，限制了玩家相互交流的能力。

交朋友

玩游戏和与新朋友在线交流是交朋友、发展社交技能，甚至学习不同国家和文化的一种方式。

和朋友保持联系

与朋友——尤其是没有生活在同一地区的朋友，保持联系的好方法就是分享经验。而在线游戏正是分享经验的一个好办法。

愉悦以及放松

踏入游戏提供的新世界是一次非常愉快的经历。只要适度游戏，游戏是可以帮助减少压力和改善认知功能的。

网络仇恨

当涉及消极和虐待时，游戏网络和其他类型的社交网络没有什么不同。用户有时甚至会面临攻击性或威胁性的行为。不过谢天谢地，游戏网络供应商建议玩家举报有虐待性的玩家，并对其接收的举报采取行动。

引战

"引战"是指在网上以故意冒犯或挑衅的方式进行交流的人。引战的人可能会通过大吵大闹、做出攻击性或破坏性的行为来激怒其他玩家。

#*＄@#*#*＄@#!

％＄#@*#@!!!

@#!＄％**&%!

术语

游戏术语

FPS：第一人称射击。

Griefing（恶意攻击）：当玩家一起玩游戏时，某个在线玩家故意引起其他玩家的愤怒。

MMORPG：大型多人在线角色扮演游戏。玩家创建角色并能够与在线世界中的很多其他玩家交互的游戏。

Rage Quitting（愤怒退出）：某玩家非常生气，以至于退出游戏。

RPG：角色扮演游戏。一种玩家可以扮演角色，并且通常与梦幻环境互动的游戏。

社交媒体泡沫

社交媒体平台允许我们看想看的东西，并且过滤掉我们不想看的东西。但这不仅仅是技术的作用，它同时也是我们心理作用的一部分。

请参阅

‹ 168-169　保持平衡
‹ 182-183　什么是社交媒体
‹ 184-185　社交媒体平台

什么是社交媒体泡沫？

社交媒体泡沫也称为过滤泡沫，是指在社交媒体上只看到我们喜欢的东西的现象。这种现象是由两件事引起的。用户可以阻止、忽略，有时也可以删除他们不同意或不喜欢的内容，这在一定程度上调整了他们的社交媒体偏好。另外，许多社交媒体平台使用算法，从而知道用户喜欢看什么，然后只提供给用户喜欢看的东西。就比如一个十分支持某政党的人是不会喜欢看到对该政党有批判性的评论或观点的。

宠物的主人通常会对一些饲养宠物有关的广告感兴趣，这会促使他们买一些不是非常需要的东西。

那些喜欢家庭烹饪的人更有可能看到吃快餐和对快餐持批评态度的人。

泡沫

如果所有人在社交媒体上看到的都是他们喜欢并且赞同的东西，他们就很有可能会处于一种与他人隔离开来的危险中。并且可能慢慢地失去理解他人的能力。

球迷可能会看到足球是最好的运动的观点再次被证实的内容。

为什么我们会喜欢同自己相似的人

我们会被和自己相似的人所吸引：也许他们长得像我们，或者穿着像我们。他们可能和我们有相似的背景或者有相似的经历。这些会成为友谊的基础，因为我们可以联系到这些人以及体验到他们的内心想法。虽然这是一件积极的事情，但它却会限制我们对那些与自己不相似的人的理解。

信任

我们更愿意相信那些我们信任的人所带来的信息，即使那些信息没有任何其领域相关的专业证明。

术语

有用的术语

强关系： 一些属于我们社交圈子，并且同我们有许多直接或间接联系的人。

弱关系： 会偶然联系，但平时很少或不联系的人。

证实性偏见： 更倾向于喜欢或相信一些证实你现有信仰的东西。

封闭式网络和开放式网络

社交网络有两种：开放式和封闭式。其中，一个开放式网络的例子是微博：你可以和任何你想联系的人联系，而且他们不必为了让友谊正式化而回复你。但是在像微信这样的封闭式网络中，你必须在关注并能够访问对方的所有信息之前，接受成为朋友的邀请。

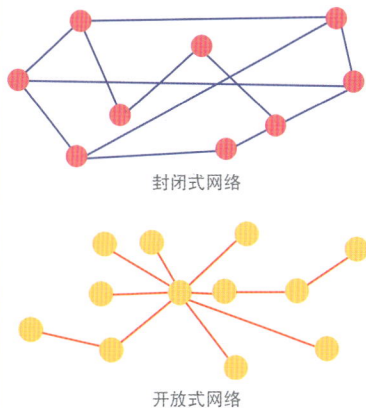

封闭式网络

开放式网络

泡沫是怎样创造的

社交媒体平台的一个主要目标是，保证用户尽可能地同他们的设备进行交互。社交媒体的主要收益大都来自展示给用户的广告。用户停留在站点的时间越长，他们就越可能看到更多的广告。让你专注于某事的最好方法是证实你的偏好，因为它感觉很好。社交媒体向用户提供他们想通过复杂算法看到的东西。这些算法根据用户之前表达的喜好以及他们朋友的喜好，来猜测用户会喜欢什么。

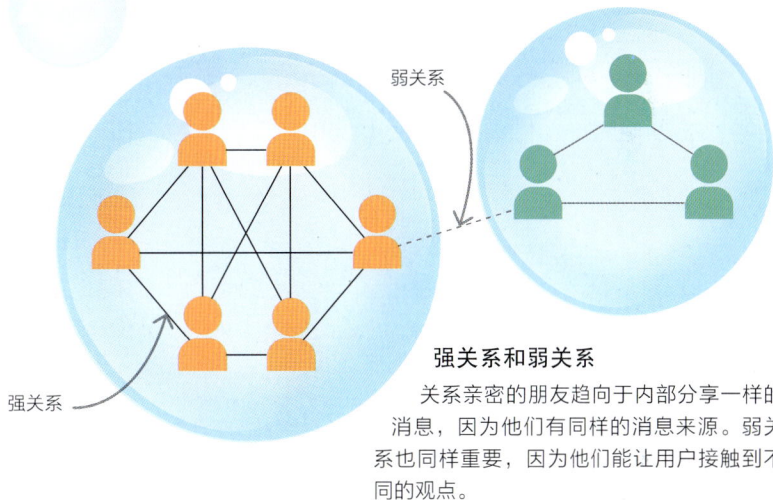

弱关系

强关系

强关系和弱关系

关系亲密的朋友趋向于内部分享一样的消息，因为他们有同样的消息来源。弱关系也同样重要，因为他们能让用户接触到不同的观点。

假消息

自从人们喜欢通过社交网络证实他们的偏好以来，发表一个引起特定人群共鸣的故事或观点是很容易的，即使那个故事和观点并不属实。而其要做的就是将一个群体的普遍假定的观点以一种令人信服的方式扩展，然后该观点就会被有着相似理念的人快速传播，并由他们向别人证实他们是对的。分享的人越多，该观点就越容易被人相信。同样，人们也可以将一件真实的事情说成是假消息，只是因为他们不相信那是真的。

埃菲尔铁塔被劫持

一则假新闻可能会报道：一架UFO劫持了法国巴黎的埃菲尔铁塔。所以，在相信一些消息之前，最好连同一些其他新闻报道网站反复核实。

过滤现实

在2004年美国总统选举期间，美国科学家阿达梅克（Lada Adamic）想了解政治派别对立面的人们在网上互动的程度。她发现，双方都倾向于只听取自己一方的观点，很少有人花时间和精力去倾听和理解别人的观点。这导致意见两极分化，双方越来越反对对方的政治观点，使人们更难相互信任，政客们也更难达成一致。

数字问题

数字素养

在现代社会，充分利用数字技术变得越来越重要。有数字素养的人是那些能够充分参与数字技术世界的人。

请参阅

‹ 36-37　什么是计算机硬件

‹ 38-39　台式计算机和笔记本电脑

‹ 40-41　智能手机和平板电脑

使用计算机

在互联网时代，数字素养很大一部分就是计算机素养。这基本上就是理解和使用计算机作为工具完成工作的能力。随着越来越多的计算机连接到互联网，"数字扫盲"这个词已经变得越来越普遍。

深层知识

为什么如此重要？

懂计算机是指能够使用计算机。数字素养是指拥有充分利用互联网的技能。有数字素养的人能够在网上找到可靠和准确的信息，并对这些信息的使用负责。

搜索

计算机素养中最重要的是使用计算机搜索和对信息导航。信息可能存储在计算机本地，也可能在线存储。

使用

计算机上有很多信息，但并不是所有的信息都是相关的、准确的或最新的。能够批判性地思考和分析信息是现代计算机技能的重要组成部分。

分享

发现和评价信息之后，下一步就是能够创建自己的思想，并将其传达给信息主体——在社交媒体上分享意见，或者写一份学校报告。

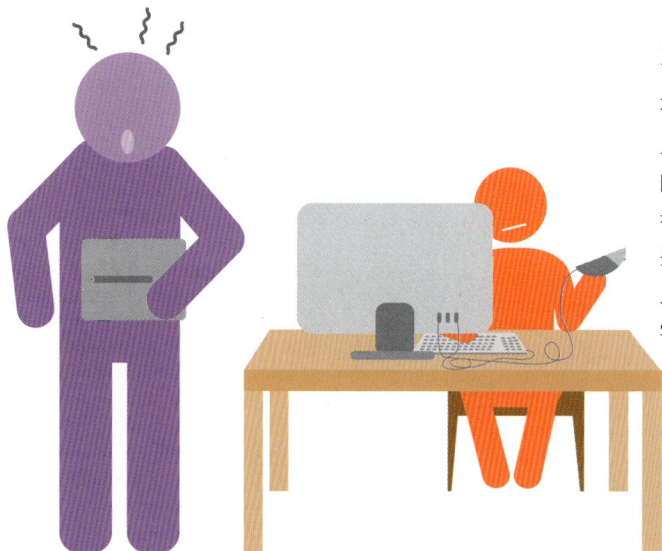

不同的平台

在数字世界中，你使用的硬件都需要不同的技能，而且会改变你所能做的事情的类型和经验。有数字素养的人可能不会因为从笔记本电脑切换到平板电脑，或者从Windows切换到MacOS系统感到困难，但是这些东西对某些人来说可能是个问题。开发人员和设计人员应该以简单的思想创建软件和硬件，并且为希望学习使用他们产品的人提供友好的支持。

鼠标陷阱

一直使用鼠标的人可能会发现使用触摸屏硬件很难在平板电脑上导航。类似的，那些习惯使用触摸屏的人可能会发现很难使用物理键盘和鼠标。

辨别信息

每天，有成千上万的文章在网上分享。从美国国家航空航天局登月到时事，各种说法纷至沓来，人们越来越难以评估和理解什么是事实，什么是虚构。网上信息可能是故意写错的，或者把一个观点冒充成事实。下面是一些提示，可以帮助你仔细辨别在线信息。

真实的世界

Snopes

Snopes.com是最受尊重的网站之一，它会从虚构的故事中挑选出事实。它成立于1994年，用于调查和核实在线信息。如果你想找出你在网上看到的一个特别的故事背后的真相，那么你就值得搜索Snopes，看看里面是否有一篇文章会覆盖它。

目的

大多数网站都有一个"关于该网站"的部分来专门解释网站。这是一个非常宝贵的信息来源，因为它通常会解释如果网站要被认真考虑，或者如果它有一个特定的思想角度时，谁是目标受众，又是谁为网站写作。

偏见

大多数网站都有一种偏见：无论是政治、宗教还是经济，都有一种特定的意识形态观点。有偏见的网站更有可能选择他们观点的内容，省略那些不符合他们观点的内容，并且倾向于观点而非事实。

谁主导网站？

".gov"网站是政府网站，上面是官方认可的信息。".edu"网站通常是教育机构的网站。".org"网站是组织网站，每个站点都是不同的。".com"网站通常是商业网站。

信誉

使用搜索引擎可以查看其他人对特定站点及其作者有何看法。因为任何人都可以将信息放到网上，所以他们如果是某个特定主题上被认可的声音，那么就可以检查其作者的证书。

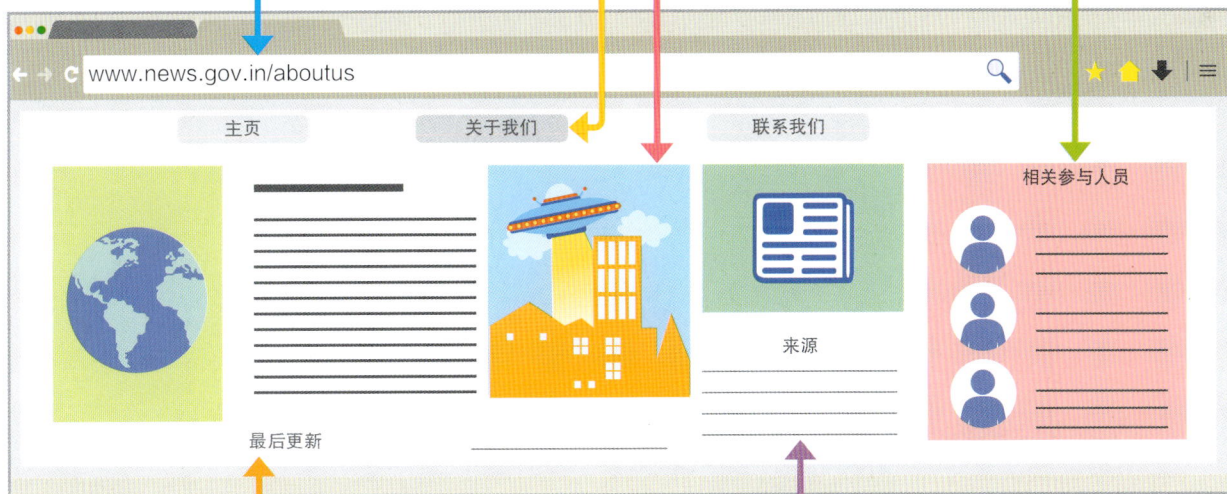

www.news.gov.in/aboutus

主页　　关于我们　　联系我们

相关参与人员

来源

最后更新

信息最新的

大多数网站都会显示特定信息上传的时间。虽然这对于提供关于某物的一般信息的站点来说可能不那么重要，但对于新闻站点来说却是至关重要的，因为过时的信息和错误的信息一样糟糕。

来源

提供链接到其来源的网站——无论是网站链接（有时包括在网站正文中的超链接），还是书籍或电影列表，这都有助于给读者提供更多的上下文，并表明网站上的想法是经过调查和深思熟虑之后的产物。

数字鸿沟

并非每个人都能接触到数字设备和互联网，而那些能接触到数字设备和互联网的人与那些不能接触到的人之间的差别被称为数字鸿沟。

上网

衡量数字鸿沟的一个好方法是看看互联网的访问情况。要使用互联网，一个人需要某些形式的数字设备，他们首先必须了解如何使用它，并处在一个可以连接互联网且连接互联网也不昂贵的地方。一般来说，发达国家的人比发展中国家的人有更多的机会上网。即使在国家内部，富人和穷人之间也存在着数字鸿沟。

> 数字鸿沟是能够访问数字设备和互联网的人与那些无法访问的人之间的区别。

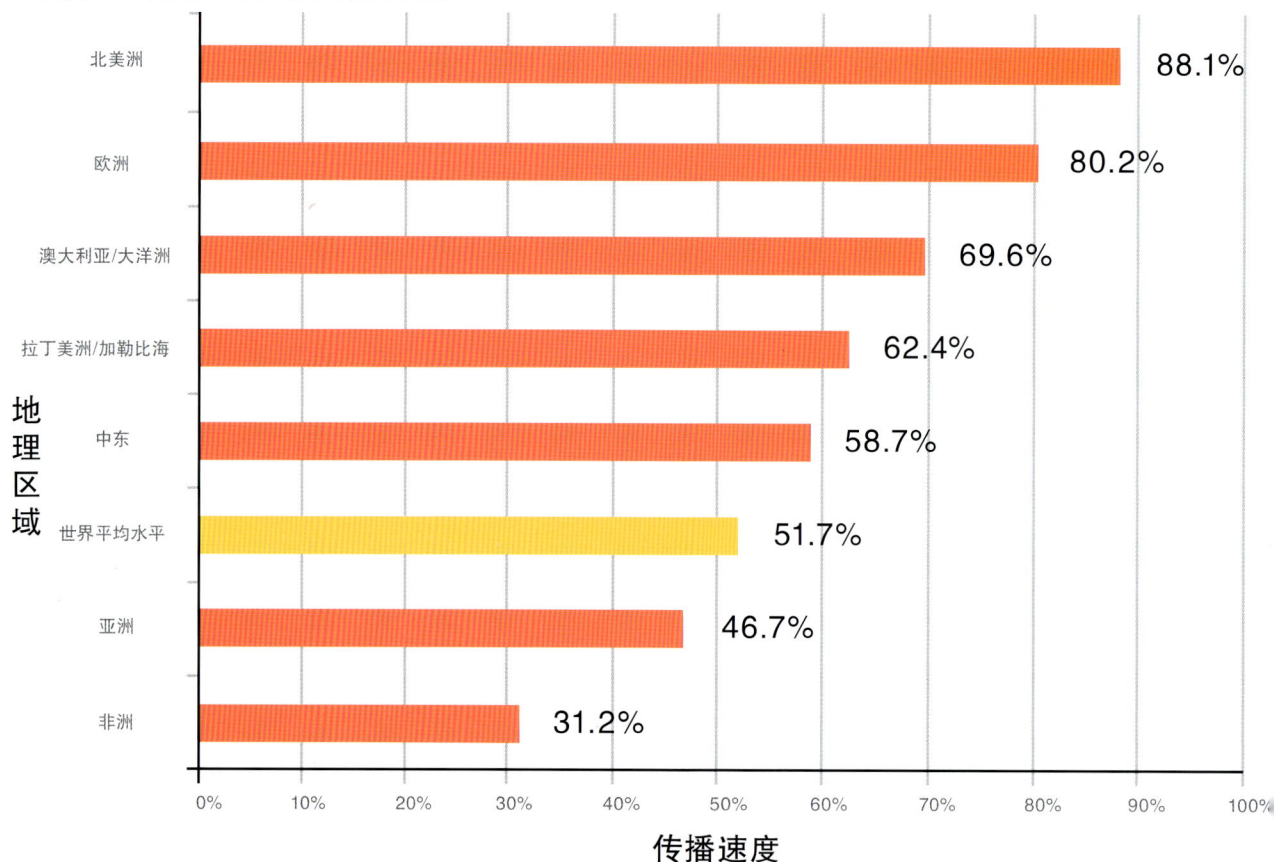

北美洲 88.1%
欧洲 80.2%
澳大利亚/大洋洲 69.6%
拉丁美洲/加勒比海 62.4%
中东 58.7%
世界平均水平 51.7%
亚洲 46.7%
非洲 31.2%

地理区域

0% 10% 20% 30% 40% 50% 60% 70% 80% 90% 100%

传播速度

按地理区域划分的互联网世界传播率

并非每个地方都能上网。北美、欧洲和澳大利亚的在线访问率相对较高，而南美、亚洲大部分地区和非洲则不然。这些数据因国家而异：日本约94%的人上网，但亚洲的平均数据不到这个数字的一半。

资料来源：互联网世界统计数据：www.internetworldstats.com/stats.htm，截至2017年6月30日。

为什么它这么重要

互联网是人类创造的最伟大的教育工具。数字鸿沟实际上是关于访问、理解和使用计算机信息的能力。那些缺乏以上三种能力中至少一种能力的人面临着落后于同龄人的可能性，不管他们是住得远隔半个地球，还是在同一条街上。

邮件成了申请工作的标准方式。

有些雇主可能不接受邮政申请。

视频会议软件几乎允许学生在任何地方上课。

Mail sent

Letter box

教育工具

教育工作者越来越多地转向互联网来改进和组织他们的课程。互联网也使得学生可以在孤立的社区接受和其他人一样的教育标准。

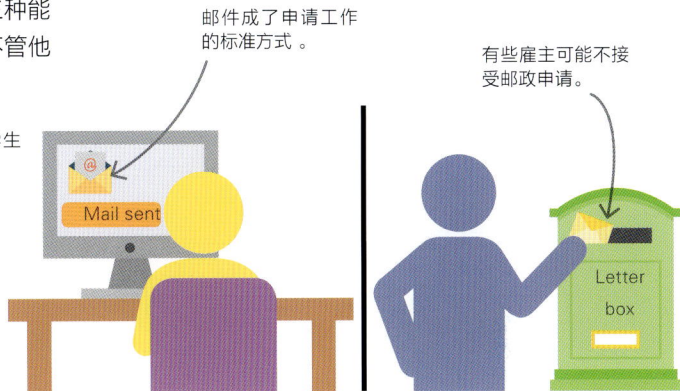

工作领域

对于大多数工作来说，能够使用互联网是基本要求，也是工作的组成部分。不通晓数字信息是许多工作的障碍，事实上，不上网就意味着一开始就很难看到有关职位空缺的消息。

谁受到数字鸿沟的影响？

虽然这样归纳可能过于简化，但事实上仍然是世界各地的某些群体的确倾向于站在数字鸿沟不利的一边。通常，一个受到数字鸿沟影响的人可能属于两个或两个以上的这些粗略类别。例如，一个生活在农村地区的妇女。

低收入人群

那些没有生活必需品的人可能负担不起数字设备、运行这些设备所需的资金以及家庭互联网连接的成本。

女性

在世界的许多地方，妇女得不到与男子相同的教育机会。数字鸿沟反映了女性面临的压力更大。

老年人

据我们所知，互联网在20世纪90年代中期才真正起飞。那些没有经历互联网被爆炸性般使用的人可能会发现数字设备很难理解和使用。

农村人

生活在农村地区的人们上网的机会比较有限。互联网供应商可能会觉得把快速互联网带到农村地区不值得花钱。

真实的世界

缩小鸿沟

世界各地的政府、慈善机构和非政府组织都在努力缩小不同领域的数字鸿沟。许多政府已制订计划，将快速宽带互联网带到偏远地区和农村地区，同时为老年人提供数字扫盲课程。非营利的"每个孩子一台笔记本电脑"计划已经向全世界的孩子们运送了数百万台合算的笔记本电脑。

全球发展

虽然数字技术已经遍布全世界，但发展中国家的人们从数字技术中得到的益处往往比发达国家少得多。

相互连接的世界

世界上有超过20亿人能够上网，50亿人拥有手机。然而，这些人并没有分布在全球各地。欧洲大多数人都能上网，而非洲的大部分人却不能。这种情况被称为全球数字鸿沟。随着世界联系越来越紧密，这种鸿沟既带来了挑战，也带来了机遇。

捷径

发展中国家有时能够利用发达国家的技术更快地缩小数字鸿沟。这能够使他们跨越多年的发展和过时的技术。

新技术帮助城市跟上脚步。

良好的潜力

数字技术有着能够极大地改善全世界人民生活的潜力。互联网上有大量的可用信息，其广泛的访问权可以改善全世界的教育。此外，通过智能设备和互联网在相对短的时间内从人们那里收集大量数据的能力是至关重要的。这些数据可以帮助政府和组织对问题和危机做出反应，比如自然灾害后如何更好地帮助人们，以及如何分配关键资源等。

通过互联网，学生和教师能够合作。

互联网能够帮助农民提高粮食产量。

结束饥荒

全世界数亿人正在挨饿。
数字技术为提高农作物产量和协调分配开辟了新的可能性，有帮助减少甚至结束饥荒问题的潜力。

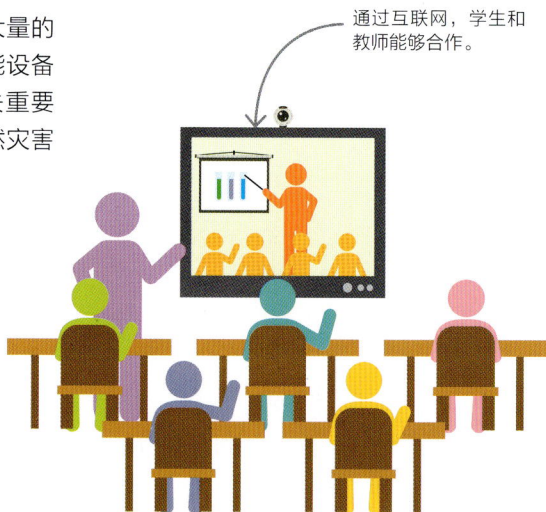

全民教育

教师、学生和家长可以访问在任何情况下都可用的在线资源和图书馆。他们可以通过网络社区和论坛与其他教育工作者和学习者联系。

道德问题

数字鸿沟可能围绕着许多道德问题。例如，在发展中国家安装最新的互联网通信电缆可能既费时又昂贵，那么，对于一个财政上处于贫困水平和中等水平的国家，这个过程就可能有不利的影响。一些公司已经向发展中国家的用户提供了互联网接入，但是用户唯一可以不用付费就能访问的网站是属于该公司的，并且须是他们批准的网站。

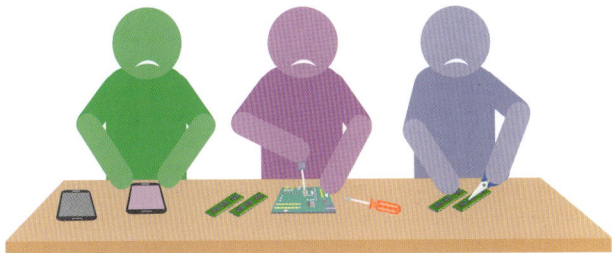

剥削

发展中国家的人们常常被剥削，因为他们必须为了繁荣国家而长时间地从事制造工作，但他们几乎没有或根本没有机会负担得起他们所制造的东西。

环境

制造数字设备对环境的影响是显著的，而且在发展中国家通常感受到得更多。智能手机中的几个部件都是由稀有材料制成的，比如黄金和钶钽铁矿石。有时，这些材料的开采会引起严重的环境冲突。精炼这些金属的过程也会产生有毒废物。最后，人们常常不会妥善处理他们旧的数字技术，而这会产生有毒废物。

旧设备可以重新分配或分解为原材料。

回收

计算机回收

一些组织将旧的、但仍然能工作的计算机重新分发给慈善机构，其中就包括发展中国家的慈善机构。其他公司将破碎设备的部件回收成可用于制造新设备的原材料。

在历史上，创新从来没有在如此短的时间内向这么多人提供如此多的承诺。

——微软的美国联合创始人，比尔·盖茨

数字传感器可以向研究人员发送污染数据。

医学研究人员使用计算机辅助他们的工作。

医疗保健和福利

数字技术，特别是在流行病期间，意味着更快的公共卫生报告和相关信息追踪。研究人员还利用数字技术减少新的疾病治疗所需的时间。

保护环境

各种项目使用数字技术和互联网连接来保护环境。例如，水下传感器可以给研究人员提供关于各种污染物的准确实时数据。

平等与计算机科学

研究计算机科学和在计算机科学领域工作的大多数人是白人，并且是体格健壮的男性。这是什么原因呢？计算机科学可以变得更加多样化吗？

女性与计算机工作

女性在计算机科学发展中所起的作用常常被忽视。在计算机科学的早期，大多数程序员都是女性。第一个程序员阿达·洛芙莱斯也是女性，而在20世纪40年代编写电子数值积分器和计算机（ENIAC）的团队全是女性。

不到1/4

在现代的计算机科学产业中，女性占据的全球工作岗位不到1/4。这种现象通常被称为"性别差距"。

真实的世界

NASA（美国宇航局）和女性

20世纪60年代，用手完成复杂的数学计算的女"计算机"和女性程序员都在美国太空计划中占据重要地位。

在NASA里，她们是为航天探测器和阿波罗火箭计算航天器路径的团队里的一部分。

美国计算机科学家玛格丽特·哈米尔顿带领团队编程了第一台登上月球的飞行管理计算机。

为什么有性别差距？

20世纪80年代中期，学习计算机或从事编程工作的女性人数开始急剧下降。对此的一种解释是，当时计算机公司决定把计算机作为游戏设备来推销，所以把计算机和游戏瞄准男性。这让女孩们觉得计算机是"为男孩设计的"。当然，性别差距还可能有其他的原因。

理解

计算机科学被认为是一门技术学科，并且被人们错误地认为它更适合男性。对于女性，尤其是对于十几岁的女孩来说，缺乏鼓励使得参加一项被认为是不女性化的活动变得困难，所以男性参加计算机科学学习的人数比她们多。

为什么平等很重要

每个人都对世界的理解有限，尤其对其他人的世界的理解更是如此。完全由具有相似背景的人组成的群体会倾向于创造出对只有那些背景的人才真正有用的产品。而通过更加欢迎和包容妇女的人、少数群体和来自不同背景的人，公司可以提高其产品吸引更广泛用户群的能力。

观点的多样性

不管是软件还是硬件，新产品都是从创意开始的。创意如果考虑许多不同的想法，则有助于为更多的人做好技术服务。

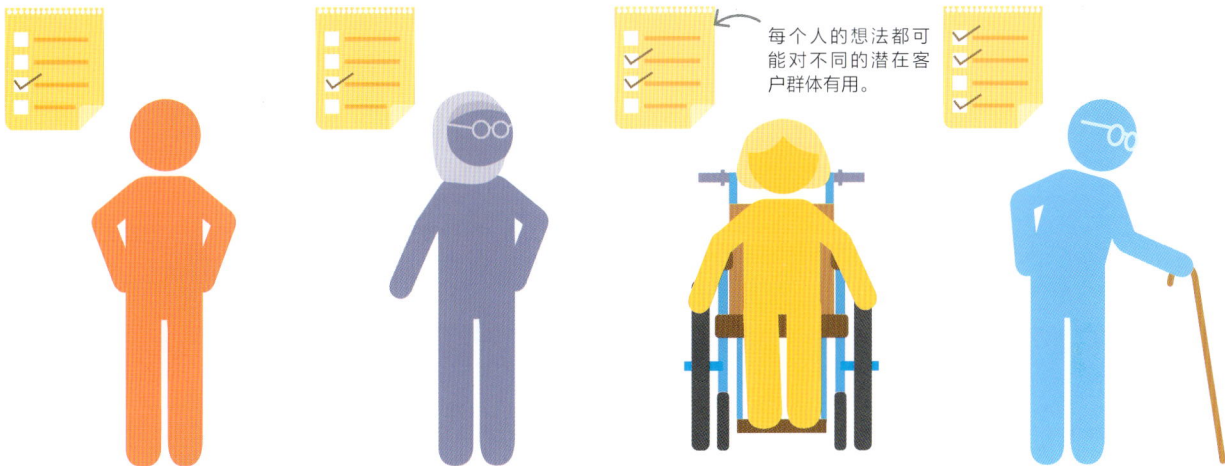

每个人的想法都可能对不同的潜在客户群体有用。

缺乏角色模型

如果年轻的女性只知道男性计算机科学家，那么这可能会阻止她们把计算当作职业。将计算机引入女性角色模型可以使计算机科学成为女性的一个可行的选择。

"极客"文化

计算机科学家的流行形象是男性"极客"，这让那些觉得自己不适合这种刻板印象的人感到厌烦。实际上，许多技术职业需要团队合作、创造力和不同的个性。

计算机科学与残疾人士

从阅读和说话，到发展自己的技能，许多残疾人士依靠由计算机科学家开发的技术来帮助他们。

请参阅

‹ 24-25 外围设备

‹ 50-51 游戏控制台

生物电气接口　　　　220-221 ›

独立性

计算机科学中有许多不同的技术用来帮助残疾人士。这些技术中的一些，如助听器或屏幕阅读器，是专门设计用来帮助残疾人士的。其他的技术则是不管其能力水平，每个人都能使用的，如网上购物网站和语音识别。总的来说，这些技术允许残疾人士独立性更强，并且能够充分参与学校和工作场所的活动中。

辅助技术

辅助技术帮助人们克服因残疾而面临的问题。其中一个例子是环境控制单元（ECU），它允许移动能力有问题的人使用智能手机控制家中的物品。

告诉我一些关于"蒙娜丽莎"的资料。

语音识别系统/屏幕阅读器

为智能锁设计的智能手机应用程序

你什么时候回来？

八点左右。

手语到语音程序

为学习而设计的技术

在支持具有各种生理、感官、通信或认知障碍的人的学习和社会需求方面，技术可以发挥强大的作用。有些功能是专门为残疾人士设计的，但许多功能，如阅读障碍者使用的拼写检查，几乎被所有计算机用户使用。

命令

开关控制

叙述

说话

聊天室

说话

可访性选择

移动和桌面设备具有内置的可访问性选择，如放大率、颜色和对比度选择、页面去杂乱以及从文本到语音选择。

新技术

基于虚拟现实的新设备正在涌现，这些设备能够帮助新近残疾的人们适应使用如电动轮椅等工具来环球旅行。残疾人士也可以在"虚拟世界"应用程序中与他人见面并进行交互。

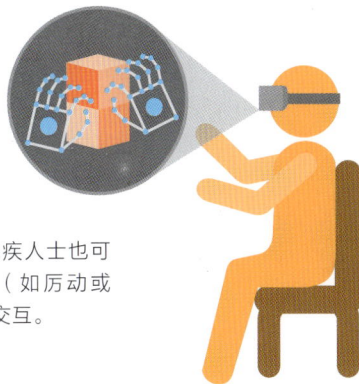

手势控制

影响其精细运动控制的残疾人士也可以使用识别手势的设备（如厉动或Kinect控制器）与计算机交互。

真实的世界

为慈善而设计的手机软件

几个残疾慈善机构已经创建了手机软件来满足他们工作的需要。这些应用范围包括募捐以及帮助极端情况下的残疾人士，比如让他们在自然灾害后获得营救和援助。

计算机工作和残疾人士

身有残疾并不妨碍学习编码。由于辅助技术的出现，具备各种能力的人能够学习编码技能并在计算机科学行业找到工作。许多公司很高兴他们的程序员在家里工作，这对于身有残疾的程序员来说是个不错的选择。

人物简介

法丽达·贝德薇

1979年，贝德薇（Bedwei）在尼日利亚出生，她1岁时就被诊断为脑瘫痪。尽管她的运动能力和肌肉协调能力受到影响，但她现在已经是一名非常成功的软件工程师和商人。

自闭症谱系障碍

许多患有自闭症谱系障碍（ASD）的人对细节有着天生的关注，这对于编码非常有用。

计算机的未来

预测未来

技术总是在发展变化的。数百年来，人们一直在试图想象技术的未来。一些现代技术的发展似乎会对未来产生影响，但总是很难确定。

技术的曙光

发明不是凭空出现的：在发明一件事物之前，首先要经过大量的发现、设计以及失败。对未来技术做具体的预测也许是不可能的，但从总体上看技术发展的前景还是有可能的，尤其是在未来的几年。一些发明，如虚拟现实，已经出现一段时间了，并且使用现代计算机技术给它带来了新生。而其他技术，如加密货币，则相对较新，更难预测。

深层知识

为什么预测？

准确的预测帮助相关行业决定把研究重点放在哪里。如果人们知道核动力喷气背包是个坏主意，他们就不会花时间和金钱去发明它们了。预测还帮助各国制定新的法律来规范技术。想象一下，如果没有交通法，或者没有人费心规范电流和电压，世界将会多么混乱。目前，许多国家都在努力定义数字权利。

增强现实（AR）

无论是在社交媒体视频中添加奇怪的过滤器，还是在眼镜上叠加信息，AR都使世界变得更加可定制和可互动。并且使教育、游戏甚至导航都发生改变。

虚拟现实（VR）

VR眼镜将用户带入全面的虚拟世界。VR模拟器已经存在多年，并且因为硬件的发展，它们变得更实惠。

机器人

用于监视、军事战斗、搜索和营救的自主无人机现在已经出现在现实世界中。甚至有些汽车也能自动驾驶。自动化技术虽然有用，但是它意味着更多的工作正在被自动化所淘汰。

创客空间

创客空间是人们可以使用如3D打印机和Arduino板等高科技工具的工作空间。制造者的心态集中在创造力、协作以及用新技术构建事物上。

3D打印机

3D打印机变得越来越便宜和容易使用。除了促进新趋势之外，它们在制造行业和医学方面也很重要，并且可用于制造发动机零件、珠宝甚至假肢。

大数据

从电话到手表，现在几乎什么东西都有传感器。涡轮机和火车等工业设备也是如此。这些传感器产生大量的数据，可用于各种用途。

挑战

在对未来做出预测之前，对当前科学有一个详细的了解是很重要的。这也使得只有少数人能看清未来的趋势。除此之外，技术的进步是协作努力的成果。研究人员、政治家、用户和企业都可参与其中。所以，我们几乎不可能同时看到所有的部分。

时间性

研究常常需要几十年才能产生结果。所以技术的突破可能会在一年、几年内发生。或者根本不会发生，没有人确切知道。

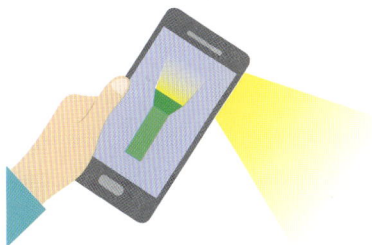

社会行为

很多公司之前从没有想到智能手机会被用作手电筒。所以，即使是最有远见的开发人员也无法预测人们对新技术的反应。

跨学科领域的兴起

像机器人学或神经科学这样的从多个领域汲取知识的领域是很难预测的，因为很少有人能完全深入地理解它们的复杂性。

智能手机

从拍照到流媒体音乐，手机可以用于各种用途。随着产业创造了更多的移动内容，构建了一个反馈循环，导致人们更多地使用手机。

可穿戴技术

能够分析你的比赛情况的高尔夫鞋；可以充当信用卡的戒指、健身手环，以及带有AR显示器的眼镜，现在都已经可以买到了。这些设备可以链接在一起并共享信息。

加密货币

密码货币是一种数字货币，它使用密码技术使金融交易更加容易和安全。第一版"比特币"于2009年发行。加密货币的价值会不可预测地上升或下降。

数字助手

语音识别和自然语言处理（NLP）的进步使得人工智能可以嵌入到手机和手表等小设备上。导航数字世界现在变得比以往任何时候都容易。

真实的世界

失败的预测

新的发现虽令人兴奋，但往往缺乏理解。不管是电、人工智能，还是量子计算，科学上的每一次飞跃都伴随着大量的不好的预测。而其他的一些发现远远超出了他们的时代，并且需要数十年的研究来开发必要的支持技术才能使产品上架。下面是一些惊人的失败预测。

核动力真空吸尘器
（1955年）

导弹邮件投递
（1959年）

去月球度假
（1969年）

物联网

互联网允许人们从数百万个来源访问数据。物联网（IoT）是类似的，但它连接的是设备，而不是人。

什么是"物"？

作为物联网的一部分，设备需要一个收集数据的传感器，且必须能够通过Wi-Fi、蓝牙或电话网络来传送这些数据。并非所有的智能设备都是物联网的一部分。蓝牙音箱可以连接到设备，但不会收集数据。健身跟踪器可以计算你的步数，但是你可以选择要如何共享数据。

数据收集与设备连接

越来越多的电子产品正在进行智能化改造。智能手机上装有各种传感器，比如加速度计和全球定位系统（GPS）装置。自主学习的恒温器使用运动传感器可以知道何时开关。不久之后，冰箱就可以弄清楚它里面有什么，东西是否新鲜。

深层知识
为什么有物联网？

物联网背后的逻辑是，更多的数据意味着更好的决策，更好的决策意味着更少的无效工作，也意味着更多的空闲时间。简而言之，增强设备之间的连接性可以用于自动化任务。想象一下，一个手镯可以监测你的睡眠模式，当你醒来时它会打开咖啡机，或者当离开家时可以从手机上控制自动锁上的门锁。其实这两种设备都存在，并且可以配置更多的选项。

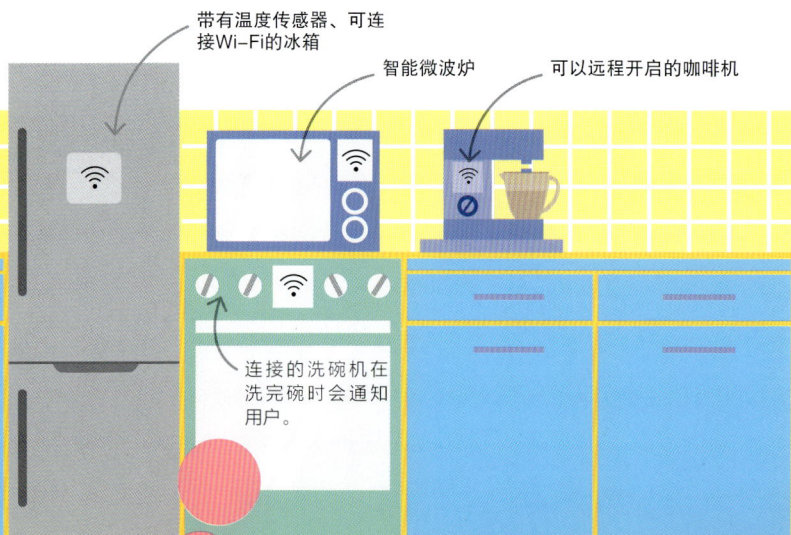

带有温度传感器、可连接Wi-Fi的冰箱

智能微波炉

可以远程开启的咖啡机

连接的洗碗机在洗完碗时会通知用户。

连接所有家庭设备的笔记本电脑

连接手机的闹钟

06:00 AM

与智能手表连接的智能手机可以监控用户的健康。

连接蓝牙的音箱

远程控制的台灯

大数据

物联网让大量的"大数据"信息被收集。随着设备收集越来越多的信息，产生的数据有些能被用于帮助现实世界中的人们。分析大数据以发现趋势、模式和意想不到的联系是由极其强大的计算机完成的。

没有组织的交通

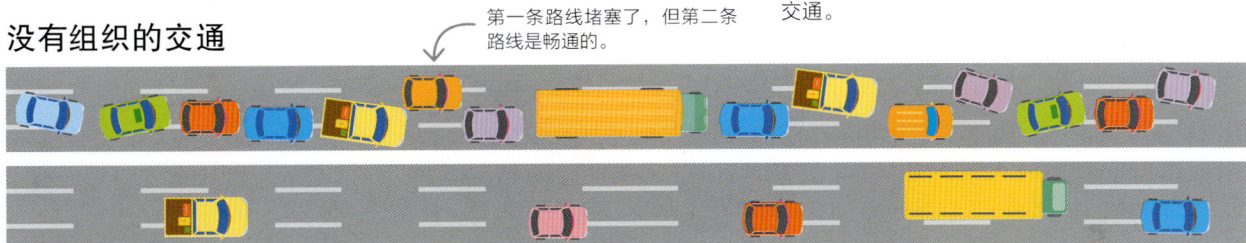

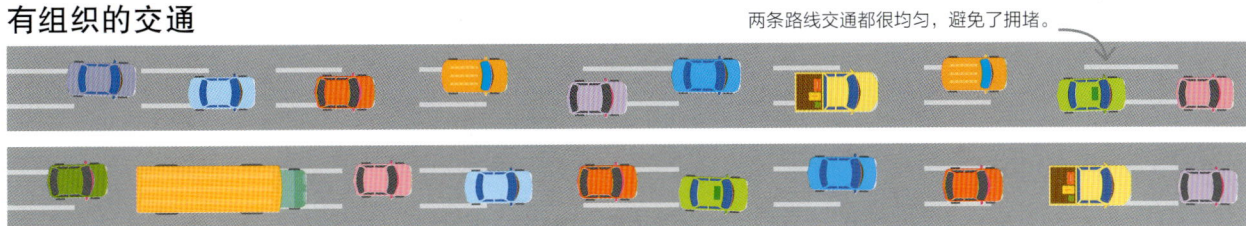

第一条路线堵塞了，但第二条路线是畅通的。

用于真实世界的应用程序

如果大多数的汽车、公共汽车和卡车都走同一条路线，即使另一条路线相对畅通也会造成交通堵塞。大数据能帮助导航软件自动地引导所有可用路线的交通。

有组织的交通

两条路线交通都很均匀，避免了拥堵。

隐私问题

虽然物联网收集了大量有价值的数据，但它也收集了大量人们可能希望保密的数据。医生收集的数据可以挽救生命，但如果落在心怀不轨的人手中，它可能会成为瞄准病人来进行相关产品的营销。此外，任何数字系统都可能被黑客攻击，这会使收集的数据不安全。安装最新的安全软件、使用强密码并使用安全的浏览习惯，可以防止大多数隐私泄露。当然，理解如何收集以及为什么收集数据也很重要。

> 所有可以自动化的东西都将自动化。
>
> ——工商管理学教授、作家，肖沙娜·朱伯夫

数据收集

首先，了解正在收集什么数据很重要。例如，智能跟踪器可以收集一天中行走的步数、锻炼次数，甚至还收集心率和睡眠模式的数据。但你也可以在设备的设置面板中设置不收集某些数据。

数据分享

其次，了解如何共享收集的数据也是有用的。很少有人在安装应用程序时阅读这些关于数据收集的条款和条件。有些条款会允许向未知的第三方出售数据。将来，智能汽车和健身应用的数据可以用来计算保险费率。

使用数据

最后，了解如何使用共享数据也同样重要。虽然来自恒温器或咖啡机的共享数据看起来没什么意义，但是这些数据可以用于了解用户的习惯并创建相关资料。

虚拟现实

虚拟现实（VR）感觉像科幻电影和电视节目中的东西，但是这个想法其实已经存在几十年了。

请参阅
‹ 36-37 什么是计算机硬件
‹ 210-211 预测未来
‹ 212-213 物联网

增强现实（AR）和虚拟现实（VR）

增强现实（AR）是覆盖真实实体事物的虚拟层。就比如社交媒体的图像过滤器，它把胡须或狗耳朵添加到人脸上。相比之下，虚拟现实则创造了一种全新的现实幻觉。它包括详细的景色和声音，使人的体验更为真实。

虚拟现实

虚拟现实可以被看作是真实环境开始的频谱的终点。增强现实添加了特定的虚拟层面，并且增强了将交互式的现实世界与大多数的虚拟世界混合的程度。

将虚拟图像投影到真实空间上。

虚幻的现实

真实的环境

增强现实

增强虚幻

虚幻现实

VR是怎样起作用的？

为了让VR错觉发挥作用，用户需要感觉他们真的是在与自己的环境进行交互。VR技术必须实时响应用户的行为。任何小故障、滞后或差距都会破坏这种错觉。VR需要强大的硬件和软件支持，从而可以预测用户的移动和预渲染图像。

运动捕捉技术跟踪运动，使虚拟角色看起来流畅和真实。

模型化

虚拟世界中的所有内容都必须由编码器创建。移动角色通常是根据人或动物的运动跟踪而来的，并使用数据构建虚拟角色。这需要大量的数学和计算能力。

躯体　　　　　数字骨架　　　　动画角色

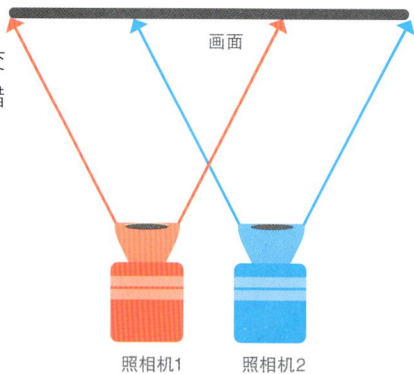

画面

照相机1　　照相机2

深度

因为我们的眼睛相距几厘米，所以每只眼睛会看到不同的世界。这必须由VR重新创建才能产生错觉。使用2D图像创建3D图像被称为立体视觉。

设备

在游戏或模拟器中渲染视觉显示需要使用每秒可以处理成千上万个数字的强大计算机，就是为了决定要显示哪些像素。图形处理单元是设计用来处理大量基本数学操作的专用处理器。换句话说，它们比标准CPU工作得更快，但是它们只能完成某些特定类型的工作。如果GPU不够强大，显示就会滞后，从而产生一种起伏不定、不切实际的体验。

VR设备
VR设备会遮住眼睛。它们为每只眼睛呈现不同的图像。而头戴式视图器的传感器根据用户的头部移动来显示画面。

VR套装
VR套装通过其每个套装面料内部的传感器网格提供触觉反馈。它们能产生振动并模拟触摸物体。套装为用户提供了另一种沉浸在虚拟世界的方式。

VR的未来

多年来，VR模拟设备一直用于士兵、警察和医生的训练，因为它使训练更安全、更实惠，也更有效。随着技术的花费变得越来越少，同时也变得更容易接触，这将为更多领域的工作创建高质量的模拟设备。也许有一天VR还会包括嗅觉和触觉的模拟！

真实的世界
虚拟现实导致的恶心

你一生都在现实世界中度过，并且习惯于这个世界中的所有生活。所以即使头戴式视图器上稍微有一点延迟，也会引起一种恶心感。这也可能与"运动病"有关，因为虚拟现实的景象产生了移动，而人们实际上并不需要移动，这可能会让人们感到恶心。

玩游戏
VR允许艺术家和游戏设计师将创造力提升到一个新的水平。人们可以亲自体验驾驶汽车追逐的过程，也可以探索中世纪城堡，而不再需要只是观看屏幕。

教育
通过虚拟教室，人们可以体验培训课程。该技术还可以帮助数学和物理学中的概念可视化。

旅游体验
一些公司通过虚拟现实技术提供名胜古迹旅游。人们可以在不离开座位的情况下探索世界的各个角落。

加密货币

金融、互联网和加密系统结合产生了加密货币。这些数字货币自2009年以来一直轰动至今。

加密货币是什么？

加密货币是一种完全数字化的货币形式。第一个比特币创建于2009年，但是目前有1000多种不同的比特币。加密货币是分散的：它们不是由一个政府或银行创建和监管的。它们可以让人们把钱寄给别人或者从世界任何地方买东西，而不需要把钱兑换成当地货币。加密货币交易非常频繁，它用密码系统保护。

比特币

比特币是第一种，也是最有价值的加密货币。英文单词satoshi表示的是最小的比特币数量，是以比特币的创造者中本聪的名字命名的。一个比特币中有10亿个satoshi。

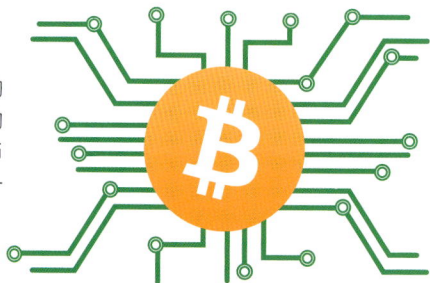

人物简介

中本聪

2009年创建的比特币是以中本聪的名字命名的，并声称它于1975年就在日本出现了。直到2010年年底，除了知道中本聪积极参与比特币的开发，关于中本聪的其他资料不多。我们不知道他（或她）是真人名还是笔名，我们也不知道他（或她）是不是日本人。我们所知道的是，建立这个系统的人大约持有100万个比特币。

比特币是怎样工作的

每种加密货币都以自己的方式工作，但许多都由比特币领导。为了让比特币交易起作用，双方都需要有一个钱包（可以存储货币的地方）和一个地址（用来往返发送货币的一串字母和数字）。

"矿工"们使用复杂的密码来确保交易，并收到少量比特币作为回报。

任何人都可以在块链上看到比特币交易表。

钱包和地址

比特币存储在用户的钱包里。在进行交易时，鼓励用户创建新地址以保持匿名。

比特币客户端

用户可以通过使用他们的计算机或移动设备进行支付。只需要一个称为比特币客户端的比特币应用。

"矿工"

由"矿工"核实付款情况。"矿工"是维护比特币的人。他们检查某人是否有足够的比特币进行交易。

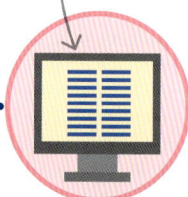

块链

一旦交易过后，它就被添加到块链中，即所有确认的比特币交易表。

加密货币可以用来做什么?

人们可以用加密货币买很多东西,比如咖啡、房子,甚至还可以用比特币在亚轨道太空飞行中预订座位。也就是说,因为缺乏理解和加密货币的价值波动让许多企业不愿意接受它们。

无法追踪的交易

也许用比特币支付最大的好处就是可以达成卖方或买方(或两者)想要保证无法追踪的交易。

价值

比特币的价值取决于有人准备用它来进行交易。但这也意味着它的价值会时常波动。加密货币仍然被认为是不稳定的,因为它们相对较新,且没有人确定未来会发生什么,所以它们可能经历巨大的价值波动。

就像自然资源一样,比特币是被挖掘出来的,但它是数字挖掘。

有限的数字

比特币的创造者决定,比特币的供应就像自然资源一样,是有限的。只会有2100万比特币会被创造出来。据预计,最后一批比特币将在2140年问世。随着时间的流逝,这将潜在地增加其价值。

抢劫

虽然加密货币是匿名的,但是随着它们变得越来越有价值,遭抢劫的数量也在增加。这些因素导致人们对加密货币的信心下降,从而导致需要它们的人减少。

> 比特币可能是所有社交网络中最伟大的发明。
>
> ——美国企业家,泰勒·文克莱沃斯

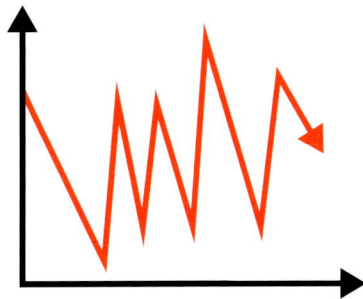

上升和下降

加密货币的价值依赖于对使用它们有信心的人数。它们本身没有内在价值。当很多人对它们更有信心时,它们的价值就会上升;而当没有人对它们有信心时,它们的价值就会下降。

真实的世界

分散

加密货币是分散的,这意味着没有政府监管它们。对于许多加密货币用户来说,这是一件积极的事情,因为他们通常会认为政府的干预对货币价值有负面影响。同时,因为没有中央权力来管理比特币,所以没有权力确保比特币会按计划运行,如果比特币发生大崩溃,用户也不会损失他们的钱。

全球的联系性

互联网改变了人们联系、分享和学习的方式。在许多国家，它是学校和企业的重要工具。然而，世界上只有一半的人口是联系在一起的。

请参阅
‹ 138-139 互联网和万维网
‹ 184-185 社交媒体平台
‹ 204-205 平等与计算机科学

一项基本人权

美国脸书公司的创始人马克·扎克伯格认为，上网应该就像医疗保健和干净的水资源一样，被视为一项基本人权。上网意味着获得知识。偏远地区的人们有一个可靠的互联网连接，他们可以找到有关教育、医疗信息和天气的数据。小企业可以提高他们的知名度，并接触到更多的在线客户。马克·扎克伯格成立了一个非营利组织Internet.org，尝试为发展中国家的人们提供互联网连接。

zhihu

Baidu

accuweather

Sogou

真实的世界

Aquila项目

Aquila项目是Internet.org的又一个倡议。Aquila是一架太阳能无人机，它拥有碳纤维机身和34米的翼展，其作用是作为移动的电池塔，它的位置位于地面上方18~28千米，目标是在平流层建立一个无人机网络。无人机的移动性使它们能够到达没有Wi-Fi接入的偏远地区。Internet.org还在进行高能激光器的研究，以提高传输速度。

Free Basics

Free Basics是Internet.org和发展中国家电话公司之间的一项合作服务。这项服务允许用户免费访问某些网站。这对于那些负担不起数据计划的用户来说很棒，但是一些批判者认为这会影响网络中立性。

人人都有笔记本电脑

自2006年以来，非营利性倡议"一个孩子一台笔记本电脑"（OLPC）已经向全世界的孩子们运送了XO笔记本电脑。这款笔记本电脑的外观是由独特的白色和绿色组装成的。XO体积小，功能强，可以连接到互联网，并且具有教育潜力。
OLPC希望笔记本电脑能够给孩子们提供学习和释放自身教育潜力的工具，并为发展中国家提供建设更多的互联网连接的理由。

教育意义

使用了XO笔记本电脑的社区报告说，孩子们上学更频繁了，在学校待的时间也更长了。学生们保管着笔记本电脑，可以在晚上用它们做家庭作业和学校布置的项目。

USB端口（两边）

天线

相机

麦克风

太阳能电池板和笔记本电脑一起出售。

扬声器（两边）

手动曲柄可以用来给XO充电。

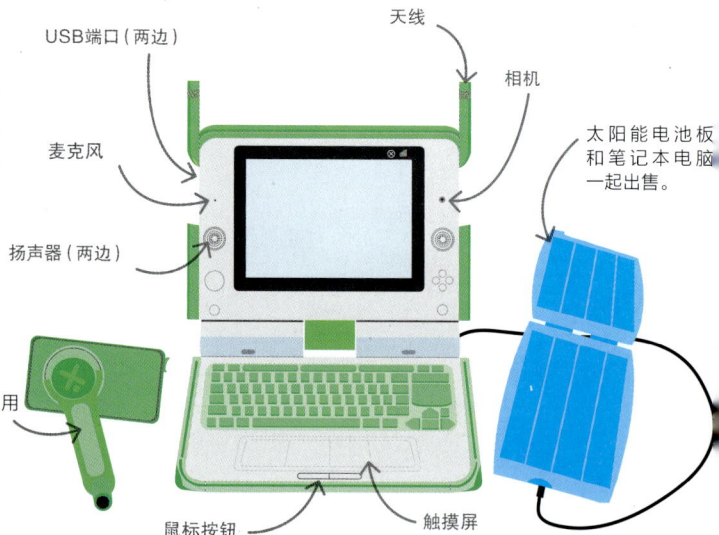

鼠标按钮

触摸屏

Loon项目

Loon项目是Google版本的平流层"手机塔"，使用氢气球代替无人机。在高海拔地区，氢气球可以避开暴风雨、鸟类和飞机交通，并且那里的风更加可预测。气球利用气流可以向上升或向下沉。在早期的测试中，气球飞得太高就会爆炸。同样，它们还有漏气的问题。不过现在其设计得到了改善，气球可以停留在空中超过100天。

救灾

氢气球相对来说比较便宜且容易制造。这对于救灾项目尤其重要。当灾区的基础设施被毁坏时，人们就急切地需要有通信功能的设备。

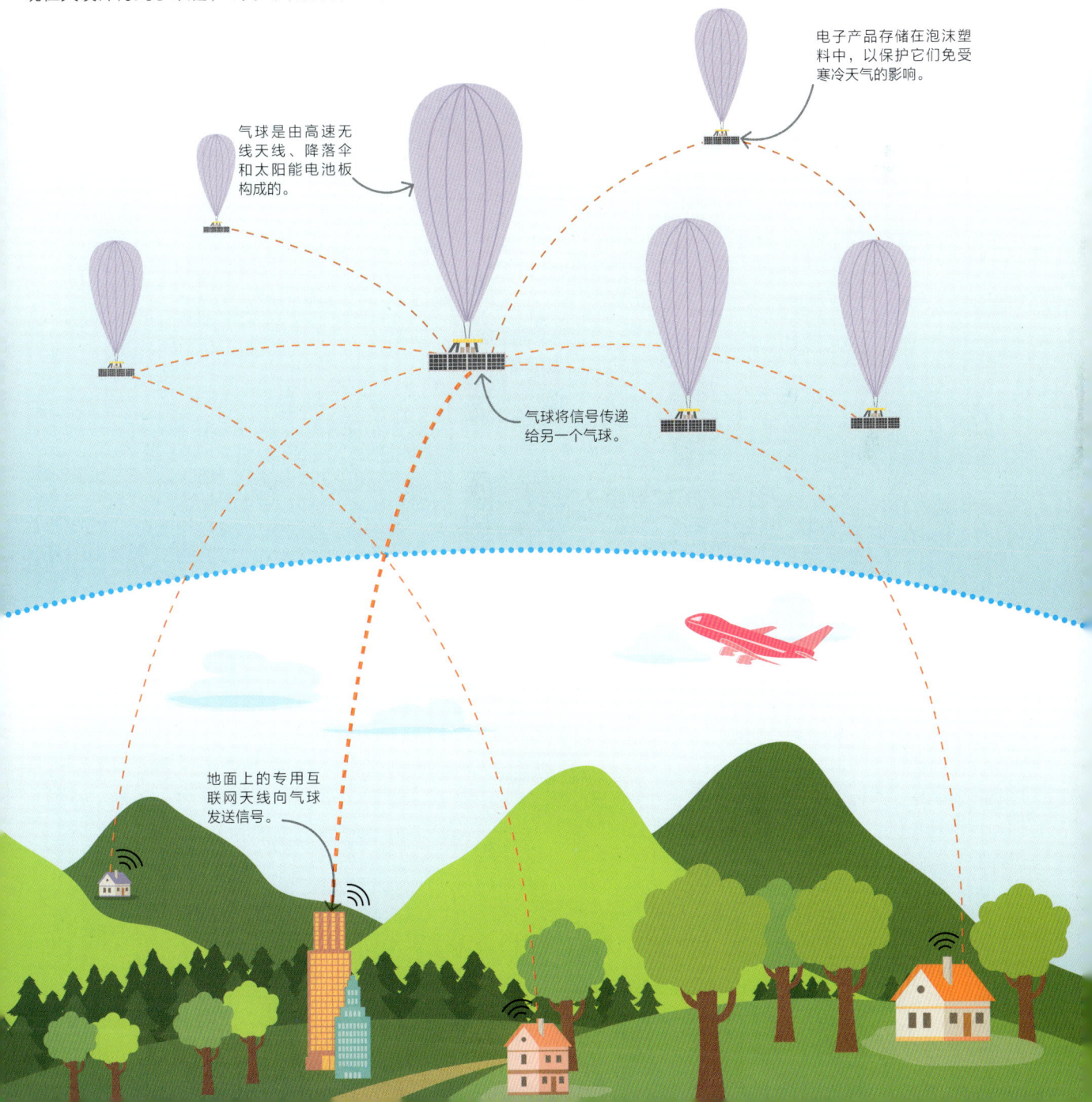

电子产品存储在泡沫塑料中，以保护它们免受寒冷天气的影响。

气球是由高速无线天线、降落伞和太阳能电池板构成的。

气球将信号传递给另一个气球。

地面上的专用互联网天线向气球发送信号。

生物电气接口

生物电气接口是将生物系统（如人的肌肉）与数字系统（如计算机）连接的技术。接口是两者相遇的点。

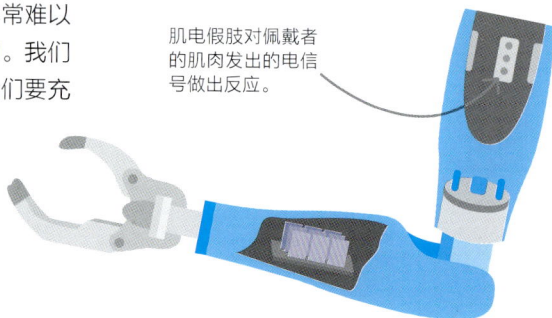

计算机可以怎样辅助我们

数字系统简单明了。相比之下，生物系统经过几千年的尝试和错误才进化过来，虽然这样的进化非常有用，但这并不是直接的。当一个人身体内的某个器官坏了，比如心脏虚弱或者眼睛出了问题，它可能非常难以修复。数字技术不是完美的替代品，但它们相对容易生产和控制。我们可以用它们来调整、纠正和增强人体器官。而最大的挑战就是我们要充分理解生物系统，以便与其交互。

肌电假肢对佩戴者的肌肉发出的电信号做出反应。

假体

假体可以用来代替失去的手臂、腿和牙齿，也可以用来代替心脏。它们所涉及的范围包括从电机驱动的机器到带有铰链的金属杆在内。3D打印技术使得制造精密、灵活和负担得起的高质量假体成为可能。这在发展中国家尤其重要。

真实的世界

生物识别护照

生物识别护照是嵌入存储持有者生物信息的芯片的护照。有时，这些信息只是护照持有者的姓名、详细信息、签名和图片。在其他国家，这些信息还会包括指纹或眼图。一些机场，如苏黎世、瑞士和中国香港的机场，正在测试新的脸部识别软件，用来办理登机手续和登机门检测，希望能使这个过程更安全、更高效。

护照

生物识别护照有这个标识。

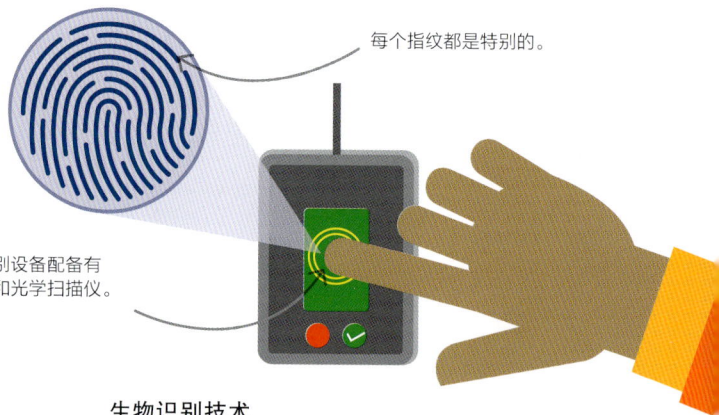

每个指纹都是特别的。

生物识别设备配备有摄像头和光学扫描仪。

生物识别技术

生物识别技术是对身体特征的数字记录，这可以用来识别一个人。例如指纹、视网膜扫描、语音识别，甚至一个人的步态等都可以被识别出来。生物识别技术可以添加到智能手机、自动取款机和门锁中。这是一个比钥匙卡或密码更可靠的系统，但它增加了身份被盗的可能性。

植入物

植入物是嵌入体内的任何装置。有些植入物是假体的两倍，而另一些是增强物，如骨科钉或支撑受损骨骼的杆。还有的植入物用于监测身体功能，并根据读数自动补充药物。虽然植入手术变得越来越安全和普遍，但它总有一个风险，那就是人的身体会拒绝植入。

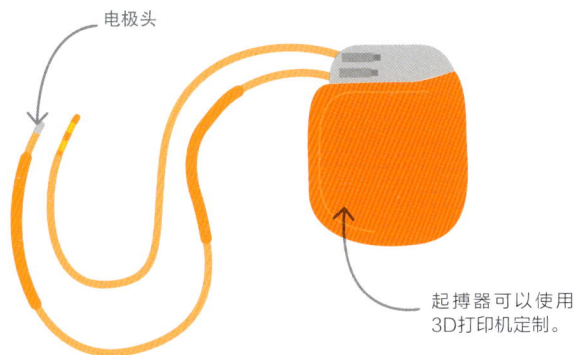

深层知识

充满可能性的未来

很难说生物电气接口的未来将走向何方，但很显然，它们正变得越来越普遍，而3D打印正使它们变得更加实惠。从用于识别的植入芯片，到增强我们的感官或给我们新的感官传感器，未来依旧有许多的可能性。

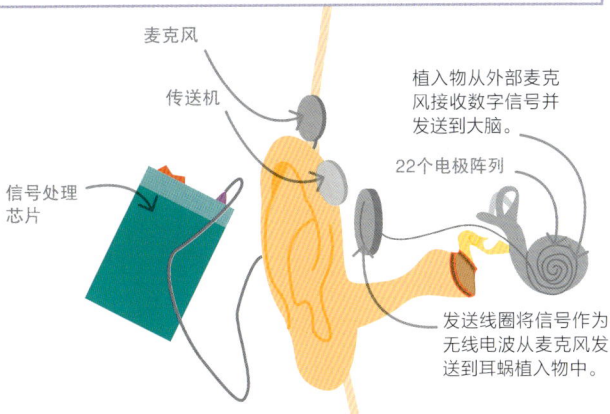

电极头

起搏器可以使用3D打印机定制。

起搏器

起搏器由电池、发电机和植入胸腔内的电极头的电线组成。它用电脉冲使心脏保持有规律的跳动。某些起搏器也可以监测病人的生命体征，如病人的血温、生物电的活动和呼吸频率等。

麦克风

传送机

植入物从外部麦克风接收数字信号并发送到大脑。

信号处理芯片

22个电极阵列

发送线圈将信号作为无线电波从麦克风发送到耳蜗植入物中。

人工耳蜗植入

这些植入物用于耳聋或者接近耳聋的患者。与标准的助听器不同的是，这种植入需要植入物附着在耳道内的耳蜗上。手术后，人工耳蜗植入者需要几周的训练来辨认他们听到的新声音。

视觉信号由一对眼镜中间的照相机接收。

视觉信号被发送到向量排列单元（VPU），VPU在将其发送到大脑之前对其进行处理。

眼睛中的植入物

多家公司正在为几乎完全失明的人开发仿生眼睛。为了绕过自然光感受器，直接向大脑发送电信号，这种仿生眼睛在眼睛表层和眼睛内植入电极。虽然仍处于开发阶段，但它是恢复视力的最有前景的技术之一。

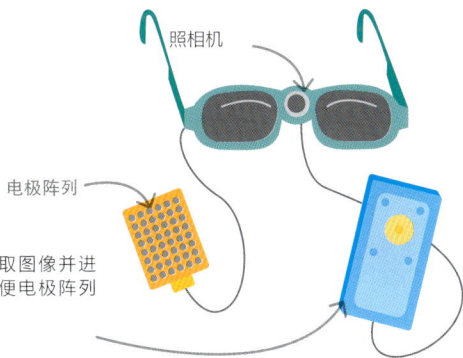

照相机

电极阵列

控制单元获取图像并进行转换，以便电极阵列可以复制它。

用舌头看世界

BrainPort由两部分组成。第一部分是一副带数码相机的太阳镜。第二部分是带有400个电极的芯片，它位于用户的舌头上，并将摄像机的视频转换成电信号。初始的数据是没有意义的，但是通过训练，用户可以理解视觉图像。

人工智能

人工智能（AI）是一类模仿人类学习或推理行为的算法。大多数人工智能设计用于分析数据、模式识别和仿真。

同人工智能玩游戏

AI智能的一种测量方法是看它们如何根据一组规则（如游戏规则）做出选择。比如，游戏规则。一旦规则被设定，AI就模拟各种动作的结果，并在游戏的每一阶段进行盘点，以确定是否能够顺利玩游戏。

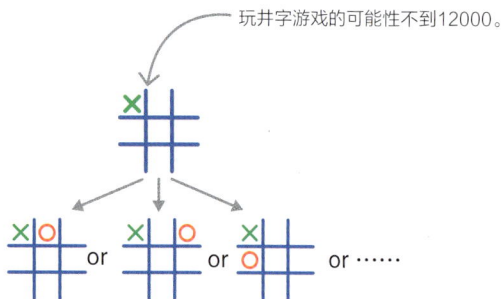

玩井字游戏的可能性不到12000。

一个精心选择的启发式方法给聪明的对手一种错觉。

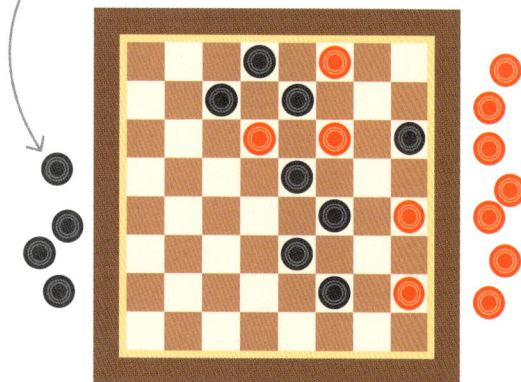

可能的结果

人工智能通过逐个移动模拟游戏，计算出怎样移动才会起作用，以及对手可能选择如何响应。

经验法则

人工智能使用启发式（也称为"经验法则"）来计算游戏进行得如何。启发式使它能算出相对于对手还剩下多少粒棋子。

机器学习

机器学习是计算机科学的一个分支，它赋予计算机学习处理数据的能力，而不是显式地编程数据。机器学习算法是通过逐位筛选数据来学习的，并根据其中哪些标准是重要的，哪些不适合其选择的任务来逐步建立一个模型。最终，它根据自己的知识和能力想出一种独立完成任务的方法。机器学习算法可以用来玩游戏、优化运输时间表，或者作为机器人理解如何工作以及识别人的基础。

慢慢变得智慧

机器学习算法处理的数据越多，它就越接近对其任务的理解，并最终将其执行。

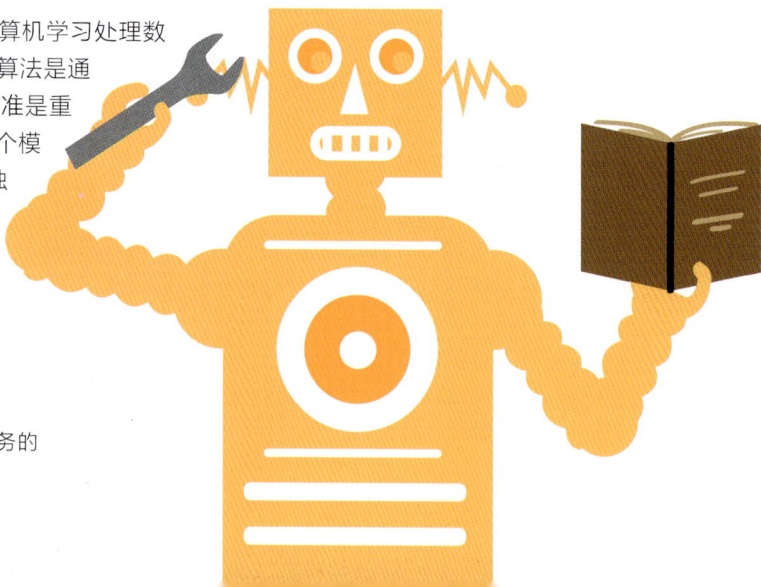

图灵测试

1950年，英国科学家艾伦·图灵发明了人工智能测试。测试中的评估人员通过文本询问计算机和人类问题，这些问题必须是被测试的人和计算机能够回答的。评估人员不知道哪些响应来自人类，哪些来自计算机。如果评估人员不能在询问的50%以上的时间里判断出哪个是机器，那么机器就通过了测试，并且被认为是智能的。

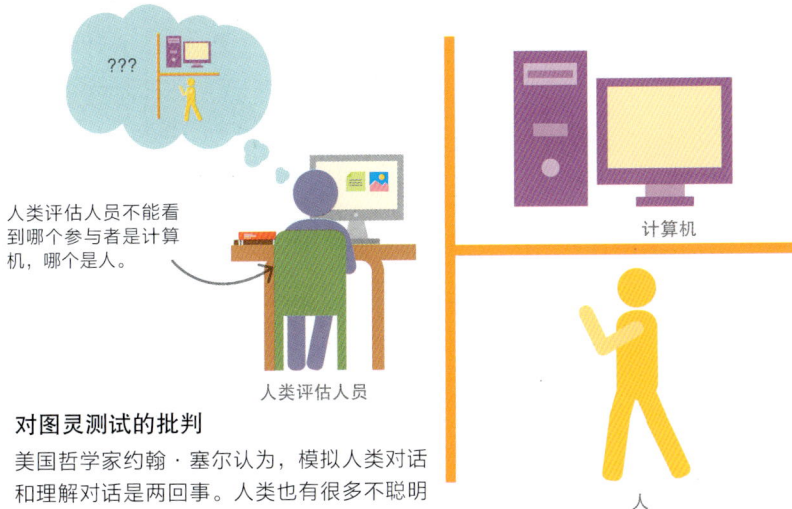

人类评估人员不能看到哪个参与者是计算机，哪个是人。

计算机

人类评估人员

人

对图灵测试的批判

美国哲学家约翰·塞尔认为，模拟人类对话和理解对话是两回事。人类也有很多不聪明的行为，比如在图灵测试中有拼写错误，这可能会影响人的评价。

深层知识
问题

在受控的环境中，允许人工智能自己做决定似乎是安全的，但如果智能机器被更广泛地使用，它们可能会牵扯到现实生活中的生死攸关的情况。

道德困境： 一辆自驾车撞到一块冰上，从而因打滑而失控。这辆车既可以转向墙，导致车内的乘客死亡；又可以转向人群，挽救乘客，但这样可能杀死更多的人。以前，这个决定取决于人类驾驶员，但现在它取决于自动驾驶汽车的程序员。程序员还有另一个道德困境，就是他们的客户不太可能买一辆优先考虑他人安全的汽车——这可能使程序员倾向于以他人为代价来挽救乘客。

通用智能

人工智能的另一个目标是创建能够学习不同类型信息的通用智能，而不是一个特定的任务。人工智能逻辑也称为传统人工智能，使用符号表示知识。它采用自上而下的方法，通过定义公式，计算机可以解决各种各样的问题。一个通用的智慧的人工智能能够弄清楚它已经知道的某些东西在什么时间对于完成它当前正在完成的任务是相关并且有用的。

> 关于人工智能的最大问题在于，人们过早地得出结论，认为他们真正理解这一技术。
>
> ——人工智能研究者、作家，埃利泽（Eliezer Yudkowsky）（1979）

人工神经网络（ANN）

人工神经网络算法是一种通用的智慧算法，受到真实大脑的启发。相互连接的数字"神经元"层使用统计方程操作数据。

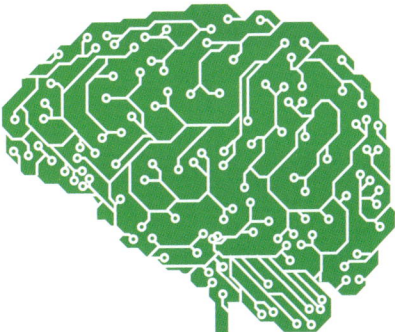

深层知识
为什么是现在？

计算能力的提高使得日益复杂的人工智能得以发展。神经网络从20世纪70年代开始就出现了，但是直到现今，它们都花费了太多的时间来训练。随着人们继续开发具有更大处理能力的计算机芯片，人工智能研究将越来越影响现实世界。

跳出传统思维

计算机科学不仅仅是学习语言和编码游戏。自20世纪中叶以来，它已经改变了世界工业。

请参阅

‹ 64-65 算法

‹ 92-93 布尔逻辑

‹ 216-217 加密货币

解决问题

技术的每一次进步都是对一个问题的回应。在第二次世界大战期间，许多早期的计算机被用来帮助解码敌人的通信。比特币的发明是为了简化数字交易，创造一种不与特定国家挂钩的货币。要找到解决方案，先识别一个问题是很重要的。

所有事都是有关联的

发明的关键是找出差距。这个世界充满了问题，只是等待有人拿出解决方案而已。如果一个问题能够被识别、分类和讨论，那么一个解决方案就能够被构想出来，并有可能成为现实。

STEM和STEAM

STEM是科学、技术、工程和数学的缩写。它是一种学习方法，侧重于协作和解决实际问题。STEAM则为这个组合添加了艺术板块，并鼓励学生将创造和创新的方法应用到STEM项目中。我们的目标是为考虑不同观点和想法的问题创造解决方案。计算机是STEAM各学科的中心。

科学

科学揭开了我们周围世界的秘密。它教我们如何计划、收集数据，并批判性地评估我们的结果。

技术

技术无处不在。了解它的长处和短处有助于我们成为更聪明、更负责任的公民。

改变世界

改变世界看起来像是一项不可能完成的任务，但是它所需要的只是一种特殊的思维方式。计算机科学领域的创新需要超越算法、计算机逻辑和硬件的细节，并询问自己，计算机如何能使世界变得更加美好。然后就可以改进现有技术以满足这些需求。

> **教育是改变世界最有力的武器。**
>
> ——南非前总统，纳尔逊·曼德拉（1918—2013）

提出问题

一个好的科学家不接受表面事实。为什么事情必须以某种方式运转？它可以更好吗？不管是想知道高速公路的交通效率能否更高，还是解决污染问题，挑战现状都是改变的第一步。

寻找来源

在解决问题之前，理解它是很重要的。书籍、电影、播客以及不同领域的专家都可以帮助给出正在处理的问题的完整画面。最好的答案往往是在容易忽略的细节中找到的。

尝试新的东西

你接触到的东西越多，在两种想法之间建立新联系的可能性就越高。这导致了新技术和新的解决方案的出现。它还使人们保持思想开放和谦虚，这些品质对于提出新想法是必不可少的。

询问他人的意见

多个脑子胜过一个脑子。来自不同领域、年龄和种族的人们有不同的观点，这些观点有助于阐明一个问题。世界很大，也很复杂。任何个人或团体都不可能对所有事情都有答案。

工程学

工程学是应用科学的一个分支，从假体到计算机，再到摩天大楼。它包括所有涉及建造和设计的领域。

艺术

艺术是关于横向思考的：通过从新的角度解决问题来寻找创新的解决方案。它是具有创造性的、有趣的、富有挑战的。

数学

数学就是发现我们周围世界的模式。它是金融、医学、商业，当然还有科学等领域的关键技能。

计算机科学相关职业

计算机科学是世界上发展最快的产业之一。它包含针对不同兴趣和技能组合的各种工作，所有工作都集中在计算、数据和逻辑上。

教育

要获得计算机科学或其相关领域的学位，可能需要在大学学习4~5年，但这是最直接的进入计算机科学职业生涯的入口。这些课程使学生对计算基础有全面的了解，这些课程包括应用程序设计、网络、数据库和计算机安全等。其中许多项目还有工作实习的机会。然而，有些雇主并不特别要求应聘者拥有学位，他们可能乐于雇用学历较低、在制造东西方面经验丰富的人。

计算机工程

计算机工程专业的学位集中在硬件级的计算上。学生学习如何设计电路、处理器和传感器。其课程包括物理和电气工程。

计算机科学

作为最普通的学位，计算机科学学位需要学习的知识包罗万象，并且往往对这门学科有更加理论化的学习方法。它允许像人工智能（AI）、网络或网络安全这样的专业化教学。

项目

在招聘时，有些公司更注重个人项目，而不是学历。项目显示了申请人自身的能力，这也是他们技能的良好表现。项目的例子包括游戏、智能手机软件，或者由开发人员制定的算法等。

软件工程

软件工程强调软件开发的过程，其中包括软件的需求分析和测试。研究软件工程的人常常会发现它是一个非常实用的领域，它的实用工作很多，但可选的专业比较少。

在线课程和文凭

随着对计算机科学技能的需求增加，在线编程课程变得越来越流行。相对于一个完整的大学学位所教授的知识，这些课程教授的知识更集中、更实用，也用时更短。

软件开发人员

软件开发对于那些细心、有逻辑和独立的人来说是一项伟大的工作。它给予他们创造和改进项目的满足感。虽然编码是个人活动，但是开发人员通常都是在小团队中工作的，所以协作是工作的关键部分。这对专业学习会有所帮助，但是通常也需要拥有普通计算机科学文凭才会被聘用，从而可以学习工作中的细节。

他们做了什么

软件开发人员为网站、桌面程序和应用程序编写代码。从视频游戏到电信专用软件，从火箭到医疗设备，他们创造了一切。

C++　完美的代码　CSS

HTML　JavaScript

硬件工程师

硬件工程师设计、测试和建造诸如微芯片和电路板之类的组件。他们还创建了将硬件与软件连接的程序。硬件工程师面临着许多与软件开发人员相同的挑战，但在机器和物理硬件级别上，他们倾向于用C语言和C++语言编写短而具体的代码，而不是开发大量的应用程序。在机器人学和产品设计等领域，它们扮演着重要的角色。

制造实体物件

硬件工程师注重细节，喜欢挑战。这些人主要来自那些喜欢修补实体物件并想创造实体产品的人。

系统管理员

系统管理员使公司的机器能够工作。他们选择公司应该购买的系统，保证机器更新，并在弹出漏洞时修复它。系统管理员还要确保在系统上运行的各种软件满足用户的需要。有时他们需要编写快速脚本或调整程序以适应现有的基础设施。系统管理员对于那些喜欢面对不断的挑战以及喜欢做每件事情的人是非常合适的。

系统管理员是硬件和软件的大师。

技术支持

系统管理员也提供技术支持。在大公司里，有特定的员工管理服务台，他们由系统管理员监督。

研究和发展

创新是让世界更美好的关键。研究人员寻找问题，并用新算法、程序和技术提供解决方案。他们可以在大学里当教授，或者被公立或私营公司聘用。机器人、量子计算、机器学习和大数据只是研究人员今天正在研究的几个令人兴奋的方向。

研究人员利用顶级的思想和技术进行工作。

超越极限

根据项目的不同，研究可以是单独的，也可以是协作的。喜欢突破技术极限、利用创造力的人非常适合这个领域。

教师

在小学、高中或大学教授计算机科学的机会有很多。教师需要拥有技术知识和社会技能。他们制订教学计划、授课，并批改作业。博物馆和青年推广团体经常需要为全世界的儿童提供教育内容，而这些内容需要一个精通技术的人来撰写。

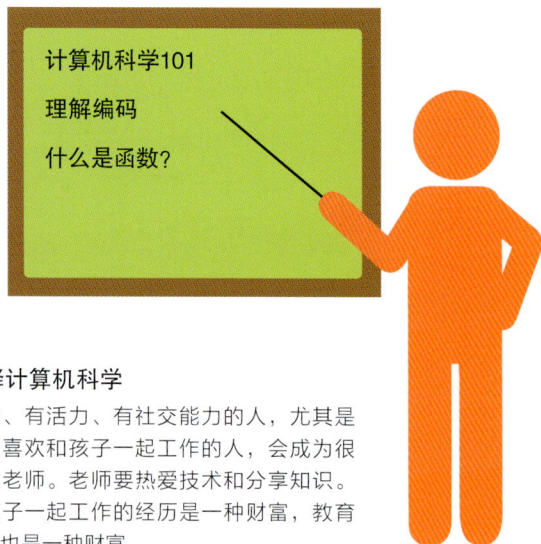

计算机科学101

理解编码

什么是函数？

解释计算机科学

活泼、有活力、有社交能力的人，尤其是那些喜欢和孩子一起工作的人，会成为很棒的老师。老师要热爱技术和分享知识。与孩子一起工作的经历是一种财富，教育学位也是一种财富。

质量保证测试人员

质量保证（QA）测试人员要确保软件没有漏洞，并且准备将其交付给客户。他们设计测试实例，戏弄软件，尽最大努力破坏程序，然后修复它们。测试允许程序员探索产品的所有特性，并且不断学习新东西。这在安全领域尤其重要。

寻找缺陷

QA测试人员需要是注意细节的人。一个好的测试人员必须高标准、对客户有很好的理解，并且具备能够发现软件中潜在缺陷的能力。

计算机取证分析

计算机取证分析人员从数字设备中提取信息，这些设备包括闪存驱动器或硬盘等，以帮助解决犯罪问题。随着互联网的发展，打击网络犯罪比以往任何时候都重要。计算机取证分析员将技术技能与侦查工作结合起来，他们经常为执法机构工作。学习心理学、社会学和会计学等所有的经验，都可以派上用场。

解决问题

计算机取证分析员是喜欢发现、分析和拼凑数字证据以解决犯罪问题的人。虽然有些高等教育项目存在，但教学通常是通过学徒制在工作中完成的。

技术作家

虽然许多程序员擅长编写代码，但这并不意味着他们也擅长解释代码。技术作家就是通过为初学者和专家编写文档、指导手册或计算指南来帮助填补这一空白的人。这些作家也可以被杂志和报纸雇用，报道有关技术和科学的故事。

写作能手

技术作家往往喜欢写作而不是编码，但他们热爱技术。好的作家能够理解他们的读者，并且能够以简单明了的方式表达他们的思想。

游戏开发人员

游戏开发人员利用他们的技能使视频游戏变得栩栩如生。他们中很多人在某一方面都是专业的，比如图形、网络和人工智能方面。游戏开发者可以编写代码来渲染背景纹理或处理角色运动的物理过程。具有高效、低级语言（如C和C++）的编写经验以及脚本语言的知识是很有用的。

游戏设计

一些开发人员后来成了游戏设计师。他们负责游戏整体的画面和概念：艺术设计、故事和游戏。

实用链接

有关书中提到的概念，你可以从下面列出的网站里获取更多的信息。
你还可以使用搜索引擎去获取更多的信息。

入门指南

Computing at School
https://www.computingatschool.org.uk
主要是供计算机科学教育工作者使用的资源，其中包含项目、信息、课程思想和特定年龄的指南。

Digital Unite: Guides
https://www.digitalunite.com/technology-guides
一系列旨在帮助数字新手了解如何使用计算机和互联网的资源。

Wikibooks: Computers for Beginners
https://en.wikibooks.org/wiki/Computers_for_Beginners
为没有或具备很少计算机技能的人准备的一个完整的指南。

TechRadar
https://www.techradar.com
关于购买和使用技术的最新文章和建议。

The National Cyber Security Centre
一个英国政府官方网站，有指南、教育、研究和相关的报告。

OpenLearn: Information on the Web
一门免费在线课程，关于如何使用搜索引擎查找文本和图像，以及如何批判性地评估在线信息。

GCF Learn Free: Basic Troubleshooting Techniques
提供计算机用户最常见的问题，以及如何解决这些问题的指导。

BBC Click
技术专题报告。

BBC Make it Digital
关于编码和技术的有趣项目和文章。

CSTeachers.org
为世界各地的K-12计算机科学教育工作者提供信息。

什么是计算机科学

Intel: Making Silicon Chips
关于如何制造计算机芯片的信息。

The National Museum of Computing
可以获取早期计算机的信息，还带有图片。

Centre for Computing History Timeline
一个显示了计算机设备发展进程的年表。

OpenLearn: Computers and Computer Systems
一门免费的计算机在线课程，包括硬件、计算机如何存储和使用数据等。

计算机硬件

Raspberry Pi
为初学者提供关于编码和物理计算的资源。

Sonic Pi
一个用树莓派创建音乐的编程环境。

TeCoEd
为树莓派提供资源的地方，这个网站也包含基于游戏的活动，旨在帮助中小学生学习如何编码。

Khan Academy: How Computers Work
YouTube上关于计算机如何工作的简短讲座和阅读材料。

计算思维

BBC Bitesize: Computing
为各级学生提供了计算科学的概述。

Khan Academy: Algorithms
YouTube上关于算法的简短讲座和阅读材料，包括算法类型、排序和搜索类型。

OpenLearn: Computational Thinking
一门免费的计算思维在线课程。

数据

Simon Singh, The Black Chamber
全面的加密指南，带有面向初学者的交互式示例。

Unicode Consortium
关于世界上脚本和表情的信息。

Lingojam Binary Translator
将英文文本翻译成计算机使用的二进制数。

The Logic Lab
通过创建交互式电路来探索逻辑门。

Studio.code.org: Binary Game
通过玩这个有趣的游戏，看看二进制代码是如何工作的。

OpenLearn: Analogue Universe, Digital Worlds
一门免费的在线课程，讲解模拟信号和数字信号之间的差异，以及计算机如何将模拟信号以数字的形式表示。

Khan Academy: Cryptography
YouTube上关于密码学历史的简短讲座和阅读材料。

编程技术

Codecademy
学习Python、Java、HTML和CSS等编程语言的在线交互式教程。

Computerphile YouTube Channel
适合计算机初学者观看的视频，其中有计算机专家讲解计算机内部工作原理，还会讲述计算机历史。

HackerRank
有趣的编码挑战和全球编码竞赛。

Stack Overflow
世界上最大的开发者社区，有一个论坛来回答问题并帮助解决问题。

TutorialsPoint
对各种计算机技术提供简单、清晰的解释。

Tynker
介绍儿童编程的在线平台。

编程语言

CoderDojo
一个免费的、由志愿者领导的、以社区为基础的、面向青少年的编程网站。

EarSketch
一个免费的、有教育意义的编程环境，旨在通过音乐合成和混音项目，教人们用Python和JavaScript进行编程。

W3 Schools
关于各种用于创建网站的编程语言的教程。

Code Club International
一个由志愿者和教育者组成的国际网络俱乐部，为9~13岁的青少年提供免费的编程教学。

Code.org
学习用有趣的教程编写代码，或者在"Hour of Code"中尝试编程。

Scratch
一种拖放式编程语言，适合儿童和初学者，并与全球社区共享项目。

Python.org
开源编程语言Python的在线中心，其中包括指南、第三方应用程序和总体信息。

Cplusplus.com
有关编程语言C＋＋的信息、文章和教程。

Javascript.com
有关编程语言JavaScript的资源、新闻和指南。

Kodu Game Lab
可以创建、共享、学习编程语言Kodu。

Ruby
编程语言Ruby的下载、文档、库，以及其他相关信息。

Stack Overflow
开发人员就编码问题向其他程序员提供建议的平台。

Mother Tongues of Computer Languages
显示编程语言进化史的图表。

网络

ConnectSafely.org
帮助用户理解和管理新技术风险的资源。

FCC.gov
美国联邦通信委员会的官方网站，里面包含消费者指南和电信新闻。

Know Your Mobile
关于手机和可穿戴技术的评论、用户指南和新闻。

OpenLearn: Protocols in Multi-Service Networks
一门免费的在线课程，介绍如何连接设备和相互通信。

OpenLearn: Living with the Internet – Keeping it Safe
关于恶意软件的免费在线课程，教我们如何保护计算机和网络免受恶意软件侵害。

Khan Academy: Internet 101
YouTube的简短讲座和阅读材料，涉及互联网的工作方式和网络安全。

Safekids.com
为父母和孩子提供的安全建议和网络浏览指南。

网站和应用程序建设

Android Developers
Android应用程序开发人员的资源和技术文档。

Apple Developer
包含iOS和MacOS平台的苹果开发人员的资源和技术文档。

Get Coding Kids
这个网站包含一些编程任务，这些任务可以教授使用 HTML、CSS和JavaScript的基本知识，使孩子们能够制作网站、应用程序和游戏。

GitHub Community Forum
全球开发者社区，开发者可以在项目上协作并分享想法。

World Wide Web Consortium (W3C)
为网络创建标准和管理标准的组织。

数字行为

Cybersmile
关于如何应对网络欺凌的建议。

NHS Cyberbullying
为家长和青少年提供关于网络欺凌的资源。

Parenting for a Digital Future
关于在数字时代培养孩子的博客。

社交媒体

Internet Matters
专家的建议和信息，以及关于社交媒体的提示。这些提示主要是关于社交媒体是什么、儿童使用它的目的是什么，以及如何安全使用社交媒体。

Common Sense Media: Social Media
一个独立的、非营利的网站，致力于通过提供公正的信息、可信赖的建议和创新的工具来帮助青少年应对数字世界。

NSPCC: Net Aware
一个关于父母在社交媒体平台上的指南。它带有一个可搜索的数据库，包含为什么孩子使用特定的社交媒体网站的统计数据，以及来自其他父母的关于隐私和报告设置等内容的信息。

数字问题

SWGfL: Digital Literacy
免费材料，旨在帮助人们安全和有责任心地参与数字世界，并对数字世界进行批判性思考，按Key Stage或Year Group划分内容。

Internetworldstats: Digital Divide
有关数字鸿沟的数据和信息。

Center for Global Development: Data and Technology
关于数据和技术如何帮助发展中国家减少贫穷和不平等的信息。

Computerscience.org: Women in Computer Science
讲述妇女在计算机科学领域的现状，提供统计数据、职业和支持资源。

Girl Develop It [US]
这是一个非营利组织，旨在为有兴趣学习网络和软件开发的女性提供负担得起的、平等的机会。

Girls In Tech
关注妇女在技术产业中的参与、教育和赋权的一个非营利组织，其社团遍布全世界。

Association for Women in Science
促进性别平等、研究和提高女性在广大的科学行业中工作地位的组织。

Black Girls Code [US]
一个非营利组织，旨在为年轻的和未成年的非洲裔美国女孩提供技术教育。

计算机的未来

IEEE Spectrum
由电子电气工程师学会编辑的杂志网站，其上刊载有关尖端技术的文章、博客和视频。

Maker Share
制造商记录项目和组织研讨会的在线社区。

OpenLearn: Machines, Minds and Computers
关于什么是智能，以及未来计算机如何变得智能的免费在线课程。

OpenLearn: The Internet of Everything
讲解物联网的免费在线课程，包括支持物联网的技术，以及产生的数据可以用于什么的课程。

STEM.org.uk
关于STEM的教学资源。

TED Talks
各行业知名人士的网上系列讲座，讲座内容涉及技术、娱乐和设计等。

Wired Magazine
关注新技术且具有全球影响力的月刊。

术语表

抽象
在解决问题时过滤掉不必要的信息的过程。

算法
解决问题或执行任务的一系列步骤。

模拟
关于或使用由连续可变的物理量（如重量、长度或电压）表示的信号或信息。

应用程序（App）
设计用于实现特定目的的软件。

应用程序编程接口（API）
API是一组访问操作系统、应用程序或其他服务的数据特征的函数。

数组
具有特定顺序的相似元素的集合。

人工智能（AI）
由计算机展现的一种智能。

ASCII
美国信息交换标准代码的缩写。ASCII是一种用于电子通信的字符编码标准。

汇编程序
将汇编语言（低级编程语言）转换成机器代码的程序。

增强现实
用虚拟元素增强的真实世界环境的视图。

增强虚拟
用真实世界元素增强的，大部分是虚拟环境的视图。

带宽
流入网络的数据量。

大数据
大量的数据，比如通过互联网连接的智能设备收集的数据。

二进制系统
一种编码系统，使用0和1来表示计算机中的信息。

生物电气接口
将生物系统（如人的肌肉）与数字系统（如计算机）连接的技术。接口是两者相遇的点。

生物特征数据
任何生物信息，比如一个人的身高或体重。

位
二进制系统中的基本信息单位，1位是单个的0或者1。8位组成一个字节。

布尔逻辑
一个数学分支，有两个值，0和1。也称为布尔代数。

漏洞
代码中的软件错误。

层叠样式表（CSS）
描述如何在Web浏览器中显示HTML元素的编程语言。

中央处理单元（CPU）
控制计算机大部分操作的部分。它由执行指令的控制单元（CU）和执行计算的算术逻辑单元（ALU）组成。CPU也被称为微处理器。

云
由专用计算机通过互联网提供服务的术语，其服务包括存储文件等。

代码
用编程语言编写的、用来告诉计算机做某事的指令。

编译程序
将整个程序一次性转换为特

定操作系统文件的程序。

压缩
减少文件的大小，以便于共享或存储。无损压缩能使原始信息保持完整，而有损压缩则会导致一些信息丢失。

计算思维
通过计算机、人或两者都能理解的方式找出问题和找到解决方案的思维过程。

计算机
操纵数据的电子设备。

计算机芯片
在一小块半导体材料（通常是硅）上的一组电子电路。也被称为集成电路。

计算机科学
研究计算机使用的科学，研究内容包括计算机如何工作，以及计算机能做什么。

常量
当程序运行时不能改变的量，比如圆周率。

Cookie（存储在用户本地终端上的数据）
由网站发送到用户计算机

的数据包，用于识别用户并跟踪他们的浏览。

加密货币

在没有中央银行的情况下运行的一种完全数字化的货币形式。

网络安全

保护计算机和数据免受网上恶意用户的攻击。

黑网

互联网中最受限制的部分，只能通过特殊的网络浏览器查看。

数据

由计算机处理或存储的信息。

数据库

让人们存储和有效搜寻数据的程序。

调试

在程序中发现和修复（漏洞）的过程。

分解

把问题分解成更小的子问题的过程。

解密

使用密码和密钥来揭示加密文本含义的过程。

深网

没有在搜索引擎上列出的互联网的一部分。

数字信息系统

关于计算机技术的应用，使用或存储数据作为数字信号。数字信号用0和1表示。

数字鸿沟

能够使用数字设备和互联网的人与那些不能够使用的人之间的区别。

数字身份

某个组织用来验证用户身份的设置，从而让用户可以访问某个组织的服务。

数字素养

在线查找、使用和分享准确信息的能力。

编码

把图像、声音或文本等信息转换成计算机能够理解的格式的过程。

加密

使信息不能被除收件人以外的其他人读懂的过程。

文件

计算机上存储信息的资源。

固件

嵌入到设备CPU中并控制设备工作的一种程序。

函数

一种数学公式，它接收输入数据，并通过它的作用产生输出数据。函数由变量、常量和数组组成。

函数式语言

一种将程序定义为一系列数学函数的编程语言。

极客

对某个话题或一组相关话题着迷的人的非正式术语。

性别差异

男女在地位、机会和态度上的差异。

黑客攻击

任何使某项技术做并非它应该做的事的行为。黑客可以分为白帽子、灰帽子和黑帽子，这一分类取决于他们的意图。

硬件

在现实世界中作为对象存在的计算机的实体部分。

启发式算法

一种快速且简单地解决问题或学习的方法，与彻底

解决问题的方法相对。"经验法则"是一个启发式算法的例子。

集线器

信息通过它流入和流出网络的中心部分。

超文本标记语言（HTML）

用于创建网页和网络应用程序的编程语言。HTML被划分为标记、语义和属性元素，每个元素都包含特定类型的信息。

超文本传输协议（HTTP）

在世界范围内使用的数据传送协议。

命令式语言

对一系列命令逐个执行的编程语言。

输入

由系统输入、获取或操作的任何信息。

互联网

一个由数十亿台计算机连接形成的庞大的全球网络。

物联网

用嵌入式计算机互联的设备网络。

解释器

一行一行地翻译和执行另一个计算机程序源代码的程序。

密钥

在密码学中，用于加密或解密消息的任何附加信息。

键盘记录器

用于跟踪按下的键盘键，从而可以访问密码和其他信息的一种计算机恶意软件程序。

逻辑门

用二进制数进行计算的装置。

机器码

计算机中能够理解和用来向计算机硬件发送指令的指令。

机器学习

计算机科学的一个分支，它赋予计算机学习处理数据的能力，而不是显式地编程数据。

恶意软件

非法访问计算机或系统的恶意软件。恶意软件包括蠕虫、病毒、间谍软件、木马、rootkit、赎金软件、后门和混合病毒的恶意软件。

微处理器

中央处理器（CPU）的另一个名称。

主板

用于保存CPU、存储器、用于硬盘驱动器和光驱的连接器，以及其他连接的计算机的主电路板。主板允许计算机的硬件组件相互通信。

网络中立性

政府或互联网服务提供商不应以限制、歧视或向用户收费等方式让他们接入互联网的原则。

网络

一组可以共享资源和数据的连接设备。网络可以根据大小或拓扑（布局）进行分类。

节点

通过网络发送或接收数据的任何设备。

面向对象语言

包括建模现实世界事物的对象概念的一种编程语言。对象通常含有表示行为的字段（包含数据）和方法（包含代码）。

在线身份

用户呈现给在线世界的自我身份。

操作系统（OS）

一种管理计算机硬件和软件的资源，并使它们更容易使用的软件。最常见的操作系统是Linux、MacOS和Windows。

输出

人或机器产生的事物，或信息离开系统的地方。

模式识别

以可预见的方式观察重复的过程。模式识别是计算思维的重要组成部分。

外围设备

所有允许用户与计算机交互的硬件。

光致抗蚀剂

一种用于制造计算机芯片，保护芯片发展中的部分不受制造过程侵蚀的物质。

像素

图片元素的缩写。计算机显示屏上极小的明亮区域，很多这样的区域构成了图像。

程序设计

向计算机发出指令的过程。

编程语言

一组形式化的单词和符号，人可以使用它向计算机发出指令。高级语言更接近人类语言。低级语言更接近二进制代码。

程序

由计算机执行特定任务时的指令集合。

协议

管理设备之间数据传输的一

组规则，比如，用于访问网站的超文本传输协议。

随机存取存储器（RAM）

计算机系统的短期存储器，用于存储计算数据。

只读存储器（ROM）

计算机运行所需功能对立数据的地方，通常存储诸如固件和启动指令之类。

缓存器

CPU中当前正在使用的数据可以临时存储的地方。

关系数据库

最常见的数据库类型，其中信息存储在表中。表由记录的行和字段的列组成。

分辨率

计算机文件（如图像）中信息量的度量。

路由

在互联网上寻找两个设备之间最短路径的过程。

搜索引擎

一种通过万维网查找包含用户输入的特定单词或短语的网页的程序。

服务器

响应跨计算机网络的请求，以提供网络或数据服务的计算机程序或设备。

社交媒体平台

允许用户相互连接、创建和共享内容的一种网站或应用程序。

社交媒体泡沫

用户在社交媒体上只看到自己喜欢的东西的现象。在社交媒体泡沫中的用户可能会因为与处于泡沫中的人的想法和意见不同而被孤立。

软件

允许用户访问计算机硬件的操作系统、程序和固件。

STEAM

科学、技术、工程、艺术和数学的缩写。

流式传输

允许用户通过互联网访问未存储在其计算机上的信息的过程。流式传输在网上看电影或听音乐很流行。

语法

计算机语言中语句的结构。

晶体管

用来放大或转换电流的微小装置。

翻译

将一种编程语言转换为另一种编程语言的过程。翻译通常是指将一种高级语言分解为低级语言。

传输控制协议/网际协议(TCP/IP)

控制计算机系统与互联网连接的一组规则。

故障排除

修复使用计算机硬件或软件时出现的常见问题的过程。

真值表

逻辑门或电路的输入和输出图。在真值表中，二进制值1等于逻辑值TRUE，而二进制值0等于逻辑值FALSE。

图灵试验

由英国数学家艾伦·图灵定义的测试，其核心是评估者评估特定机器是否真的那么聪明。

统一码

用于电子通信的字符编码的单一世界标准。统一码比ASCII大得多。

统一资源定位符（URL）

URL也是众所周知的网址，它是一个在世界范围内定位和识别内容的标准化系统。

通用串行总线（USB)

用于定义电缆、通信、连接器、连接协议，以及计算机与外围设备之间的能量传输的标准。

更新

用于修复漏洞或向网站、应用程序、软件或程序添加新特性的由程序员或公司发布的新代码。

升级

用来取代旧的网站、应用程序、软件或程序的全新的软件。

变量

（1）改变程序运行的非本质因素。
（2）在程序执行过程中，可以具有多个值的存储项。

虚拟现实

一种计算机生成的3D图像或环境，可以以看似真实的方式与之交互。

病毒

在复制自己之前将自己附加到预先存在的文件中的小段代码中。病毒破坏数据并减缓操作系统。

视觉语言

一种由程序员组合在一起的代码指令块的编程语言。视觉语言是儿童或新手编程的理想选择。

可视化

把诸如坐标或大数据集之类的信息转换成模型、图形的过程。

网站

将网页收集在一处的地方。

网页

全球互联网上的一个单独目标页。

Wi-Fi

允许计算机在特定区域内连接到互联网或相互无线通信的一种设施。

万维网

一种在互联网上运行的信息系统，允许网页通过超文本链接连接到其他网页。

索引

致谢

多林·金德斯利公司谨向以下各位致以谢意：
 Charvi Arora, Bharti Bedi, and Emma Grundy Haigh for editorial assistance; Revati Anand for design assistance; Surya Sarangi for picture research assistance; Victoria Pyke for proofreading; and Helen Peters for the index.

本书出版商由衷地感谢以下名单中的人员提供图片使用权：
(Key: a–above; b–below/bottom; c–centre; f–far; l–left; r–right; t–top)
31 Getty Images: Science & Society Picture Library / SSPL (br).
32 NASA: (bc). 37 Alamy Stock Photo: JEP Celebrity Photos (tr). 38 Getty Images: Andrew Burton / Getty Images News (bl). 40 123RF.com: Kornilov14 (cr). 42 Alamy Stock Photo: Photo Researchers / Science History Images (bl). 45 NASA: JHUAPL / SwRI (cr/New Horizons spacecraft, fcr). 55 Getty Images: Jamie McCarthy / Getty Images Entertainment (cr). 57 Alamy Stock Photo: DPA Picture Alliance (br). 60 akg-images: Fototeca Gilardi (br). 69 123RF.com: Wavebreak Media Ltd (tl). 71 NASA: (bc). 73 123RF.com: Rawpixel (bl); Balint Sebestyen (bc). 74 Alamy Stock Photo: Paul Weston (cr). 77 Getty Images: SVF2 / Universal Images Group (tr).
81 NASA: (cr). 83 123RF.com: Rangizzz (cra). 84 Dreamstime.com: Artaniss8 (br). 86 Getty Images: Alfred Eisenstaedt / The LIFE Picture Collection (cra). 91 Alamy Stock Photo: Interfoto (br).
92 Dreamstime.com: Choneschones (cr). 95 Alamy Stock Photo: Fine Art Images / Heritage Image Partnership Ltd (cr). 101 123RF.com: Andrija Markovic (br). 102 Getty Images: Noah Berger / AFP (br). 105 Getty Images: Photo 12 / Universal Images Group (cr).
114 Naval History and Heritage Command: (cra). 119 NASA: (bc). 122 Getty Images: Bettmann (crb). 123 Alamy Stock Photo: Keith Morris (br). 125 123RF.com: Balein (cr). 129 Alamy Stock Photo: Veryan Dale (br). 140 123RF.com: Alexmit (crb). 141 123RF.com: Ximagination (cra). 155 Dreamstime.com: Thiradech (tr). 166 Getty Images: Bloomberg (c). 179 Getty Images: Joe Klamar / AFP (br). 195 123RF.com: Ferli (cra). 197 123RF.com: Panom Bounak (cla). 198 123RF.com: Drserg (cra). 201 123RF. com: Hkeita (br).
204 123RF.com: Macrovector (cl). 215 Alamy Stock Photo: Joerg Boethling (crb). 218 Alamy Stock Photo: NASA Image Collection (cr). 221 Image courtesy Farida Bedwei: (crb). 229 123RF.com: Victor Zastolskiy (tl)

All other images Dorling Kindersley
For further information see: www.dkimages.com